"十四五"职业教育国家规划教材

万通汽车教育
WONTONE AUTOMOTIVE EDUCATION

"互联网+" | 汽车车身维修技术系列规划教材

U0734320

汽车钣金工艺基础

AR版

◎ 何扬 主编

◎ 宋孟辉 廖光宙 副主编

◎ 魏俊强 主审

人民邮电出版社

北京

图书在版编目（CIP）数据

汽车钣金工艺基础：AR版 / 何扬主编. -- 北京：
人民邮电出版社，2018.8（2024.4重印）
"互联网+"汽车车身维修技术系列规划教材
ISBN 978-7-115-48602-8

Ⅰ. ①汽… Ⅱ. ①何… Ⅲ. ①汽车－钣金工－教材
Ⅳ. ①U472.4

中国版本图书馆CIP数据核字(2018)第120676号

内 容 提 要

本书是"互联网+"汽车车身维修技术系列规划教材中的一本。全书共有 5 个模块，主要内容包括汽车钣金钳工基础、汽车钣金件制作、汽车车身焊接与切割、汽车车身胶粘铆接新工艺、汽车钣金加工设备基础。每个模块涵盖多个学习任务，在每一个学习任务后面还提供了基于 AR 技术的多媒体图片，手机等移动终端下载并打开"智慧书"App，扫描图片即可观看相应知识的短视频，并可进行在线答题及查看答案。

本书可作为职业院校汽车车身维修技术及相关专业的教材，也可作为相关从业人员的参考书。

- ◆ 主　　编　何　扬
　　副主编　宋孟辉　廖光宙
　　主　　审　魏俊强
　　责任编辑　王丽美
　　责任印制　马振武
- ◆ 人民邮电出版社出版发行　　北京市丰台区成寿寺路 11 号
　　邮编　100164　　电子邮件　315@ptpress.com.cn
　　网址　http://www.ptpress.com.cn
　　固安县铭成印刷有限公司印刷
- ◆ 开本：787×1092　1/16
　　印张：12.25　　　　　　　　　　2018 年 8 月第 1 版
　　字数：280 千字　　　　　　　2024 年 4 月河北第 9 次印刷

定价：52.00 元

读者服务热线：(010)81055256　印装质量热线：(010)81055316
反盗版热线：(010)81055315
广告经营许可证：京东市监广登字20170147号

编委会

序　言

今天，我国的汽车产业比历史上任何时期都更接近实现汽车强国目标。在这个伟大时代，能够投身于中华民族伟大复兴事业之中，我们是幸运的。

当前，全球正处于以信息技术、网络技术和大数据为主要支撑的技术剧烈变革期。"变"是主题，而如何求变才是我们的着力点。作为汽车产业民营教育的先行者之一，万通汽车教育应该、也有能力承担起引领汽车职业教育变革的责任。

我欣喜地看到，在汽车车身维修（钣金和喷涂）技术专业的教材中，出现了"AR 视频显示＋在线交互＋后台大数据"这些信息化的教学手段。我一直比较赞赏一些职业教育专家所倡导的职业教育教学模式转变就是要使学生"喜欢听、听得懂、用得上"的理念，让静态和动态相结合，让问题与答案交互进行，让老师的"教"和学生的"学"自然融为一体。这套教材就是上述理念的具体实践。

希望万通汽车教育模式的创新思维更多地与教学实践相结合，真正实现兴趣教育，使学生掌握真本领。最终目标只有一个：为建设创新型国家培养更多的"大工匠"。

中国汽车工程学会副秘书长
中国汽车职业教育集团理事长

前　言

一、编写本书的目的

随着我国汽车保有量的不断增加,汽车事故的发生率及事故车辆的维修数量明显增加,汽车维修行业高素质技能人才越来越紧缺。

互联网的飞速发展,让手机、网络、多媒体等占据了我们大部分的时间,让我们每时每刻都淹没在信息的海洋中。传统的理论多实践少、略显枯燥的纸质教材,给职业教育的人才培养带来了困扰。

职业教育的目标是让受教育者专注学习既专业又实用的知识,并经过脚踏实地的多次训练,真正掌握一门技能。2016 年 6 月,万通汽车教育与人民邮电出版社合作的"O2O在线教育图解"系列教材出版,该系列教材附动画 / 高清视频的二维码链接,集场景、知识、案例于一体,受到广大职业院校的认可和欢迎。2018 年,万通汽车教育与人民邮电出版社再度携手,推出了"互联网 +"汽车车身维修技术系列规划教材,为读者提供一种"知识讲解 + 操作步骤演示 + 在线答题"全方位学习汽车车身维修技术的解决方案。

二、本书内容特点

本书根据汽车车身维修工作标准及规范,参考汽车车身维修技术专业标准编写而成。本书达到了"教学做一体化"的实用性目标,体现了产教融合的教学特点。

1. 落实立德树人根本任务,融入课程思政元素

本书依据专业课程的特点提出职业素养培养目标,弘扬了精益求精的专业精神、职业精神和工匠精神。

2. 模块教学,任务驱动

本书采用"模块教学,任务驱动"的模式编写。全书共有 5 个模块,主要内容包括汽车钣金钳工基础、汽车钣金件制作、汽车车身焊接与切割、汽车车身胶粘铆接新工艺、汽车钣金加工设备基础。每个模块涵盖多个学习任务,每个学习任务中按具体工作内容又设置"学习目标""相关知识""知识拓展""任务总结""问题思考"等环节。另外,书中还穿插了"提示""思考""案例分享"等小栏目,以拓展读者知识面,增加阅读兴趣。

3. 校企合作,双元开发

本书由职业院校教师和企业专业技术人员共同开发,由教学经验丰富的教师执笔,企业提供真实项目案例。本书的理论知识与项目实践相结合,保证了教材的职业教育特色。

4. 重在实操,资源丰富

本书结合文字内容以二维码的形式插入配套的教学视频,读者可通过手机等移动终端扫

码学习。本书的每一个学习任务后面还提供了基于 AR 技术的多媒体图片（带"AR 汽车钣金"字样的图标），手机等移动终端下载并打开"智慧书"App，扫描图片后即可观看相应知识的短视频，并可进行在线答题及查看答案。此外，本书还提供了 PPT 课件等教学资源，读者可登录人邮教育社区（www.ryjiaoyu.com）免费下载使用。

5. 全彩印刷，制作精美

为了增加读者的学习兴趣，使读者更直观地观察操作方法、实际工作情况，本书采用全彩印刷，让读者在赏心悦目的阅读体验中快速掌握汽车车身维修技术的各种技能。

三、致谢

2017 年全国职业院校汽车专业教师能力大赛维修钣金、维修涂装赛项专家组副组长，2018 年全国职业院校技能大赛汽车方向专家组成员何扬任本书主编并主持了全书的系统设计、编审及视频编导工作，辽宁省交通高等专科学校宋孟辉和万通汽车教育研究院廖光宙任副主编。全书由 2017 年全国职业院校汽车专业教师能力大赛维修钣金赛项裁判长魏俊强高级工程师主审。编委会顾问、丛书副主编、编委对本书提出了很多积极的建议。万通汽车教育研究院王亮、杨九柱、邹强、伍炜、卢友淮、张国栋、朱雯负责审校。南京林业大学风景园林学院何疏悦副教授、安徽天恩信息科技有限公司江学如参与了本书的系统设计。中国汽车工程学会副秘书长、中国汽车职业教育集团理事长闫建来先生为本书作序。安徽天恩信息科技有限公司江学如、白伟、方勇负责 AR 视频及交互系统软件的开发。万通汽车教育研究院朱雯、叶永辉、吴阳、刘伟、刘有龙、姚永高负责视频制作。在本书视频制作过程中，世达工具（上海）有限公司免费提供了部分钳工工具；中科院合肥物质科学研究院李皖生等协助拍摄了机床章节的视频。人民邮电出版社对此项目高度重视，派出强有力的团队给予支持。在此一并表示感谢！

由于编者水平有限，书中难免存在不足，敬请读者批评指正。

编　者

2021 年 1 月

目　　录

概述

随着科技的不断进步，现代轿车（乘用车）车身结构越来越复杂，使用的材料越来越多样化，其相应的科技含量越来越高。然而，科技的进步也带来车身修复工具、设备和工艺的改进。一方面对车身维修人员的综合能力要求越来越高，另一方面对传统的维修模式提出了一些新的要求。

微课

工匠风采

一、钳工工艺

钳工工艺（简称钳工）主要是利用各种手工工具、台虎钳和电动工具来完成某些零件的加工，部件、机器的装配和调试以及各类机械设备的维护与修理等工作。

钳工是一项比较复杂、细致、技术要求高、实践能力强的工作。基本工艺包括零件测量、划线、錾削、锯削、锉削、钻孔、扩孔、锪孔、铰孔、攻螺纹、套螺纹、刮削、研磨、矫直、弯曲、铆接、板件下料、简单热处理以及装配、调试等。随着机械工业的发展，钳工的工作范围日益广泛，需要掌握的知识和技能也越来越多。

钳工具有使用工具简单、加工方式灵活多样、操作方便和适应面广等特点。目前虽然有各种先进的加工方法，但是很多工作仍然需要由钳工来完成，如某些零件加工（主要是机床难以完成的加工或者是较为精密的加工），机器的装配和调试，机械的维修，以及形状复杂、精度要求高的量具、模具、样板、夹具等的加工。钳工在保证机械加工质量中起着重要作用。因此，尽管钳工工作大部分是手工操作，生产效率低，操作技术要求高，但目前它在机械制造业中仍起着十分重要的作用，是历史悠久又充满活力且不可缺少的重要工种之一。

提示

纪录片《大国工匠》中的不平凡的劳动者在平凡的岗位上，追求职业技能的完美和极致。小小的锤子、钳子等工具，就是他们创造奇迹、创造大国重器之利器。

二、钳工在车身维修中的作用

现代轿车基本上采用承载式车身（又称整体式车身）结构，车身结构可分成若干个称为组件的小单元（如车门壳），它们本身又可分成更小的单元，称作合件或零件。车身组件按功能不同可分为结构件和覆盖件两大类，如图 0-1 所示。

机械组装单位从小到大一般可划分为零件、合件、组件、部件。

结构件主要用来承载重量、吸收或传递车身受到的外力或内力，所用材料以钢板为主，使用的钢板较厚，多为车身上的梁、柱等零件，如前纵梁、地板梁、车顶梁等。过去汽车结构件多使用热轧钢板，它的厚度一般在 1.6 ～ 8mm 之间。

覆盖件是指覆盖在车身表面的组件。单个组件的面积较大，所用材料较多，使用的钢板较薄，多为车身外部的蒙皮、罩板等，如发动机罩等。覆盖件多使用冷轧钢板，是由热轧钢板经过酸洗后冷轧变薄，并经过退火处理得到的。覆盖件的一般厚度为 0.4 ～ 1.4mm。

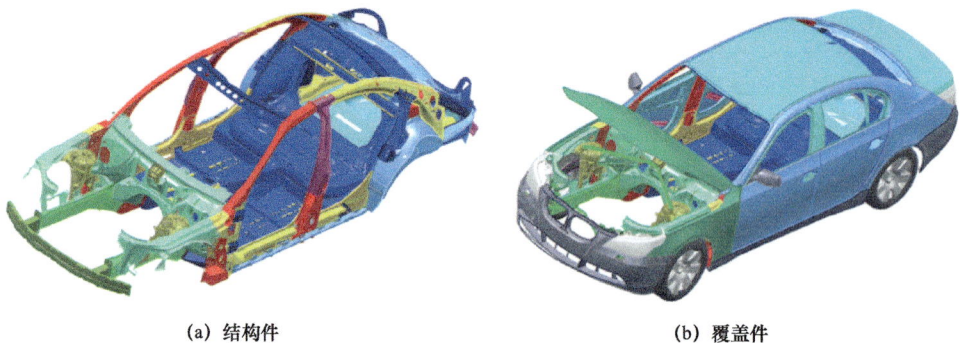

(a) 结构件   (b) 覆盖件

图 0-1　车身结构件

高强度钢可以降低车身重量，同时提高车身强度。所以现代车身的结构件都采用强度好的高强度钢或超高强度钢来制造，如图 0-2 所示。外部覆盖件一般采用低碳钢或强度较低的高强度钢制造。同时，铝合金、工程塑料、碳纤维等现代材料，在车身设计和生产中也被大量应用。

车身板件的损伤形式多种多样。对于不同的损伤类型、不同的损伤部位和不同的材料等，都有不同的维修要求。例如，高强度钢板不能过度加热，车身前后吸能区部位不能随便切割，还应注意铝合金件的特殊焊接和维修要求、车身不同类材料的连接要求等。

虽然在现代车身修复中，大多数损伤可以通过先进的设备和工具完成修复，但是有些部位难以直接使用设备与工具。也有一些损伤情况比较复杂，如车门槛或翼子板（又称叶子板），即使采用微钣金组合工具，也还需要在修复的基础上，用手工方式加以补充，以期达到好的修复效果。个别情况，甚至有些零件还需要手工制作。所以，在汽车车身修复过程中，要熟练掌握汽车钣金工艺的基础知识和基本技能，对于钳工技术和工艺而言，这也是必须要掌握的基本功之一。只有掌握了钳工工具和相应技术，操作人员才能在设备和工艺修复的基础上，快速、规范、有效地进行车身损伤修复。

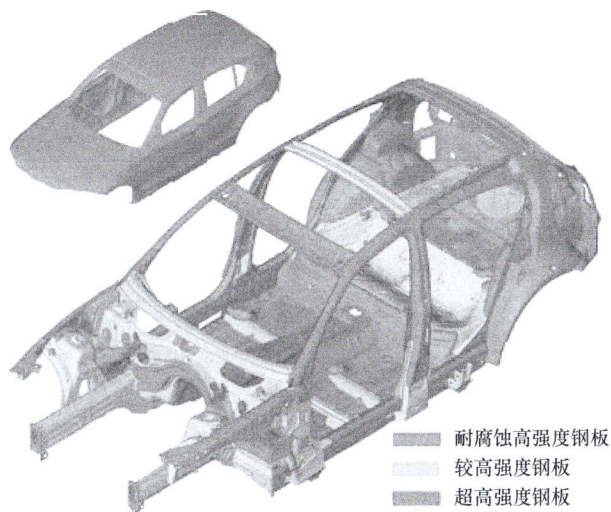

耐腐蚀高强度钢板
较高强度钢板
超高强度钢板

图 0-2　现代车身高强度钢板的应用

三、钳工操作安全

（1）劳动防护用品的正确使用，可以保证从业人员避免生产过程中的直接危害。要根据工作性质的不同，合理佩戴劳动保护用品，如图 0-3 所示。

提示

在钣金维修时，切记不可戴线手套使用旋转的工具，否则容易将手卷入机器中。

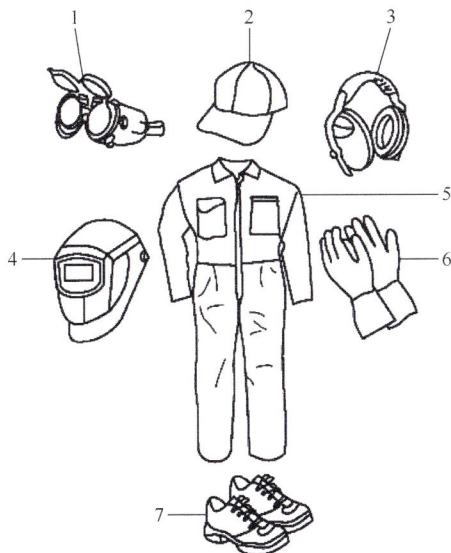

微课

职业素养

图 0-3　钣金钳工作业个人防护用品
1—护目镜；2—工作帽；3—耳罩；4—焊接面罩；5—工作服；6—手套；7—工作鞋

（2）不准擅自使用不熟悉的机器和工具。设备使用前要检查，如发现损坏或其他故障则禁止使用，并报告。

（3）操作时要时刻注意安全，互相照应，防止意外发生。

（4）要用刷子清理铁屑，不准用手直接清除，更不准用嘴吹，以免割伤手指或铁屑末飞入眼睛里。

（5）使用电气设备时，必须严格遵守操作规程，以防止触电。

（6）要做到文明生产，实训场地要保持整洁，符合 6S 管理规范。使用的工具、量具要分类安放，工件、毛坯和原材料应堆放整齐。

钳工能根据零件实物或图纸手工制作或改进工件外形和性能。汽车钣金钳工不但要掌握普通钳工的基础知识和技能，还要掌握汽车车身零件的特点和制作要求等专业知识。

学习任务一 手工工具

□ 学习目标 □

1. 熟悉汽车钣金钳工常用工具的种类。
2. 掌握汽车钣金钳工常用工具的使用和维护方法。
3. 能够按工作需要选用合适的工具。
4. 培养爱岗敬业的价值观，建立专业自信、实践创新的工匠精神。

□ 相关知识 □

钳工属于特殊工种，其操作过程中产生的粉尘（研磨过程）、金属屑等均有可能影响到操作人员的健康。因此，不同的操作要正确使用相应的劳动防护用品，以保证操作过程的安全。相关劳动保护用品在本系列丛书中的《汽车车身维修技术基础（钣金部分）》模块六中有专门介绍，读者可以参考学习。

钳工的基本操作内容有划线、剪切、研磨、成形、装配等，使用的工具包括夹持工具、测量工具、划线工具、剪切工具、研磨工具、成形工具等。

以上操作基本上属于手工操作过程，在训练过程中，一方面要正确使用工具（如锤子的握法等），另一方面要严格按照操作流程和规范进行（例如，对不同工件进行可移动加工时要使用不同的大力钳夹具）。各工具的操作规范请见以下内容。

一、夹持工具

1. 工作台

工作台面板一般由较厚钢材或铸铁制作，表面平整。工作台高度为 800～900mm，长、宽依实训教学需要而定（一般建议尺寸为 1200mm×800mm）。工作台要求平稳、结实，如图 1-1 所示。

工作台表面应保持清洁，工件和工具在台面上要轻拿轻放，不可损伤其工作面，工作台用完后应擦拭干净，并涂上机油防锈。

2. 台虎钳

台虎钳是固定在工作台上用来夹持工件的工具。台虎钳的规格用钳口的宽度来表示，常用的有100mm、125mm、150mm几种。它由钳体、底座、导向螺母、丝杠、钳口体等组成。活动钳身通过导轨与固定钳身的导轨做滑动配合。丝杠装在活动钳身上，可以旋转，但不能轴向移动，并与安装在固定钳身内的导向螺母配合。当摇动手柄使丝杠旋转时，就可以带动活动钳身相对于固定钳身做轴向移动，起夹紧或放松的作用。在固定钳身和活动钳身上，各装有钢制钳口，并用螺钉固定。钳口的工作面上制有交叉的网纹，使工件夹紧后不易产生滑动。钳口经过热处理淬硬，具有较好的耐磨性。固定钳身装

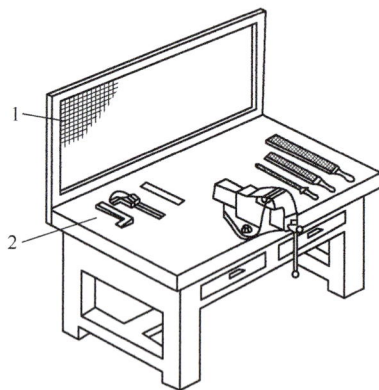

图1-1　工作台

1—防护网；2—台面

在底座上，并能绕底座轴心线转动，当转到要求的方向时，扳动夹紧手柄使夹紧螺钉旋紧，便可在夹紧盘的作用下把固定钳身紧固。底座上有3个螺栓孔，用来与工作台固定，如图1-2所示。

（1）台虎钳的安装高度标准：立正站立，手托下巴，肘关节正好放到安装好的台虎钳上面，如图1-3所示。

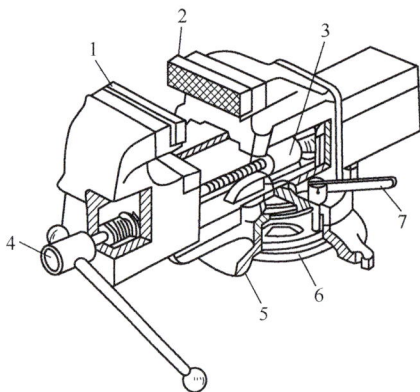

图1-2　台虎钳

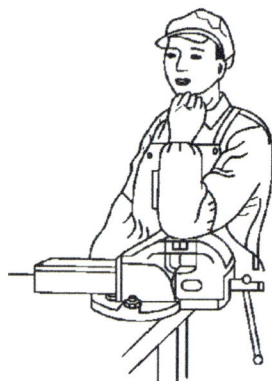

图1-3　台虎钳高度调整

1—活动钳口；2—固定钳口；3—导向螺母；4—丝杠；
5—底座；6—夹紧盘；7—夹紧手柄

（2）台虎钳使用时必须安装正确、牢固，工件的装夹尽可能在钳口的中部，以使钳口受力均衡，保证夹紧后的工件稳固。夹紧工件时只能用手扳紧手柄，不能用铁管等接长手柄加力或用锤子敲击手柄紧固，以防损坏台虎钳。

提示

用台虎钳夹持工件时，工件必须牢固地夹在台虎钳钳口中部；夹持已加工表面时，应在钳口与工件之间垫铜片或铝片。

（3）不要在活动的钳身部位敲打，以免损坏钳口的配合性能。加工时用力方向最好朝向钳身的固定部位。

（4）丝杠、螺母要保持清洁，定期润滑，以延长使用寿命。

3. 大力钳

大力钳主要用于夹持零件进行铆接、焊接和磨削等加工。大力钳的特点是钳口可以锁紧并产生很大的夹紧力，使被夹紧零件不会松脱，而且钳口有很多挡调节位置，供夹紧不同厚度零件使用。常用的大力钳有普通大力钳、尖嘴带刃大力钳、焊接用大力钳、铁皮大力钳、C型大力钳等，如图1-4所示。大力钳的钳口用铬钒钢或碳钢整体锻造，韧性好，夹持物体不变形。

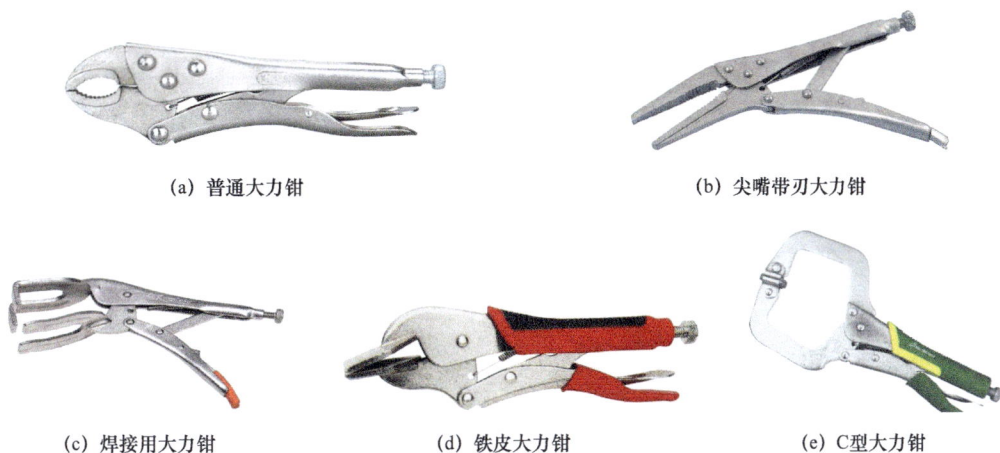

(a) 普通大力钳　　　　　　　　　　(b) 尖嘴带刃大力钳

(c) 焊接用大力钳　　　　(d) 铁皮大力钳　　　　(e) C型大力钳

图1-4 钣金常用大力钳

提示

大力钳因形状不同而各有所用，不仅用于夹持简单的手工操作部件，在后面所讲的焊接、切割、打磨等环节也会用到大力钳，要认真学习哟！

二、划线工具

划线工具按用途可分为基准工具、量具、直接绘划工具、夹具等几类。

1. 基准工具

划线平台（依需要一般建议尺寸为1 200mm×800mm，高度为100～150mm）是划线的主要基准工具，划线平台的工作面用作划线时的基准面。通常首先将V形块或方箱放在平台上，接着将工件靠在V形块或方箱上，如图1-5所示，然后用划线盘或高度尺等对工件进行划线。划线平台安放时要平稳牢固，其上平面应保持水平。划

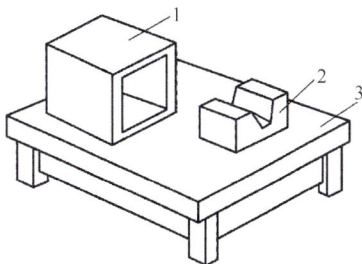

图1-5 划线平台

1—方箱；2—V形块；3—平台

线平台的平面各处要均匀使用，以免局部磨凹。其表面不要碰撞也不要敲击，且要保持清洁。划线平台长期不用时，应涂油防锈，并加盖保护罩。

2. 量具

量具有钢直尺、直角尺、角度规、高度尺等。

（1）钢直尺。钢直尺主要用来量取尺寸和测量工件，也可作为划直线时的导向工具，如图1-6所示。量取尺寸读数时应使视线垂直于测量处，否则会产生读数误差。

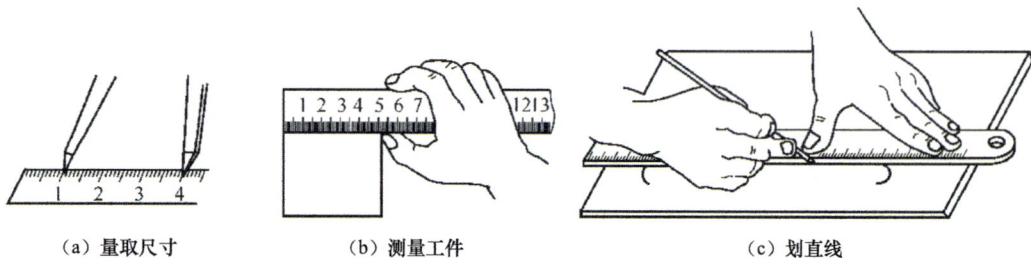

|（a）量取尺寸 | （b）测量工件 | （c）划直线 |

图 1-6　钢直尺的使用方法

（2）直角尺。直角尺常用作划平行线或垂直线的导向工具，如图1-7所示，也可用来找出工件平面在划线平台上的垂直位置。

（3）角度规。角度规用于测量并划角度线，如图1-8所示。

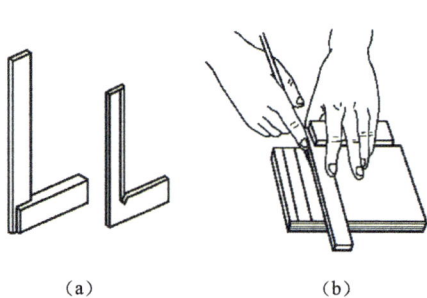

（a）　　　　　（b）

图 1-7　直角尺

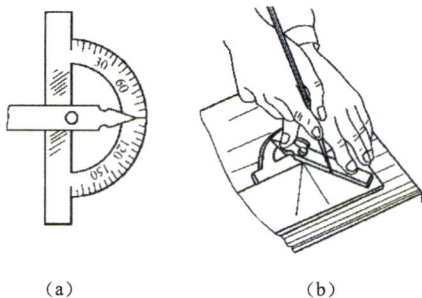

（a）　　　　　（b）

图 1-8　角度规

（4）高度尺。常用的高度尺有普通高度尺和高度游标尺两种，如图1-9所示。普通高度尺由钢直尺和底座组成，用来给划线盘量取高度尺寸。高度游标尺附有划线量爪，用于精密划线，其读数精度一般为 0.02 mm，并能直接表示出高度尺寸。

3. 直接绘划工具

直接绘划工具有划针、划线盘、划规和样冲等。

（1）划针。划针（见图1-10）是在工件表面划线用的工具，常用工具钢或弹簧钢制成，并经淬火处理。直径一般为 3～5mm，尖端磨成 15°～20° 的尖角。有的划针在尖端部位焊有硬质合金，这样划针更锐利，耐磨性更好。

划线时，划针要依靠钢直尺或直角尺等导向工具移动，并向外侧倾斜 15°～20°，向划线方向倾斜 45°～75°，如图1-11所示。

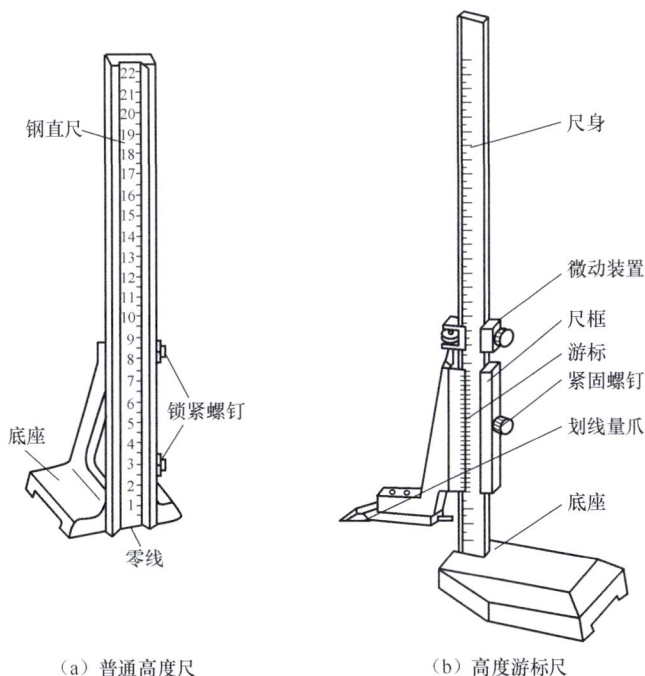

（a）普通高度尺　　　　　　　（b）高度游标尺

图 1-9　高度尺

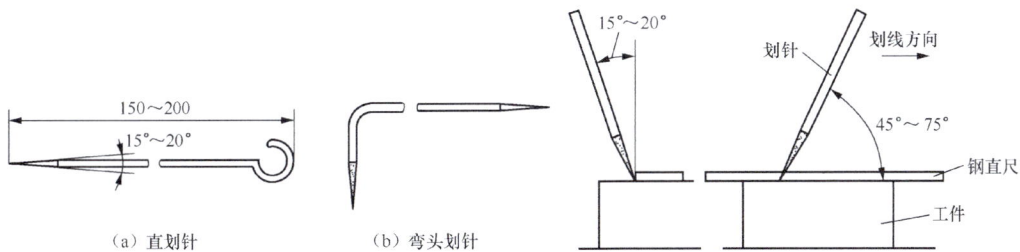

（a）直划针　　　　　　（b）弯头划针

图 1-10　划针　　　　　　图 1-11　划针的使用方法

　　划线时，用均匀的压力使针尖沿直尺或样板移动（见图 1-12），划出线来。划线粗细不得超过 0.5mm，划线时若针尖没有紧靠直尺或样板的底边，容易造成划线误差。针尖要保持尖锐，划线时要尽量做到一次划成，使划出的线条既清晰又准确。

　　（2）划线盘。划线盘用来在划线平板上对工件进行划线或找正工件在平板上的安放位置。划针的直头端用来划线，其弯头端用于对工件安放位置的找正。划线盘可分为普通划线盘和可调式划线盘两种，如图 1-13 所示。

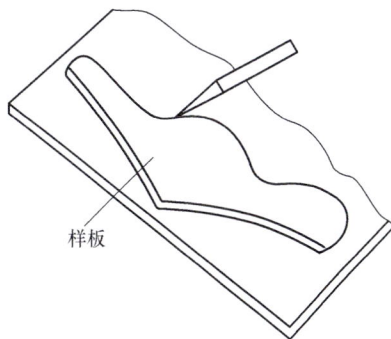

图 1-12　划针沿样板移动

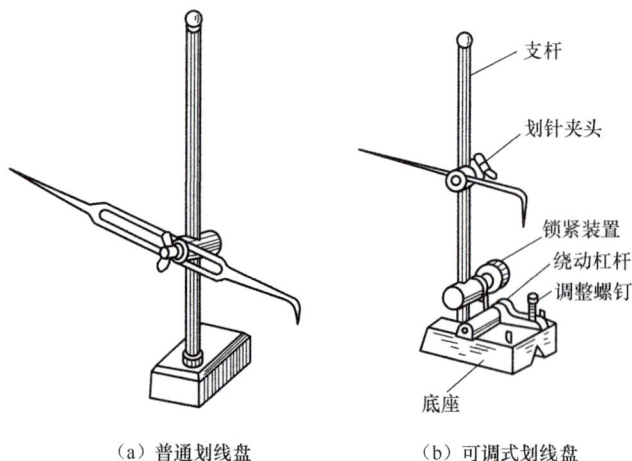

（a）普通划线盘　　　　　（b）可调式划线盘

图 1-13　划线盘

使用划线盘划线时的注意事项有以下几点。

① 用划线盘进行划线时，划针应尽量处于水平位置，不要倾斜太大，划针伸出部分应尽量短些，并要牢固夹紧，以免划线时产生振动和尺寸变动。

② 在划线时，划线盘底座底面始终要与划线平板的平面贴紧，无摇晃或跳动。

③ 划针与工件划线表面之间保持 40°～60°（沿划线方向），以减小划线阻力和防止划针扎入工件表面。

④ 用划线盘划较长直线时，应采用分段连接划法，以减小划线误差。

⑤ 划线盘用完后应使划针处于直立状态，以保证安全和节省空间。

（3）划规。划规用来划圆或圆弧，等分线段，等分角度，量取尺寸等，常用的有圆划规和滑杆式划规，如图 1-14 所示。滑杆式划规用于划大圆弧。

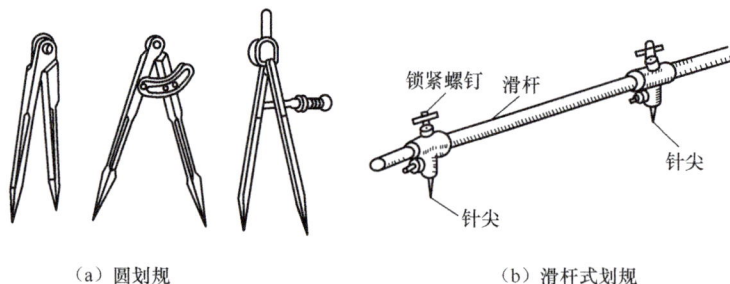

（a）圆划规　　　　　（b）滑杆式划规

图 1-14　划规

单脚划规（也称划卡）主要用来确定轴和孔的中心位置。操作时应先划出 4 条圆弧线，然后在圆弧线中冲一个样冲点，如图 1-15 所示。

用圆划规划圆时，掌心压住圆划规顶端，使规尖扎入金属表面或样冲孔中。划圆周线时，常常正反各划半个圆周线而成一个整圆，如图 1-16 所示。

如果圆弧中心点在工件之外，可将一块打样冲孔的延长板夹在工件上。如果中心点圆弧线不在同一个平面上，可先将可调尖脚划规的两个尖脚调成一样长且平行的状态，量取尺寸，然后把一个尖脚伸长（或缩短）来抵消高度差，再去划弧线；否则划出的弧必过大，如图 1-17 所示。

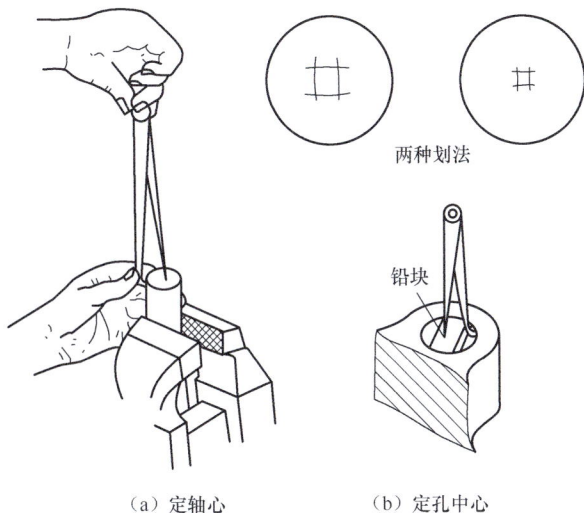

（a）定轴心　　　　　　（b）定孔中心

图 1-15　用单脚划规定中心

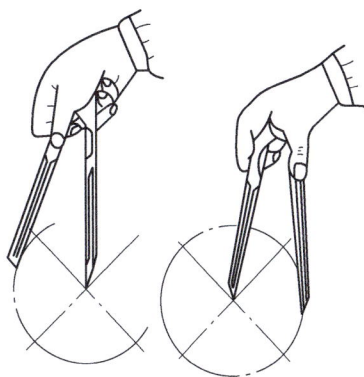

图 1-16　划圆

夹延长板　　　　　抵消高度差　　　　正确　　错误

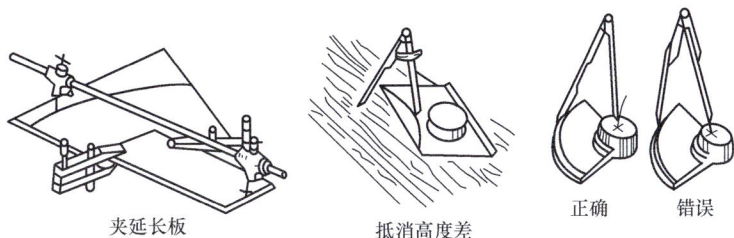

图 1-17　中心点在工件之外的划法

使用划规量多等分尺寸时，为了使划规尖脚移取的尺寸准确，应在钢直尺上重复移取几次，这样可以看出误差的大小，如图 1-18 所示。如量 10mm，一次差 0.1mm 往往不容易看出来；若量 5 次后相差 0.5mm 就能明显地看出误差了。

（4）样冲。样冲用工具钢制成，尖端处磨成 45°～60° 角并经淬火硬化。样冲的顶尖角度用于加强界线标记时一般取 30°～40°，用于钻孔定中心时约取 60°，如图 1-19 所示。

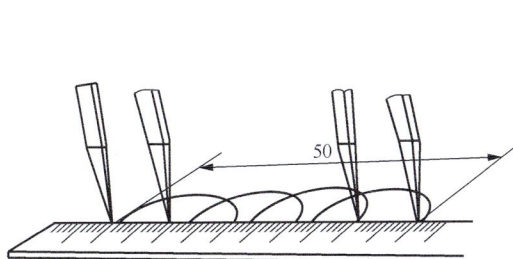

图 1-18　划规开挡位置的调整

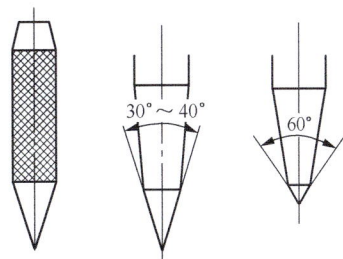

图 1-19　样冲

样冲用于在工件所划加工线条上冲眼，作为加强界线的标志（称为检验样冲眼），也可作为划圆弧或钻孔所定的中心（称为中心样冲眼），如图 1-20 所示。另外，它也可在划圆弧时作定心脚点使用。

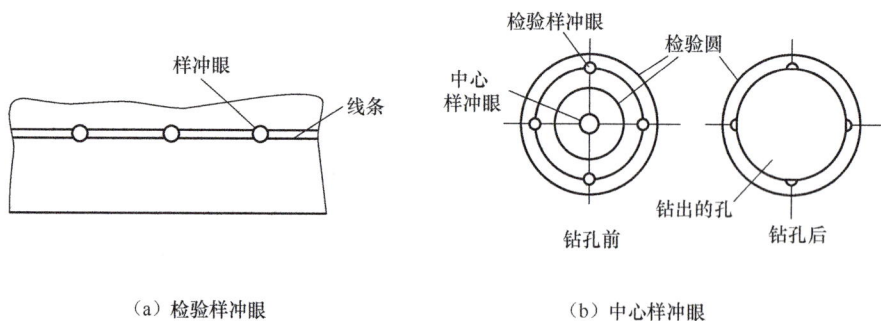

（a）检验样冲眼　　　　　　　　　　　（b）中心样冲眼

图 1-20　样冲眼的作用

打样冲眼时，先将样冲倾斜一定角度，确定位置准确，中心不能偏离线条。在锤打时，要把样冲竖直握牢，用锤子轻轻敲击，如图 1-21 所示。

使用样冲时的注意事项如下。

① 样冲眼间的距离要以划线的形状和长短而定。在曲线上样冲眼距离要小些，在直线上样冲眼距离可大些。

② 样冲眼的大小要根据工件材料、表面情况而定。在薄壁上、光滑或软的表面上冲眼要浅些，在粗糙表面上要深些，而精加工表面一般不允许打出样冲眼。

③ 在线条的交叉转折处必须冲眼。

④ 钻孔时圆心处的样冲眼，应打得大些，便于钻头定位、对中。

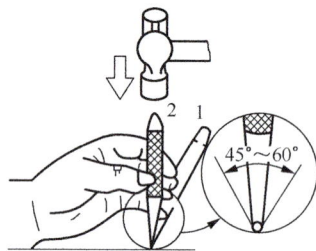

图 1-21　打样冲眼
1—对准位置；2—冲孔

4．划线夹具

划线夹具有方箱、V 形架、千斤顶等。

（1）方箱。方箱是用铸铁制成的空心立方体，其相邻各面互相垂直，它的 6 个面都经过精加工。方箱用于夹持、支撑尺寸较小而加工面较多的工件。通过翻转方箱，可在工件的表面上划出互相垂直的线条，如图 1-22（b）所示。

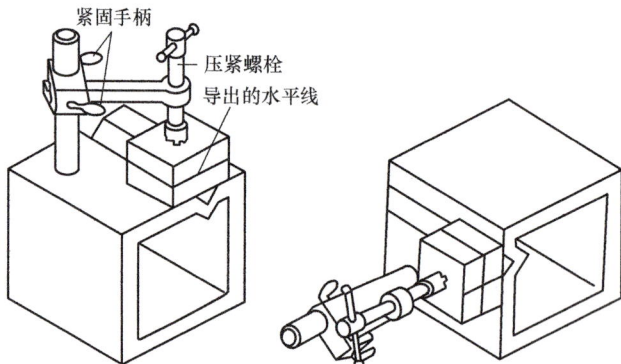

（a）将工件压紧在方箱上，划出水平线　　　（b）方箱翻转 90°划出垂直线

图 1-22　用方箱夹持工件

（2）V 形架。V 形架用于支撑圆柱形工件，使工件轴心线与平台平面（划线基面）平行，一般两个 V 形架为一组，如图 1-23 所示。

（3）千斤顶。千斤顶（见图 1-24）是在平台上作支撑工件划线使用的工具，其高度可以调整。通常 3 个千斤顶组成一组，用于不规则或较大工件的划线找正。

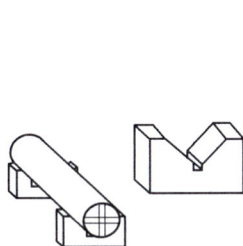

图 1-23　V 形架

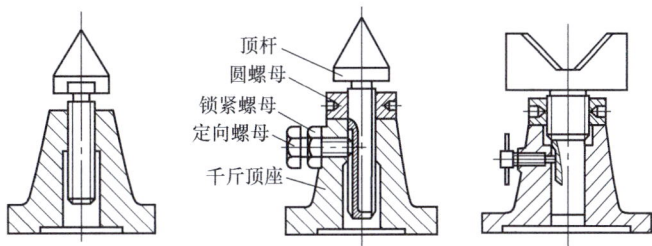

顶杆
圆螺母
锁紧螺母
定向螺母
千斤顶座

图 1-24　千斤顶

三、测量工具

在钳工手工制作过程中或完成后，都要对工件的尺寸进行测量。使用的测量工具不同，其测量精度不同。常用的精度测量工具有外径千分尺、游标卡尺及塞尺等。

1. 外径千分尺

外径千分尺（Outside Micrometer）也称螺旋测微器，常简称为"千分尺"，如图 1-25 所示。它是比游标卡尺更精密的长度测量仪器，精度有 0.01mm、0.02mm 和 0.05mm 几种，加上估读的 1 位，可读取到小数点后第 3 位（千分位），故称为千分尺。千分尺常用规格有 0 ~ 25mm、25 ~ 50mm、50 ~ 75mm、75 ~ 100mm、100 ~ 125mm 等若干种。

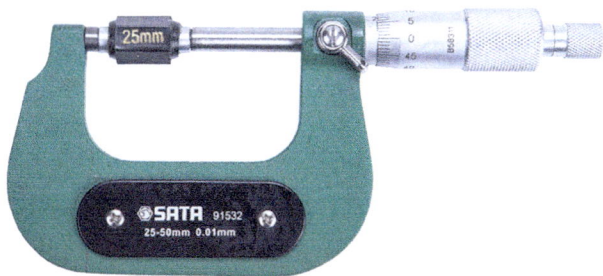

图 1-25　外径千分尺

（1）测量原理。根据螺旋运动原理，当微分筒（又称可动刻度筒）旋转一周时，测微螺杆前进或后退一个螺距——0.5mm。这样，当微分筒旋转一个分度（即转过了 1/50 周）后，测微螺杆沿轴线移动了 1/50×0.5mm=0.01mm，因此使用千分尺可以准确读出 0.01mm 的数值。外径千分尺的结构如图 1-26 所示。

（2）读数方法。以微分筒的基准线为基准读取左边固定套筒刻度值，再以固定套筒基准线读取微分筒刻度线上与基准线对齐的刻度，即为微分筒刻度值。将固定套筒刻度值与微分筒刻度值相加，即为测量值，如图 1-27 所示。

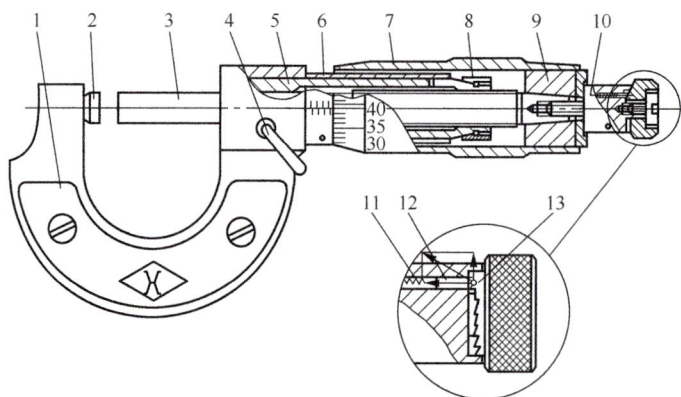

图 1-26　外径千分尺的结构

1—尺架；2—测砧；3—测微螺杆；4—锁紧手柄；5—螺纹套；6—固定套筒；7—微分筒；8—螺母；

9—接头；10—测力装置；11—弹簧；12—棘轮爪；13—棘轮

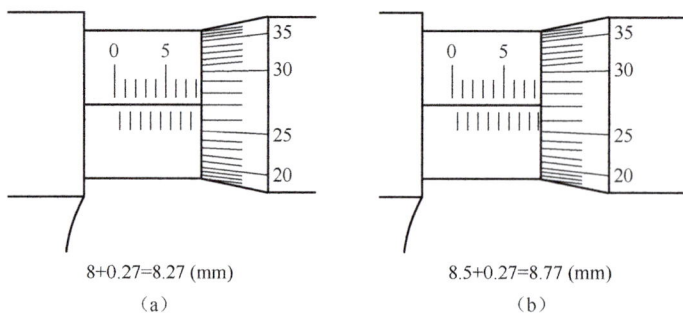

8+0.27=8.27 (mm)

（a）

8.5+0.27=8.77 (mm)

（b）

图 1-27　外径千分尺读数方法

（3）使用方法及顺序。

① 使用前的检查确认。

a. 在测量面（基准面，测微螺杆）上不能有缺口、异物附着现象。

b. 旋转棘轮，检查确认测微螺杆移动顺畅。

c. 用棘轮旋转移动测微螺杆，使基准面和测微螺杆缓慢地接触，然后空转棘轮 2～3 次，此时应检查确认基点（零点）正确。

d. 对于数显千分尺，应进行复位，使其显示为 00.000；对于刻度显示千分尺，确认主轴零点和副轴零点重合（如果不重合，需通过调整千分尺主轴来使主轴零点与副轴零点重合）。

e. 在被测件的测量处，不允许有油污等异物。

② 读取刻度时视线尽可能地垂直于所要读取的刻度平面，以减小读取误差。

（4）使用外径千分尺的注意事项。

① 外径千分尺是一种精密的量具，使用时应小心谨慎，动作轻缓，不要让它受到打击和碰撞。外径千分尺内的螺纹非常精密，使用时要注意：

a. 旋钮和测力装置在转动时都不能过分用力；

b. 当转动旋钮使测微螺杆靠近待测物时，一定要改旋测力装置，不能转动旋钮使测微螺杆压在待测物上；

c. 在测微螺杆与测砧已将待测物卡住或旋紧锁紧装置的情况下，绝不能强行转动旋钮。

② 为了防止手温使尺架膨胀而引起微小的误差，有些外径千分尺在尺架上装有隔热装置。实验时应手握隔热装置，尽量少接触尺架的金属部分。

③ 使用外径千分尺测量同一长度时，一般应反复测量几次，取其平均值作为测量结果。

④ 外径千分尺用毕后，应用纱布擦拭干净，在测砧与测微螺杆之间留出一点空隙，放入盒中。外径千分尺如长期不用，可抹上黄油或机油，放置在干燥的地方。注意不要让它接触腐蚀性的气体。

2.　游标卡尺

游标卡尺是一种测量长度、内外径、深度的量具。游标卡尺由主尺和附在主尺上能滑动的游标两部分构成，如图 1-28 所示。游标卡尺的主尺和游标上有两副活动量爪，分别是内测量爪和外测量爪。

（1）作用。游标卡尺可以进行外径测量（外测量爪）、内径测量（内测量爪）、台阶测量（左侧头部）和深度测量（尾部深度针）。

（2）读数方法。游标卡尺的精度一般为 0.02mm。读数时首先以游标零刻度线为准，在尺身上读取毫米整数，即以毫米为单位的整数部分。然后看游标上第几条刻度线与尺身的刻度线对齐，用这个数值乘以卡尺精度 0.02mm，所得的数值即为小数点之后的长度值，如图 1-29 所示。

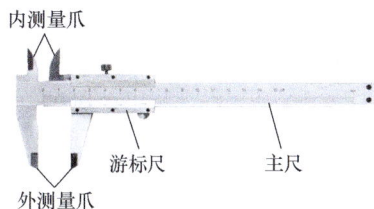

图 1-28　游标卡尺

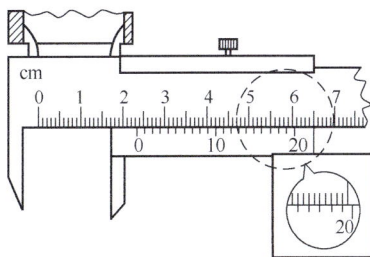

图 1-29　游标卡尺读数方法

3.　塞尺

塞尺（Filler Gauge）是一种测量工具，主要用于间隙间距的测量。塞尺是由一组具有不同厚度级差的薄钢片组成的量规，如图 1-30 所示。

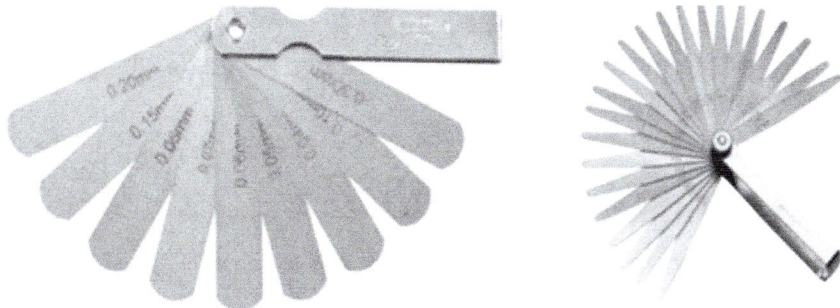

图 1-30　塞尺

塞尺又称测微片或厚薄规，是用于检验间隙的测量器具之一。塞尺横截面为直角三角形，在斜边上有刻度，利用锐角正弦直接将短边的长度表示在斜边上，这样就可以直接读出间隙的大小了。在检验被测尺寸是否合格时，可由检验者根据塞尺与被测表面配合的松紧程度来判断。

塞尺一般用不锈钢制造，最薄的为0.02mm，最厚的为3mm。在0.02～0.1mm的尺寸规格中，各钢片的厚度级差为0.01mm；在0.1～1mm的尺寸规格中，各钢片的厚度级差一般为0.05mm；在1mm以上的尺寸规格中，各钢片的厚度级差为1mm。除了米制的塞尺以外，也有英制的塞尺。

塞尺使用前必须先清除塞尺和工件上的污垢与灰尘。使用时可用一片或数片重叠插入间隙，以稍感拖滞为宜。测量时动作要轻，不允许硬插。另外，也不允许用于测量温度较高的零件。

（1）使用方法。

① 用干净的布将塞尺和测量表面擦拭干净，不能在塞尺沾有油污或金属屑末的情况下进行测量，否则将影响测量结果的准确性。

② 形成间隙的两工件必须相对固定，以免因松动导致间隙变化而影响测量效果（见图1-31）。

③ 将塞尺插入被测间隙中，来回拉动塞尺时感到稍有阻力，说明该间隙值接近塞尺上所标出的数值；如果拉动时阻力过大或过小，则说明该间隙值小于或大于塞尺上所标出的数值（见图1-32）。

图1-31　固定测量表面

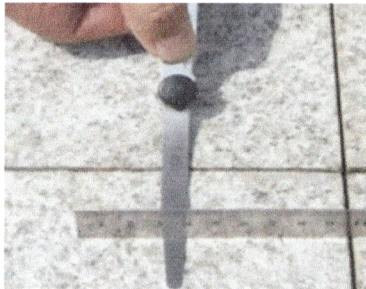

图1-32　塞尺插入被测间隙

④ 当间隙较大或希望测出更小的尺寸范围时，单片塞尺已无法满足测量要求，可以使用数片叠加在一起插入间隙中（在塞尺满足使用间隙要求时，尽量避免多片叠加，以免造成累计误差）。

（2）使用注意事项。

① 不允许在测量过程中剧烈弯折塞尺，或用较大的力硬将塞尺插入被测间隙，否则将损坏塞尺的测量表面或影响零件表面的精度。

② 应将使用后塞尺擦拭干净，并涂上一薄层工业凡士林，然后将塞尺折回夹框内，以防锈蚀、弯曲、变形而损坏。

提示

工业凡士林是一种固体烃基润滑脂，用来保护金属制品；也可在温度不高于45℃和负荷不大的条件下作为减摩润滑脂使用。

③ 不能将塞尺在重物下存放，以免损坏塞尺。

四、剪切工具

1. 手工剪刀

手工剪刀分为手剪刀和台式剪刀，常用于薄金属板的剪切和零件的修整。手剪刀的剪切刃有直刃和曲刃之分，如图 1-33 所示。

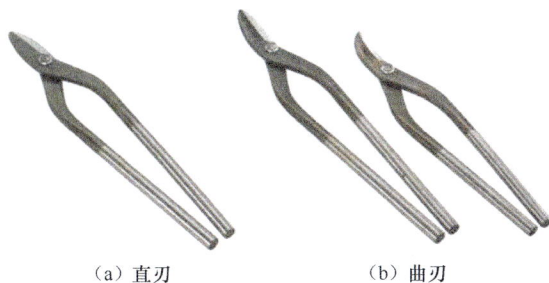

（a）直刃　　　　　　（b）曲刃

图 1-33　手剪刀

2. 手工锯

手工锯有固定式和可调整式两种类型，如图 1-34 所示。固定式的弓架是整体的，它只能安装一种长度规格的锯条。可调整式的弓架分成两段，前段可在后段中伸出或缩进，可以安装不同长度的锯条，因此被广泛使用。

锯条用工具钢制成，并经热处理淬硬。锯条规格以锯条两端安装孔间的距离表示。常用的手工锯条长 300 mm、宽 12 mm、厚 0.8 mm。锯条的切削部分由许多锯齿组成，每一个齿相当于一把錾子，起切削作用。常用的锯条后角为 40°～45°，楔角为 45°～50°，前角约为 0°，如图 1-35 所示。

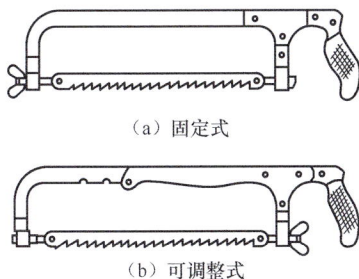

（a）固定式

（b）可调整式

图 1-34　手工锯

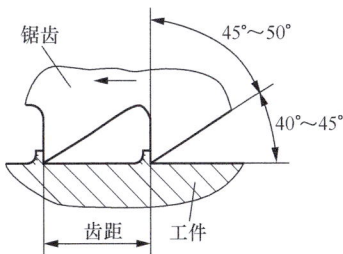

图 1-35　锯齿形状

锯齿的粗细是按锯条上每 25 mm 长度内的齿数来表示的，14～18 齿为粗齿，24 齿为中齿，32 齿为细齿。锯条的粗细应根据所锯材料的硬度、厚薄来选择，锯软材料或厚材料时应选用粗齿锯条，锯硬材料或薄材料时应选用细齿锯条。

3. 錾子

錾子一般用碳素工具钢锻成，并经淬硬和回火处理。

（1）錾子的结构。錾子一般长 170mm 左右，直径为 18 ~ 20mm。錾子由切削部分、斜面、柄部、头部等 4 个部分组成，如图 1-36 所示。錾子刃部的硬度必须大于工件材料的硬度，并且必须制成楔形，即有定楔角。

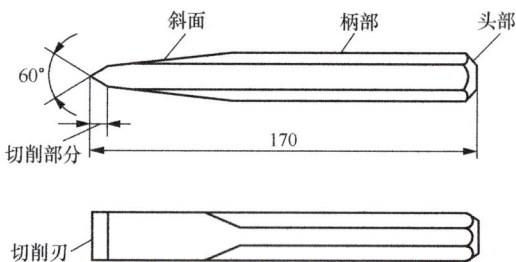

图 1-36　錾子的结构

錾子的切削部分呈楔形，它由两个平面与一个切削刃组成，两个面之间的夹角称为楔角。錾子的楔角越大，切削部分的强度越高，但錾削阻力也加大，使切削困难，而且会将材料的被切面挤切得不平。所以，应在保证錾子具有足够强度的前提下，尽量选取小的楔角。一般来说，錾子楔角要根据工件材料的硬度来选择：在錾削硬材料（如碳素工具钢）时，楔角取 60° ~ 70°；在錾削碳素钢和中等硬度的材料时，楔角取 50° ~ 60°；在錾削软材料（如铜、铝）时，楔角取 30° ~ 50°。

錾子的头部很重要。头部有一定的锥度，顶部略带球面形，这样的顶面锤打时比较稳。錾子的头部是不能淬火的，否则锤子打击时会有崩块飞出，很危险。在被锤击过程中，錾子的头部会逐渐产生毛刺，也必须磨掉。

（2）錾子的种类。根据錾削工作的需要，常用的錾子有扁錾、尖錾、油槽錾 3 种，如图 1-37 所示。扁錾（又称平錾）有较宽的切削刃，刃宽一般在 15 ~ 20mm，可用于錾大平切面、较薄的板料、直径较小的棒料，清理焊件边缘及铸件与锻件上的毛刺、飞边等。尖錾（又称狭錾或窄錾）的

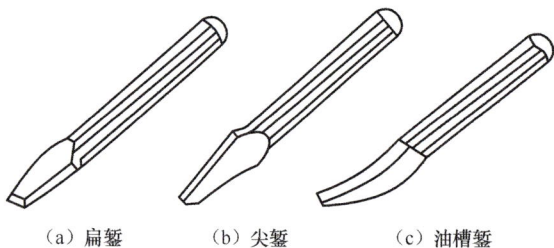

（a）扁錾　　　（b）尖錾　　　（c）油槽錾

图 1-37　錾子

切削刃较窄，一般为 2 mm 左右，用于錾削槽或配合扁錾錾削宽的平面。油槽錾的切削刃很短并且呈圆弧状，其斜面做成弯曲形状，可用于錾削轴瓦和机床润滑面上的油槽等。

提示

在车身维修时，扁錾既可以錾削金属、錾印，还可以将车身胶黏部分錾开。因此，扁錾是一个很有用的钳工工具。

五、研磨工具

1. 锉刀

钣金锉刀是用碳素工具钢经热处理后，再将工作部分淬火制成的，它是一种小型生产工具，如图 1-38 所示。

（1）锉刀的组成。锉刀由锉刀面、锉刀边、锉刀舌、锉刀尾、木柄等部分组成，如图 1-39 所示。

（2）锉刀的类型。锉刀按剖面形状不同分为扁锉刀（平锉刀）、方锉刀、半圆锉刀、圆锉刀、三角锉刀、菱形锉刀和刀形锉刀等。扁锉刀用来锉平面、外圆面和凸弧面，方锉刀用来

锉方孔、长方孔和窄平面，三角锉刀用来锉内角、三角孔和平面，半圆锉刀用来锉凹弧面和平面，圆锉刀用来锉圆孔、半径较小的凹弧面和椭圆面。锉刀按齿纹粗细（即每 10 mm 长度上的齿数）可分为粗齿锉刀、中齿锉刀、细齿锉刀、粗油光锉刀、细油光锉刀。

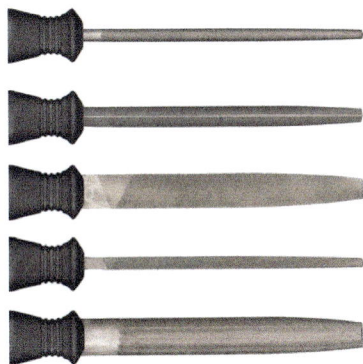

图 1-38 钣金锉刀

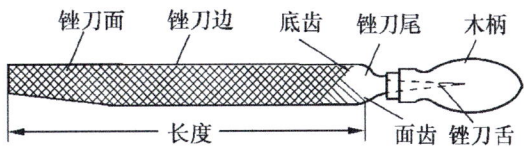

图 1-39 锉刀结构

（3）锉刀的选用。合理选用锉刀对保证加工质量、提高工作效率和延长锉刀寿命有很大的帮助。锉刀的一般选择原则：根据工件表面形状和加工面的大小选择锉刀的断面形状和规格，根据材料软硬、加工余量、精度和表面粗糙度的要求选择锉刀齿纹的粗细。

粗齿锉刀由于齿距较大、不易堵塞，一般用于锉削铜、铝等软金属，还可用于加工余量大、精度低和表面粗糙工件的粗加工；中齿锉刀齿距适中，适于粗锉后的加工；细齿锉刀可用于锉削钢、铸铁（较硬材料）以及加工余量小、精度要求高和表面粗糙度值小的工件；油光锉刀用于最后修光工件表面。

（4）锉刀的维护。新锉刀的锉齿上都有毛刺，若锉削硬金属，毛刺就会磨掉，锉刀也会早期磨钝。不可使锉刀沾水或将锉刀放在潮湿的地方，以防锈蚀。当锉削软金属时，锉齿常被锉屑堵塞，这时可用钢丝刷将锉屑刷去。

2. 修平锉

车身修平锉大部分由铸铁制成，用于对板件和焊缝等进行修平处理，并检验板件表面是否修平（见图1-40）。当锉削一个很平坦的部位时，将修平锉与推

图 1-40 检验表面是否修平

进方向成30°角水平地平推，也可将修平锉平放，沿着30°斜角的方向推。在锉削金属板上隆起的部位时，应将修平锉沿着隆起的长度方向（隆起处较平坦的方向）平放并平推，或者以30°或更小的角度向一边推。

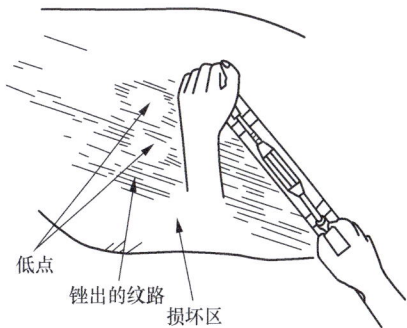

提示

在车身板件钣金修复中，维修技师常用修平锉检查板件的低点（未锉到的地方为低点）。

六、成形工具

1. 锤子

锤子（也称手锤）是最基本的钣金手工工具，如图 1-41 所示。根据实际工作的需要，采用不同的制作材质（如铜、钢、橡胶、木头等），并且做成不同的形状（如尖头、球头、鹤嘴等）。

（1）锤子的选择。对薄板件和有色金属工件可选用铜锤、木锤、硬质橡胶锤进行锤击；对于钣金件小凹陷可用尖嘴锤逐个轻微敲击，以修平这些微小的凹陷。合理选择锤子的尺寸和锤顶曲面的隆起高度，锤头形状要与板件形状基本一致，如图 1-42 所示。

图 1-41　锤子

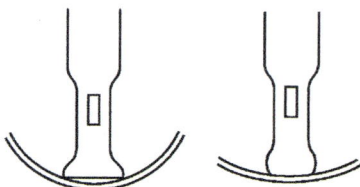

图 1-42　锤子的选择

（2）锤子的握法。锤子的握法有紧握法、松握法两种。

① 紧握法。右手五指紧握锤柄，大拇指合在食指上，虎口对准锤头方向，木柄尾端露出 15～30 mm，在锤击过程中五指始终紧握，如图 1-43（a）所示。采用这种握法容易使手疲劳或将手磨破，应尽量少用。

② 松握法。在锤击过程中，拇指与食指仍卡住锤柄，其余三指自然松动并压着锤柄，锤击时三指随冲击力的增加逐渐收拢，如图 1-43（b）所示。这种握法的优点是轻便自如，锤击有力，不易疲劳，故常在操作中使用。

提示

> 敲锤这个动作看似很平常，但在实际应用中对握锤的方法也是有要求的。

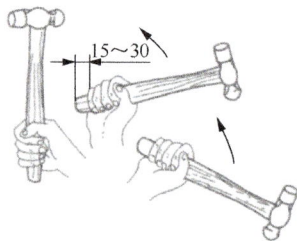

（a）锤子紧握法

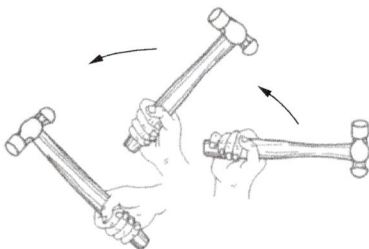

（b）锤子松握法

图 1-43　锤子握法

（3）挥锤方法。挥锤方法有腕挥、肘挥、臂挥 3 种。

① 腕挥是指单凭腕部的力量挥锤敲击，如图 1-44（a）所示。这种方法锤击力小，适用于錾削动作的开始与收尾，或錾油槽、打样冲眼等用力不大的地方。

② 肘挥是靠小臂的挥动来完成挥锤动作。挥锤时，手腕和肘向后挥动，上臂不大动，然后迅速向錾子顶部击去，如图 1-44（b）所示。肘挥的锤击力较大，应用最广。

③ 臂挥靠的是腕、肘和臂的联合动作，也就是挥锤时手腕和肘向后上方伸，并将臂伸开，如图 1-44（c）所示。臂挥的锤击力大，适用于要求锤击力大的錾削。

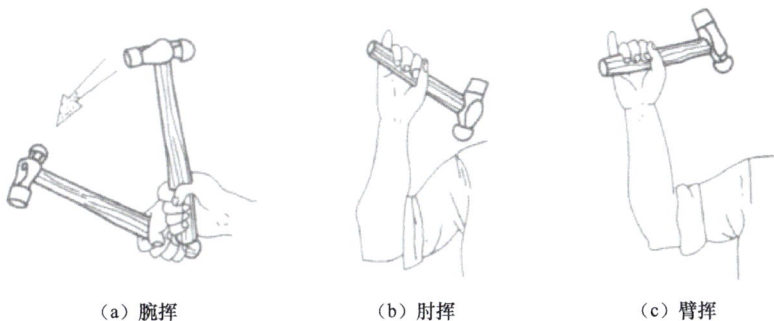

（a）腕挥　　　　　　　　（b）肘挥　　　　　　　　（c）臂挥

图 1-44　挥锤方法

使用锤子整形时，以每分钟 100～120 次的频率轻微敲击，遵循"先大后小、先强后弱"的原则。禁止像钉钉子那样让锤子沿直线轨迹运动，也不可用手臂或肩部的力量。

提示

用腕部挥锤，力度小，频率高，最省力，敲击准确，是板件整形时最常用的方法。学会用腕部使力既能省力又能快速整形，是钣金技师的基础技能。

2. 顶铁

顶铁也称垫铁，是钣金基本工具之一。顶铁多使用铸铁制成，工作面精细加工。顶铁有不同的形状来适应制作板件的外形，如图 1-45 所示。顶铁常与锤子配合使用来修复车身板件的碰撞损伤。

（1）顶铁的选择。选择顶铁时，要保证顶铁的工作表面与所修正的板件形状基本一致（即半径与要修理的金属板件的曲面一样大或略小一些），如图 1-46 所示。

图 1-45　顶铁

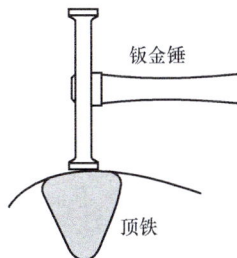

钣金锤

顶铁

图 1-46　顶铁的选用

（2）顶铁的使用。在维修操作中，应将顶铁放在受损板件的内面，用前臂对顶铁施加压力而使顶铁抵在金属的内表面上。依顶铁与锤子的相对作用位置，可以分为锤子与顶铁错位敲击（偏托）和锤子与顶铁正对敲击（正托）两种操作方法。

① 偏托法又称虚敲法。将顶铁置于金属板背面的最低处，锤子则在另一面敲击变形的最高处，锤击时顶铁也作为敲击工具，如图1-47所示。

偏托法操作可以避免修复过程中的受力不均而产生二次损伤（如金属延展）。很小的压痕、很浅的起伏、轻微的皱折都可以用这种方式修复，而不会损坏漆层。

② 正托法又称实敲法。选择端面合适的顶铁紧贴于小凹凸的背面，用平锤轻轻敲击金属表面的凸起或小凹陷的周围，使板件表面变得更加光滑、平整，如图1-48所示。

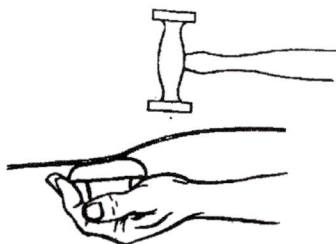

图1-47　偏托法

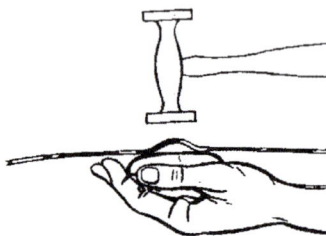

图1-48　正托法

正托法容易使金属造成延展变形，常用于修平钣金件和延展金属。必要时要进行收缩操作，以消除金属的延展变形。

> **提示**
>
> 　　顶铁是板件手工修复的重要工具，顶铁必须要和锤子相结合方可使用。一般情况下，使用正托法修平效果好，但很容易造成板件延展。常使用木锤代替铁锤来敲击，可防止板件的延展。

3. 撬板

撬板是钣金专用工具的一种，根据车身板件的形状不同而制成相应的形状和不同的尺寸，如图1-49所示。撬板有时可以用来作顶铁，将撬板垫在凹处，锤子敲击凸起部位，修复凹陷。

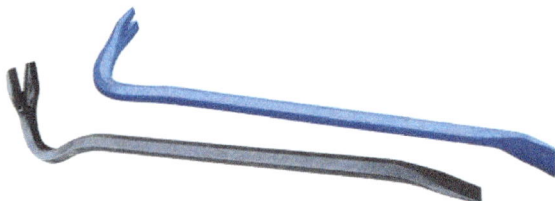

图1-49　撬板

4. 手动铆钉枪

手动铆钉枪的外形如图1-50所示，有带集钉盒和不带集钉盒两种类型，设计款式多种多样。

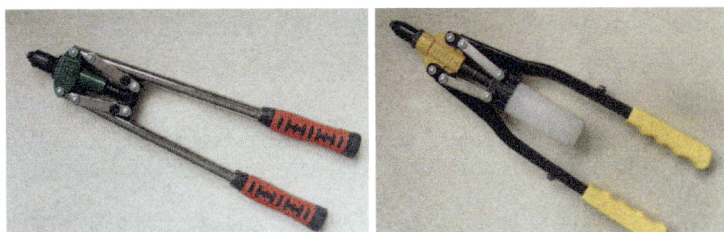

　　（a）不带集钉盒铆钉枪　　　　　　　（b）带集钉盒铆钉枪

图 1-50　手动铆钉枪

□ 知识拓展 □

　　1．钳工的工具种类及分类方法。

　　2．同样一项任务，可以用不同的工具操作。例如，金属切割时既可以用锯，也可以用錾，还可以用砂轮机。但无论采用哪一种方式，都需要对每种工具的特性和功能做深入的了解。

　　3．修平锉与普通锉刀的区别及使用方法。

　　4．钳工工艺离不开测量，各种形状工件的长、宽、高以及深度、内外径等数值的测量都需要测量工具，如钢直尺、外径千分尺、内径量表、百分表等。对于钳工技师而言，这也是很重要的。

　　5．钳工工艺是一种比较传统的手工工艺，在机械加工和制造中经常用到。随着技术的进步，虽然钳工工作已经被更多的机器和设备所替代，但是在汽车车身修复中，钳工技术还是一个基本功。如要了解更多的钳工技术和知识，可以参考相关钳工工艺学资料。

□ 任务总结 □

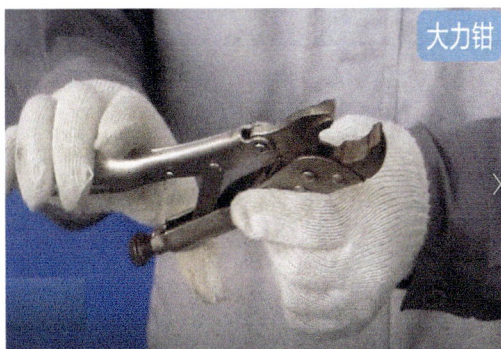

微课

手工工具认知

手工工具认知

　　1．安全保护

　　作为特殊工种的钳工，在操作中如不按照规范进行，则有可能导致危害操作人员安全的情况发生。因此，在实施作业时需要加强劳动防护，同时在使用工具、设备进行操作时，必须严格遵守操作规程。

　　钳工属于特殊工种，其操作过程中产生的粉尘（研磨过程）、金属屑等均有可能危害操作人员的健康。因此，劳动防护用品的正确使用，可以保证操作人员避免生产过程中的直接危害。操作人员要根据工作性质的不同，合理选择及佩戴劳动保护用品。

2. 手工工具

（1）夹持工具包括工作台、台虎钳、大力钳等，要能够准确认知其特性和差异，了解其正确使用方法。

（2）划线工具有基准工具、量具、直接绘划工具、夹具等，要能够正确使用和维护。

（3）测量工具有外径千分尺、游标卡尺、塞尺。这些量具根据不同情况应用在不同的场合。

（4）剪切工具有手工剪刀、手工锯和錾子等，要能够正确使用和维护。

（5）研磨工具有锉刀和车身修平锉，要能够正确使用和维护。

（6）成形工具有锤子、顶铁、撬板、铆钉枪等，要能够正确使用和维护。

3. 基本操作

钳工的基本操作内容有划线、剪切、研磨、成形、装配等，使用的手工工具包括夹持工具、划线工具、剪切工具、研磨工具、成形工具等。

4. 综述

（1）随着时代的发展，电动/气动工具的使用逐步增多，对手工工具的使用越来越少。但是，作为一位钣金技师必须要认识、知道、懂得基本钳工工具及其使用规范。

（2）成为一位优秀的钣金技师就要熟练掌握锤子、錾子、锉刀、顶铁及撬板的使用。尤其是锤子，它是钣金最为基础的工具，要掌握各种锤子的使用情况及方法，注意锤击时锤子的握法及挥法。

□ 问题思考 □

1. 在夹持工具中，台虎钳和大力钳的差异是什么？各自应用在哪些场合？

2. 划线是工件加工的基础，通常有哪几种划线情况？当出现圆弧中心点超出工件时应该如何操作划规？

3. 样冲的作用是什么？如何利用样冲与划线操作相配合，以提高加工精度？

4. 錾子的结构和作用是什么？不同种类的錾子应用的场合是什么？

5. 外径千分尺和游标卡尺都是量具，在使用中有什么不同？

6. 如何根据加工工件的不同，正确选择不同的锉刀？

7. 何为车身修平锉？应用场合是什么？

8. 何为锤子和顶铁的正托与偏托？分别适用何种钣金操作？

学习任务二 电动/气动工具

□ 学习目标 □

1. 熟悉汽车钣金中常用的电动工具和气动工具的种类。
2. 掌握电动工具的结构、使用注意事项和保养方法。
3. 掌握气动工具的结构、特点和使用注意事项。
4. 能够按工作需要选用合适的电动工具或气动工具。
5. 培养诚信、科学、严谨的工作态度和精益求精的精神。

··· ▫ 相关知识 ▫ ···

一、电动工具

电动工具是由电动机驱动的各类工具的总称，主要分为切削工具、研磨工具、装配工具等。随着电池制造技术的发展，出现了用镍镉电池作电源的无电源线的电池式电动工具。电动工具最初用铸铁作外壳，后改用铝合金作外壳，现在热塑性工程塑料在电动工具上也获得了广泛应用，并实现了电动工具的双重绝缘，保障了电动工具的使用安全性。随着电子技术的发展，还出现了电子调速电动工具，从而使电动工具在使用时能按被加工对象的不同（如材料不同、钻孔直径大小等），选择不同的转速。

汽车钣金技术中常用的电动工具有角磨机、电动砂轮机、手电钻、曲线锯等。

1. 角磨机

角磨机全称为角向磨光机，是钣金中常用的打磨及小件加工设备，如图 1-51 所示。角磨机按动力源的不同分为电动角磨机和气动角磨机两种，以电动角磨机居多。

电动角磨机由 220V 交直流电动机驱动，通过齿轮机构带动旋转螺栓 6 转动，如图 1-52 所示，根据不同的工作需要在旋转螺栓 6 上安装砂轮片 8 或钢丝刷 10 进行研磨、切割和抛光等操作。

图 1-51　电动角磨机

更换砂轮片时，按下锁止钮 1 固定旋转螺栓，卸下固定螺母 9 更换新片。使用时，首先打开开关 2，通过调速开关 4 调整到需要的转速，即可进行打磨操作。常用的砂轮片有研磨型和切割型。研磨型砂轮片较厚，并且有粗细之分；切割型砂轮片较薄，有采用合金材质制作的。

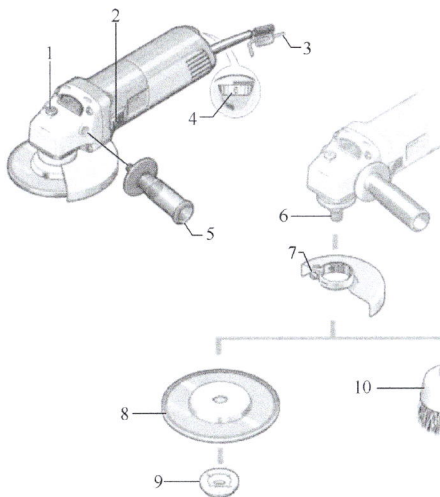

图 1-52　角磨机的结构

1—旋转螺栓锁止钮；2—开关；3—六角扳手；4—调速开关；5—把手；6—旋转螺栓；
7—防护罩；8—砂轮片；9—固定螺母；10—钢丝刷

角磨机操作灵活且具有可移动性，是汽车损伤修复和小型钣金件制作时的常用电动工具之一。安装不同标号的砂轮片或钢丝刷即可根据需要对损伤的部位进行打磨，可对损伤并需要废弃的部位进行切割，也可对工件表面进行打磨或砂光处理。

（1）角磨机的使用注意事项。

① 使用角磨机时，操作人员要佩戴防护眼镜和工作帽，较长的头发要扎起。

② 不能使用有裂纹、断裂、缺口等缺陷的砂轮片。

③ 先打开开关，等砂轮转动稳定后才能工作。研磨时，磨片与工件之间应保持30°左右角度。

④ 调整好防护罩的位置，切割方向不能向着人。

⑤ 连续工作30min后要停15min，以免散热不良而损坏设备。

⑥ 所需加工的小零件要用夹具固定，严禁用手抓住零件进行加工。

⑦ 工作完成或检查、保养角磨机之前，要切断电源。

⑧ 使用角磨机时，不能单手握开动的工具，另一只手进行其他操作。

（2）角磨机的保养。

① 经常检查电源线连接是否牢固、插头是否松动、开关动作是否灵活可靠。

② 检查电刷是否磨损过短，要及时更换磨损电刷，以防因电刷接触不良而造成火花过大或烧毁。

③ 注意定期检查工具的进、出风口不可堵塞，并要及时清除工具任何部位的油污与灰尘。

④ 对需要润滑的零件定期添加润滑脂，频繁使用时每月添加一次，长期不用前需加以清理和添加润滑脂。添加润滑脂部位为旋转螺栓6处，如图1-52所示。

⑤ 对于有故障的角磨机要送专业人员处维修。

⑥ 工具要按6S要求摆放到规定位置。

2. 砂轮机

砂轮机主要是由砂轮、电动机和机体组成的，常用的砂轮机有研磨型和切割型，如图1-53所示。研磨型砂轮机主要用来磨錾子、钻头、刮刀等刀具或样冲、划针等其他工具，也可用于磨去工件或材料上的毛刺、锐边等。切割型砂轮机又称砂轮锯，可对金属方扁管、方扁钢、工字钢等材料进行切割。砂轮机和角磨机均可对工件进行打磨及切割操作，其区别在于：角磨机可移动，对固定工件或难以操作的部位（如侧磨、仰磨等）的加工比较有效。而砂轮机是固定式的，只对可移动工件（包括较大工件）进行加工。

砂轮机使用时的注意事项如下。

（1）工作前必须穿戴防护眼镜、工作帽、手套等劳动保护用品。

（2）砂轮机应平稳地放在地面上（研磨型砂轮机需固定在台架上使用），使用前检查设备是否有良好的接地线。

（3）检查砂轮机是否完好，砂轮片是否有裂纹缺陷，禁止使用有故障的设备和不合格的砂轮片。

（4）工件要固定牢靠，操作人员要站在砂轮片的侧面。

（5）遇到异常情况，要立即关闭电源。

（6）更换砂轮片时，要待设备停稳并切断电源后进行。

（7）工作完毕应擦拭砂轮机表面灰尘和清理工作场地，将砂轮机存放在规定地点。

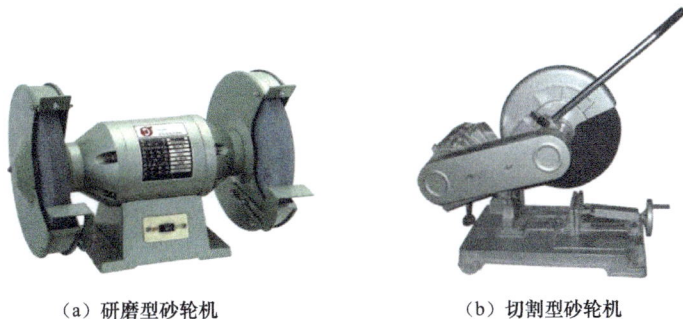

（a）研磨型砂轮机　　　　　　　（b）切割型砂轮机

图 1-53　砂轮机

提示

角磨机（含砂轮机）是车身修复中常用的电动工具。但由于砂轮片在高速运转时具有一定的危险性，必须严格按照规范进行操作，从而防止发生任何事故。除上述已介绍的使用规范外，还需要注意以下几点。

（1）在使用上述设备时，必须佩戴防护眼镜。

（2）严禁使用没有防护罩的砂轮机进行操作。

（3）严禁使用有裂纹或缺口的砂轮切割片，因为它在切割时极易断裂飞出，造成人员伤害。

（4）使用砂轮切割片进行切割时，切割方向要始终保持一条直线，防止在切割时卡死切割片造成切割片断裂飞出。

3. 手电钻

手电钻是以交流电源或直流电池为动力的钻孔工具，是一种手持式电动工具。有的手电钻配有充电电池，可在一定时间内无外接电源的情况下正常工作。手电钻由小电动机、控制开关、夹持器等几部分组成，如图 1-54 所示。手电钻配套钻头可以钻孔，配套套筒等工具可以拆装螺钉、螺母等。

钻头根据功能不同分为金属钻孔用钻头、木质板材钻孔用钻头、水泥等建筑材料钻孔用钻头等。

焊点转除钻（见图 1-55）是车身钣金中使用的一种特殊电钻，可以进行车身电阻点焊焊点的

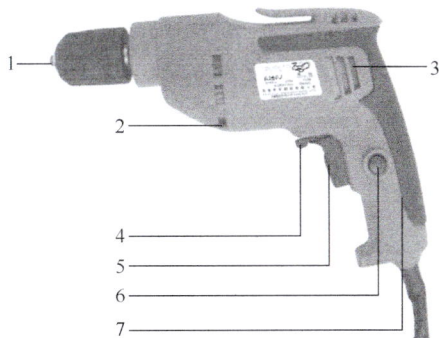

图 1-54　手电钻

1—夹持器；2—散热孔；3—进气孔；4—转向调整开关；5—开关；6—开关锁止钮；7—握把

分离去除。钻头部位装有进度限位装置，保证在分离板件的同时不会损伤下层板。

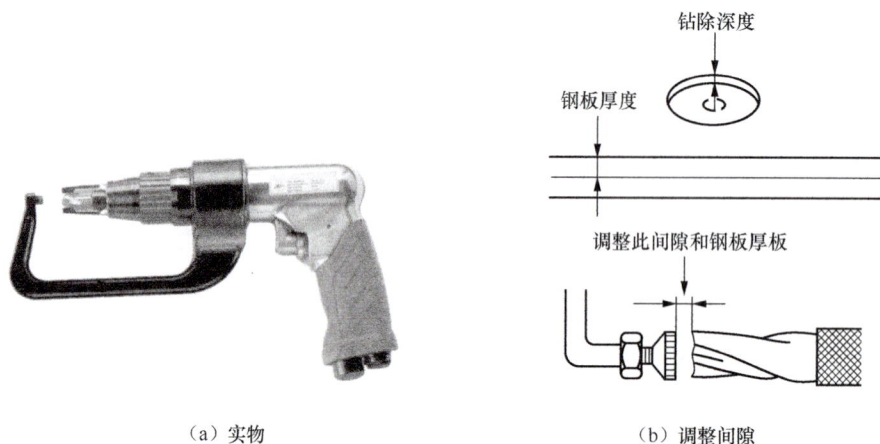

（a）实物　　　　　　　　　　　　　　　（b）调整间隙

图 1-55　焊点转除钻

（1）手电钻的使用注意事项。

① 使用时戴好防护眼镜和工作帽，一定不能戴手套、首饰等，防止卷入设备引起安全事故。

② 钻头与夹持器应适配，并妥善安装。

③ 使用前检查钻头，不能使用钝的或弯曲的钻头，否则将使电动机过载且工况失常，并降低作业效率。因此，若发现这类情况，应立刻处理，更换钻头。

④ 使用前检查手电钻机身安装螺钉紧固情况，若发现螺钉松动，应立即重新拧紧，否则会导致手电钻故障。

⑤ 确认手电钻上开关锁止钮处于锁止状态（锁止钮按下），否则插头插入电源插座时手电钻将立刻转动，从而可能导致操作人员受到伤害。

⑥ 使用前先打开开关，确定钻头转向并稳定后再进行加工。

⑦ 在金属材料上钻孔前，应首先在工件被钻位置处打样冲眼。

⑧ 在钻较大孔时，预先用小钻头钻引孔，然后使用大钻头钻孔。

⑨ 严禁用手直接清理钻孔时产生的钻屑，应用专用工具清屑。

⑩ 工具不用时要切断电源，手电钻完全停止转动后方可更换钻头，不用的工具要妥善保管。

提示

钣金维修中常用手电钻进行焊点的钻除，使用时注意以下几点。

① 严禁佩戴棉纱手套进行钻孔作业，以防止钻头缠绕引起安全事故。

② 钻头安装后先空转，观察钻头是否弯曲，严禁使用弯曲的钻头。

③ 钻硬质材料时将转头转速调低，防止钻头过热，强度降低。

（2）手电钻的保养。

① 手电钻外壳必须有接地或者接中性线保护。

② 手电钻导线要保护好，严禁乱拖，防止轧坏、割破；更不准把电线拖到油水中，防止油水腐蚀电线造成短路。

③ 电动机上的电刷是一种消耗品，其磨损度一旦超出极限，电动机将发生故障，因此被磨损的电刷应立即更换。此外，电刷必须保持干净状态。

④ 使用中发现手电钻漏电、振动、高热或者有异响时，应立即停止工作，送专业人员处检查修理。

⑤ 要及时将嵌入通风孔的尘土和杂物清理掉，从而保证工具的可操作性和延长工具的使用寿命。

⑥ 为保障手电钻的旋转精度，防止因为轴承磨损而产生过大的间隙，需要保持手电钻内部清洁并定期添加润滑脂。

4. 曲线锯

曲线锯电动机通过齿轮减速，大齿轮上的偏心滚套带动往复杆及锯条往复运动进行锯割。不同种类的锯条，可分别切割木料、石料、钢材等。曲线锯（见图 1-56）在车身维修中常用于金属（如钢板、铝板）结构件、外部面板的分割。曲线锯和其他电动切割工具的区别：曲线锯可移动，切口窄，可进行曲线锯割。

图 1-56 曲线锯

1—手柄；2—开关；3—电动机；4—底板；5—锯条；6—防护圈

曲线锯使用时需要注意以下事项。

① 操作前检查电锯各种性能是否良好，检查安全装置是否齐全并符合操作安全要求。

② 操作前检查锯片是否有裂口，各种螺钉是否紧固。

③ 操作时要戴防护眼镜，站在锯片一侧（禁止站在与锯片成同一直线的位置），手臂不得跨越锯片。

④ 切割的板件要用夹持工具固定，不能手持。

⑤ 切割时先启动工具，待锯条运转平稳后再进行切割操作。

⑥ 曲线锯的下托板要压紧板件，向前推曲线锯时用力要均匀，不得用力过猛。

⑦ 切割操作要一次性完成，禁止切割到板件中间部位时停机。

⑧ 被切割的曲线要有足够的半径，半径过小容易导致锯条损坏。

⑨ 检修维护工具时应断电作业，遇疑难故障应送专业人员处维修。

⑩ 工具使用完毕后必须拆除锯片（不要在工作结束后马上触摸锯条，防止烫伤），并放到规定位置妥善保存。

二、气动工具

气动工具主要是利用压缩空气带动气动马达对外输出动能而工作的工具。

1. 气动工具的结构

气动工具主要由动力输出装置、作业形式转化装置、进排气路、开关、壳体等部分组成。动力源为空气压缩机，压缩空气需经过滤并调节到符合工具要求的气压。

（1）动力输出装置。它是气动工具的主要组成部件之一，主要由气动马达及动力输出齿轮组成。依靠高压力的压缩空气吹动马达叶片而使马达转子转动，对外输出旋转运动，并通过齿轮带动整个作业形式转化部分运动。按定子与转子是否同心，气动马达可分为同心马达和偏心马达；按进气孔的数量不同，气动马达可分为单进气孔马达、双进气孔马达和多进气孔马达等。

马达叶片在高速旋转时，时刻与定子内壁发生摩擦，它是马达内最为常见的易损部件，因而它对压缩空气质量和压缩空气中是否含润滑油的要求很高。

（2）作业形式转化装置。它将气动马达输出的旋转运动进行相应的转化，决定该气动工具的扭力大小、转速快慢、拧紧精度高低等重要参数。由于它不停地离合、受压或转变扭矩，故其组成部件易损坏。

（3）进排气路。进排气路是压缩空气进出工具的通道，是保障气动马达正常工作的能源供给系统。

（4）开关。气动开关始终和操作人员及外界物体直接接触，且多为工程塑料制品，易出现损坏。

2. 气动工具的类型

气动工具根据基本工作方式不同可分为旋转式（偏心可动叶片式）和往复式（容积活塞式）两种。

（1）旋转式气动工具。将压缩空气作用于叶片，从而带动转子高速旋转而工作。如气动磨机、气动钻、气动扳手等，如图1-57所示。

（a）气动磨机　　　　　　（b）气动钻　　　　　　（c）气动扳手

图 1-57　旋转式气动工具

（2）往复式气动工具。将压缩空气引入气缸内，通过控制进气口和排气口的开闭，使活塞往复运动而工作。如气动锯（锉）、气动錾子等，如图1-58所示。

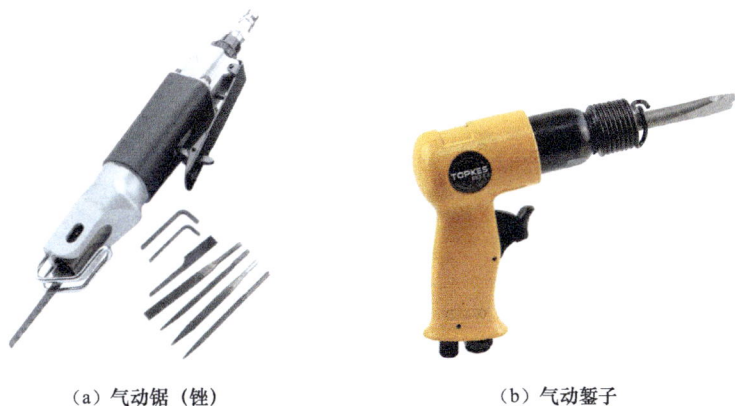

（a）气动锯（锉）　　　　　　　　　（b）气动錾子

图 1-58　往复式气动工具

3．气动工具的优点

（1）气动工具可以使用于爆炸性、腐蚀性、高温及潮湿的工作环境中，无火灾爆炸危险，使用安全。

（2）气动工具可超负荷操作而不致使气动马达烧毁。

（3）气动工具结构简单，坚固耐用，维护方便。

（4）气动工具输出转矩大，重量轻，效率高。

（5）气动工具可实现无级调速，且可产生旋转运动、往复运动及冲击运动。

4．气动工具的使用注意事项与维护

（1）作业时，操作者应佩戴防护镜和其他防护用品。

（2）操作前，查看空气软管及接头有无漏气及松动，以防进入气动工具内的压缩空气压力不够。

（3）查看气动工具本身及气动附件是否可靠连接，以防高速运转时损坏或伤人。

（4）严格按照操作规程使用，不得带病作业，更不得抛、扔、摔、砸和当锤子使用。

（5）使用完毕后应及时擦净工具表面污物等，并及时注油保养，妥善保存。

（6）定期进行清洗和更换易损零部件，保证其始终处于良好状态。

（7）气动工具在使用过程中，由于受正常的损耗、工人操作不当或人为的其他因素的影响，可能导致气动工具发生故障（旋转式气动工具发生故障一般表现为工具不转动或转动无力，往复式气动工具发生故障一般表现为不动、往复距离不足或无力）。

（8）发生故障的气动工具要送专业人员处维修。

🔲 知识拓展 🔲

1．电源式手工电动钻与电池式手工电动钻的特点及应用。

2．角磨机所使用的不同砂轮片的更换与应用场合。

3．除了以上电动/气动工具等，还有如电动剪刀、电动扳手、电动锯、电磁钻、气动定位钻、气动锤、气动砂带打磨机等，其使用方法及应用范围各不相同。

4．电动工具是车身修复过程的重要设备，要熟练掌握其性能、用途和规范使用方法。

□ 任务总结 □

角磨机
（可以更换砂轮片, 薄的砂轮片是切割用的, 厚的砂轮片是打磨用的）

AR
汽车钣金

电动 / 气动工具

1. 电动工具

电动工具是由电动机驱动的各类工具的总称。钣金常用的电动工具有角磨机、电动砂轮机、手电钻、曲线锯等。

（1）角磨机全称为角向磨光机，是钣金中常用的打磨设备，要能够正确使用和维护。

（2）电动砂轮机主要是由砂轮、电动机和机体组成的，常用的砂轮机有研磨型和切割型，要能够正确使用和维护。

（3）手电钻就是以交流电源或直流电池为动力的钻孔工具，是一种手持式电动工具，要能够正确使用和维护。

（4）曲线锯在车身维修中常用于金属（如钢板、铝板）结构件、外部面板的分割，要能够正确使用和维护。

2. 气动工具

气动工具主要是利用压缩空气带动气动马达对外输出动能而工作的工具。气动工具根据基本工作方式不同可分为旋转式（偏心可动叶片式）和往复式（容积活塞式）。气动工具结构简单，坚固耐用，维护方便，安全性高，要能够正确使用和维护。

3. 应用与差异

（1）角磨机、手电钻、曲线锯和大部分气动工具均为可移动式，而砂轮机为固定式。

（2）电动工具主要分为切削工具、研磨工具、装配工具等，气动工具按作业形式不同分为旋转式和往复式。

（3）气动工具功能虽与同类电动工具相同，但可使用于易爆、有害气体等不宜使用电（产生火花）的场合。

4. 综述

（1）气动工具具有比电动工具使用安全、动力强、结构简单的特点，在汽车维修中用得越来越广泛。气动工具使用注意事项与同类电动工具基本相同；日常维护时要经常上油保养，以延长气动工具的使用寿命。

（2）电动 / 气动工具的正确使用能够更好地提高工作效率，但不正确的使用会带来安全事故。正确规范地使用各种电动 / 气动工具是必要的技能。

（3）会对各种电动 / 气动工具进行日常的保养，从而延长电动 / 气动工具的使用寿命，避免安全隐患。

□ 问题思考 □

1. 钣金常用的电动工具有哪些？各自应用在哪些场合？

2．角磨机和砂轮机均可进行磨削和切割操作，但其差异是什么？

3．既然有电动工具，为什么还需要同样功能的气动工具？

4．气动工具有何特点？如何正确使用和保养气动工具？

学习任务三　冷切割工艺

□ 学习目标 □

1．掌握钣金划线的应用、类型及基本线条的画法。
2．能够根据零件图在工件上正确划线。
3．能够利用手工剪刀按要求剪切板件。
4．能够利用手工锯按要求锯割板件。
5．能够利用角磨机按要求磨削分离板件。
6．培养精工制造品质和匠心铸魂精神，具有良好的职业道德素质。

□ 相关知识 □

一、划线

1．划线的作用

根据图样的尺寸要求，用划线工具在毛坯或半成品工件上划出待加工部位的轮廓线或作为基准的点、线的操作称为划线。划线的作用主要为以下几点。

（1）检查毛坯的形状和尺寸是否符合图样，能否满足加工要求。

（2）确定工件上各加工面的加工位置和加工余量。

（3）在坯料上出现某些缺陷的情况下，往往可通过划线时所谓的"借料"方法来补救。

（4）在板料上按划线下料，可做到正确排料，合理使用材料。

2．划线的类型

划线可以分为平面划线和立体划线。只需在工件的一个平面上划线就能明确表示出工件的加工界线的，称为平面划线，如图1-59所示；要同时在工件几个不同方向的表面上划线，才能明确表示出工件的加工界线的，称为立体划线，即在长、宽、高3个方向划线。

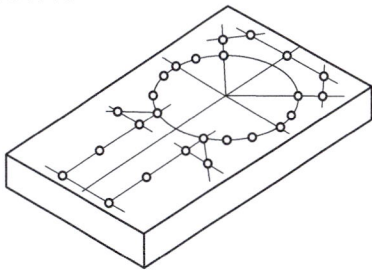

图1-59　平面划线

3．划线基准

（1）设计基准与划线基准。在零件图样上用来确定其他点、线、面位置的基准称为设计基准。用划线盘划各水平线时，应选定某一基准作为依据，并以此来调节每次划线的高度，这个基准称为划线基准。划线时，划线基准与设计基准应一致，因此合理选择基准可提高划线质量和划线速度，并避免由失误引起的划线错误。

（2）划线基准的类型。常见的划线基准有3种类型，即以两个互相垂直的平面（或线）为基准，以一个平面与一对称平面（或线）为基准，以两个互相垂直的中心平面（或线）为基准，如图1-60所示。

（a）以两个互相垂直的平面（或线）为基准   （b）以一个平面与一对称平面（或线）为基准

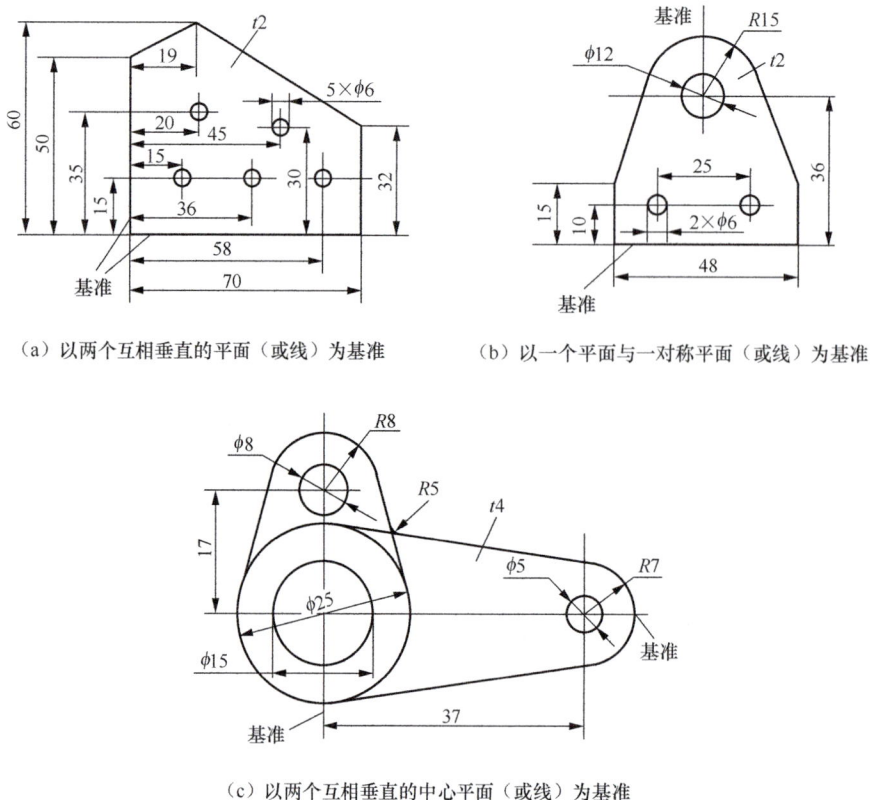

（c）以两个互相垂直的中心平面（或线）为基准

图 1-60　划线基准类型

（3）选择划线基准的原则。一般选择重要孔的轴线为划线基准，若工件上个别平面已加工过，则应以加工过的平面为划线基准，如图 1-61 所示。

4．基本线条划法

钳工基本线条划法包括划平行线、垂直线、角度线、圆弧线，圆弧与圆弧相切（内切和外切）、圆弧与直线相切，以及等分圆周成任意等份、等角、等弦长等。

划线时，从同一基准边出发，把靠边的角尺和钢直尺放好按牢，这时角尺只用于保持钢直尺的垂直位置，靠着钢直尺的零边划下短线，如图 1-62 所示。

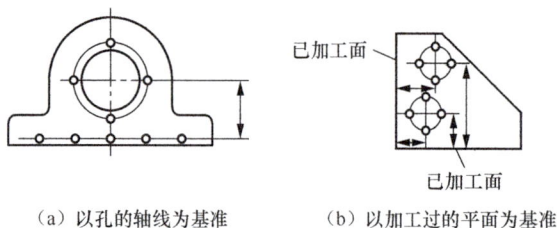

（a）以孔的轴线为基准   （b）以加工过的平面为基准

图 1-61　划线基准的选择

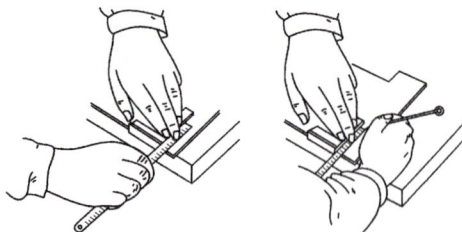

图 1-62　从相交成直角的基准边划线

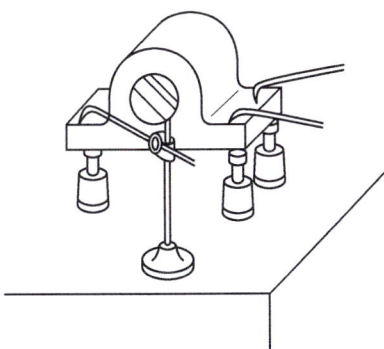

提示

圆规和游标卡尺不可以当作画线卡尺用。

5. 划线操作

对图 1-63 所示的滑动轴承座进行立体划线，划线步骤如下。

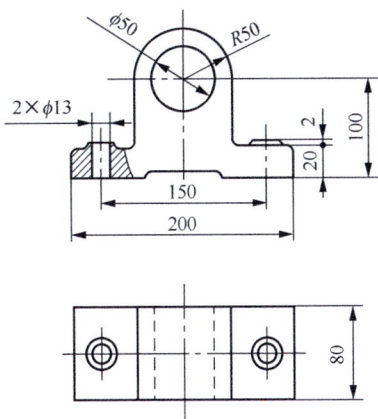

图 1-63 零件图

（1）划线前清理工件，清除缺陷。根据孔的中心和平面，调节千斤顶使工件水平，如图 1-64 所示。

（2）分析图样，查明要划哪些线，选定划线基准，并划出基准线和水平线，如图 1-65 所示。

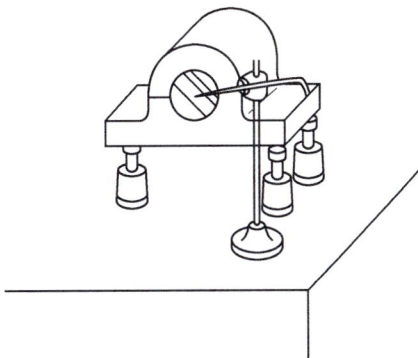

图 1-64 调整工件水平

图 1-65 划基准线和水平线

（3）翻转工件，用直角尺找正，划出互相垂直的线，如图 1-66 所示。

（4）打样冲眼。为了使工件上已经划好的线在以后的锉、钻、錾、锯等施工过程中不模糊，应在线上打样冲眼。为了让钻头在刚接触工件时能准确定位，也需要在要钻孔的中心打上样冲眼，如图 1-67 所示。

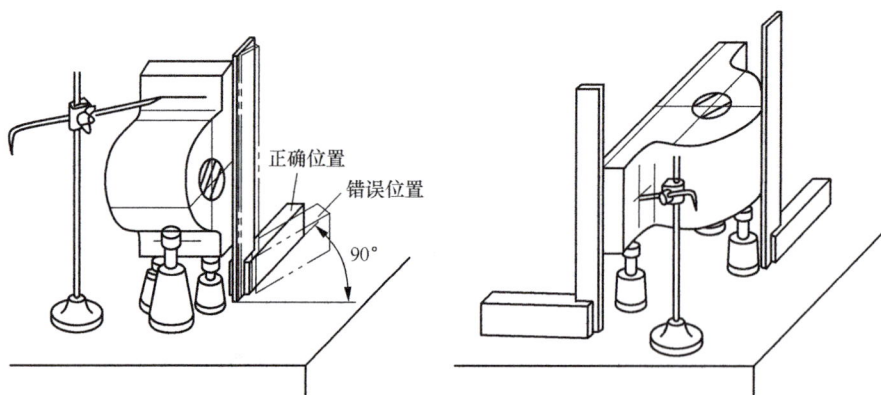

图 1-66　划垂直线

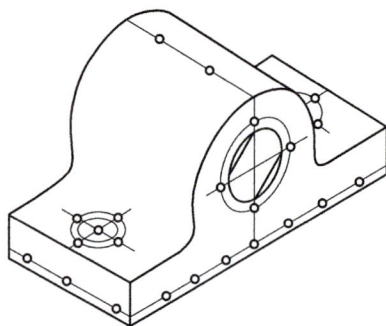

图 1-67　在标记点打样冲眼

提示

钣金维修中，在车身板件上划线切割时，由于板件有弧度，一般使用粘贴纸胶布的方法做标记。

二、手工剪切

使用手工剪刀剪切薄板时，剪刀要张开大约 2/3 刀刃长。上下两刀片间不能有空隙，否则剪下的材料边上会有毛刺。左手拿板料，右手握住剪刀柄的末端。

1. 直线剪切

（1）剪切短料时，被剪去的部分一般都放在剪刀的右面，如图 1-68 所示。

（2）剪切长或宽板材料时，必须将被剪去的部分放在左面，这样使被剪去的部分容易向上弯曲，如图 1-69 所示。

2. 弧线剪切

（1）剪切外圆时应从左边下剪，按顺时针方向剪切，边料会随着剪刀的移动而向上卷起，如图 1-70 所示。若边料较宽，可采取剪直线的方法。

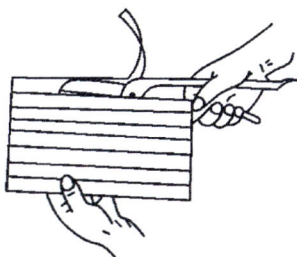

图 1-68 短料的剪切方法

图 1-69 长料的剪切方法

（2）剪切内圆时应从右边下剪，按逆时针方向剪切，边料会随着剪刀的移动而向上卷起，如图 1-71 所示。

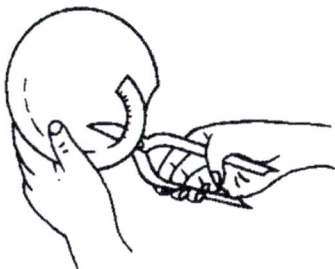

图 1-70 外圆的剪切方法

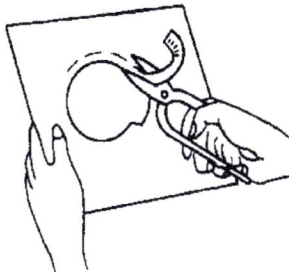

图 1-71 内圆的剪切方法

提示

手工剪切长料时，尽量使被剪掉的部分放在剪刀左边，使板料在刀片剪切的作用下自动向上卷起，以确保安全操作。

三、锯割

1. 准备

（1）工件的夹持。工件的夹持应该稳定、牢固，工件伸出部分要短，并且要尽可能夹在台虎钳的左面，这样可以避免握在前面的左手撞在台虎钳上。

① 锯薄圆管时，将管子夹在两块木质的 V 形槽垫之间，以防管子滚动和夹扁，如图 1-72 所示。

② 锯薄板时，将板子夹在两块木板之间一起锯割，可以避免锯齿钩住，并增加薄板的刚性，方便锯割，如图 1-73 所示。

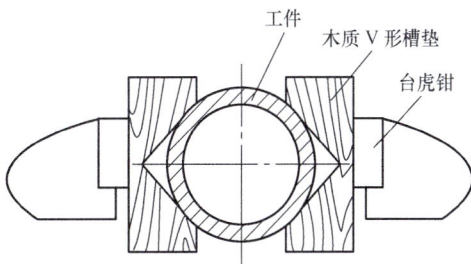

图 1-72 圆管夹持

③ 较大工件无法夹在台虎钳上锯削时，可以在原地进行，但一定要固定牢靠。

（2）安装锯条。手锯是在向前推进时进行切削的，在向后返回时没有切削作用。因此，安装锯条时要保证锯齿尖的方向朝前。锯条要松紧适度，太紧会失去应有的弹性，还容易崩断；锯条太松容易扭曲，锯缝不齐，也容易造成锯条折断。

（3）握锯方法。握锯弓时，要舒展自然，右手握稳锯把，左手轻扶在弓架前端，如图 1-74 所示。锯削时握锯把的右手施力，左手压力不要过大（左手主要是协助右手扶正锯弓）。在整个锯削过程中要保持锯缝平直。

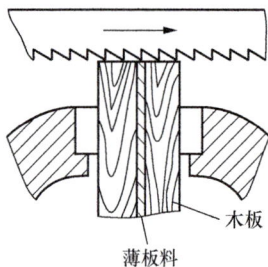

图 1-73　薄板夹持

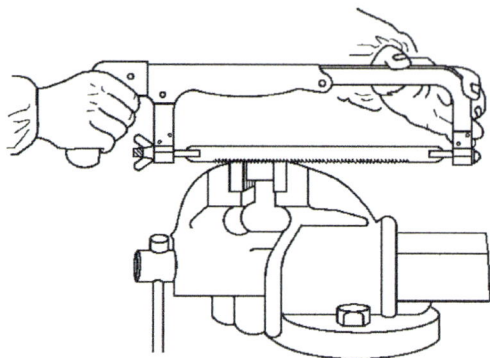

图 1-74　锯的握持

2. 手工锯割操作

（1）起锯。起锯直接决定锯削的质量。起锯的方式有远边起锯和近边起锯两种，常采用远边起锯方式。为了使起锯的位置准确，一般用左手拇指挡住锯条使它正确地锯在所需的位置，如图 1-75 所示。锯到槽深为 2～3mm 时，挡锯条的手可拿走，这时锯条不会滑出。

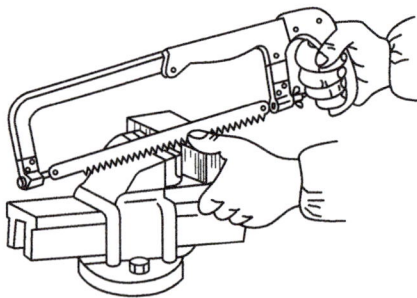

（a）远边起锯

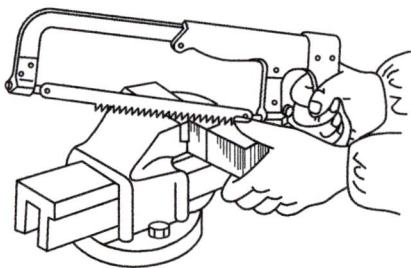

（b）近边起锯

图 1-75　起锯

起锯时，锯齿与工件表面约成 15°且锯齿面应保持在 3 个齿以上。如果起锯角太大，则锯齿容易被工件的棱边卡住；如果起锯角太小，则不易切入板件，锯条可能打滑，如图 1-76 所示。

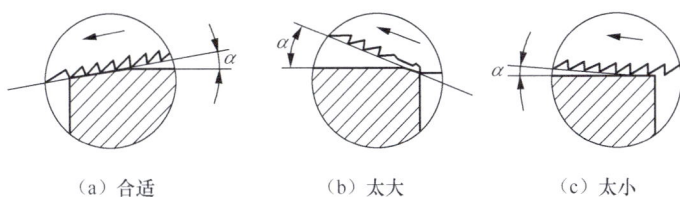

（a）合适　　　　　（b）太大　　　　　（c）太小

图 1-76　起锯角度

（2）锯割时，右手推动手锯，左手向下略施压力，并扶正锯弓做往复运动。锯削硬材料时，因不易切入，压力应该大些，防止产生打滑现象；锯削软材料时，压力应该小些，防止产生咬住现象。锯削速度以每分钟往复 20～40 次为宜，速度过快，锯齿因发热容易磨损；速度过慢，锯割效率不高。使用锯弓时，应该使锯条全部长度都利用到，但注意不要碰到弓架的两端。

如果板料较厚，手工锯割困难时，可使用切割锯或角磨机。将工件用夹持工具固定，用切割锯沿划线处进行切割，如图 1-77 所示。

图 1-77　厚料的切割

四、磨削分割

1. 焊点磨削

板件上的焊点太大，钻头不能钻掉时，可以采用角磨机磨削掉板件上的焊点，从而分离板件，如图 1-78 所示。

2. 连续焊缝磨削

在一些汽车的局部板件连接中，板件是用气体保护焊的连续焊连接的。由于焊缝长，因此也要用角磨机来分离板件，如图 1-79 所示。握紧角磨机让砂轮以 45°角进入搭接焊缝。要磨透焊缝而不割进或磨透板件。磨透焊缝以后，用锤子和錾子来分离板件。

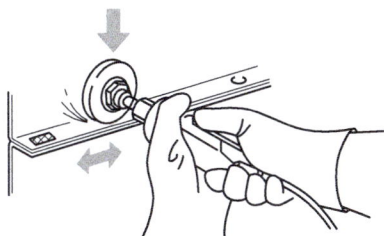

图 1-78　磨削焊点

图 1-79　分离焊缝
1—连续焊缝；2—角磨机

提示

为防止在磨削分离焊接板件时割进底层板件，在维修中除使用锤子和錾子分离外，还可多次翻折要分离的板件，使其在焊缝处折断，之后再用角磨机将焊缝打磨平整。

······················· □ 知识拓展 □ ·······················

1. 车身钣金修复、更换时的划线方法与技巧。
2. 使用手工锯提高加工精度的方法。
3. 除了以上介绍的剪切工具外，还有电动剪刀、气动锯和气动砂轮机等冷切割工具。

□ 任务总结 □

微课

冷切割工艺

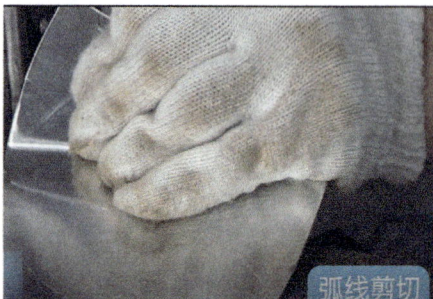

弧线剪切

冷切割工艺

1. 基础知识

根据图样的尺寸要求，用划线工具在毛坯或半成品工件上划出待加工部位的轮廓线或作为基准的点、线的操作称为划线。划线可以分为平面划线和立体划线。

2. 基本技能

划线时，划线基准与设计基准应一致，因此合理选择基准可提高划线质量和划线速度，并避免由失误引起的划线错误。

3. 手工剪切

使用手工剪刀剪切薄板时，剪刀要张开大约 2/3 刀刃长。上下两刀片间不能有空隙，否则剪下的材料边上会有毛刺。左手拿板料，右手握住剪刀柄的末端。

4. 手工锯割

手工锯割时，要将板件固定好。如果板料较厚，手工锯割困难时，可使用切割锯或动力剪切工具。

5. 焊缝分离

在一些汽车的局部板件连接中，板件是用气体保护焊的连续焊连接的。由于焊缝长，要用角磨机磨削辅助分离板件。

6. 综述

（1）板件切割前，首先要做的是划线，划线虽简单但其准确性影响维修制作的精度和后续工作。划线时要做好全方位的考虑，例如对加工形状和加工步骤的考虑等。

（2）动力切割工具切割速度快，但在切割时要时刻注意切割部位及切割深度是否正确，防止过切。

□ 问题思考 □

1. 钣金钳工划线的作用有哪些？如何进行正确的划线操作？

2．如何使用手工剪刀剪切薄板？

3．如何使用手锯锯割薄圆管？需要注意哪些问题？

4．如何正确分离车身板件上的连续焊缝？

学习任务四 手工工艺

□ 学习目标 □

1．熟悉钣金钳工常用手工工艺的种类。

2．掌握钻孔工艺要求和操作方法，能够按要求在工件上钻孔。

3．掌握铆接工艺流程，能够按要求进行铆接操作。

4．掌握錾削操作要点，能够按要求在工件上进行錾削操作。

5．掌握锉削操作要点，能够按要求在工件上进行锉削操作。

6．掌握加工螺纹的工艺流程，能够按要求在工件上加工螺纹。

7．培养独立自主意识，树立专业自信和社会使命感。

□ 相关知识 □

钣金手工工艺是指操作人员使用手工工具，对工件进行修整，使其达到损伤修复或装配要求。工作内容有铆接、钻孔、锉削、錾削、攻螺纹和套螺纹等。在进行加工时，多接触到板件锐利边角，操作前要做好个人的安全防护。但是在使用电钻时不能戴手套，以防绞入旋转的钻头而产生危险。

一、钻孔

1．钻孔位置确定

按钻孔的位置和要求，划出孔的十字中心线，并打上中心样冲眼（要求冲点要小，位置要准），按孔的大小划出孔的圆周线。钻直径较大的孔时，还应划出几个大小不等的检查圆，以便钻孔时检查和找正钻孔位置，如图 1-80（a）所示。当钻孔的位置尺寸要求较高时，为了避免打中心样冲眼时产生偏差，也可直接划出以孔中心线为对称中心的几个大小不等的方框［见图 1-80（b）］，作为钻孔时的检查线，然后将中心样冲眼敲大，以便准确落钻定心。

2．钻孔操作

（1）首先要根据工件的形状以及钻削力等情况，采用不同的夹持方式，以保证钻孔的质量和安全。

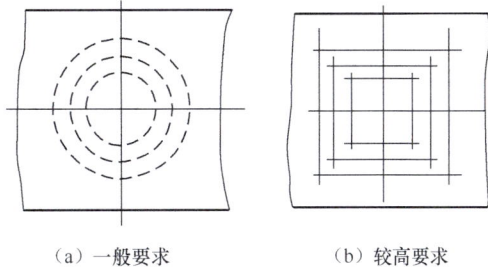

（a）一般要求　　　（b）较高要求

图 1-80　钻孔位置的确定

（2）钻孔时，先使钻头对准孔中心样冲眼处钻出一浅坑，观察钻孔位置是否正确，并不断校正，使钻坑与划线圆同轴（如有偏位，应先纠正后起钻）。

（3）当达到钻孔的位置要求后，即可压紧工件完成钻孔。同时要注意以下事项。

① 手进给时，进给力不应使钻头产生弯曲现象，以免钻孔轴线歪斜。

② 钻小直径孔或深孔时，进给力要小，并要经常退钻排屑，以免切屑阻塞而扭断钻头，一般在钻孔深度达直径的 3 倍时，一定要退钻排屑。

③ 快钻穿时动作要轻，以防增大切削抗力，造成钻头折断，或使工件随着钻头转动造成事故。要轻轻地把钻头适当抬起。

④ 如果钻头温度升高，可将钻头提起，对钻头单独进行冷却或加入切削液。

二、铆接

铆接是利用铆钉把两个及以上零件连接在一起的不可拆连接，称为铆钉连接，简称铆接。铆接工艺可连接不同材质、不同厚度、不同硬度和不同强度的两层或多层材料组合，应力均匀，铆接结构的弹塑性和韧性较好，特别是在承受冲击载荷和振动载荷方面有其独有的特点。

提示

飞机的部件绝大多数采用铆接方式。近年来，铆接工艺已逐步应用到汽车车身制造以及修复技术中。

1. 钻孔

（1）根据工件的材质、孔径和工艺要求等选择合适的铆钉，如图 1-81 所示。

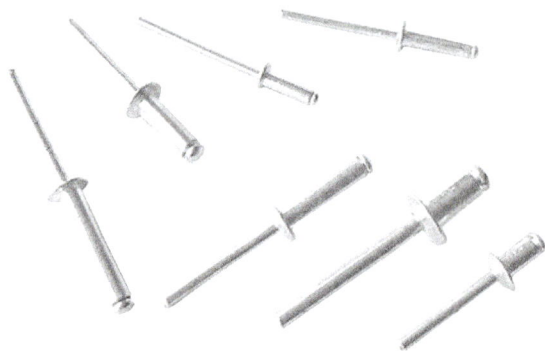

图 1-81　全铝抽芯铆钉

（2）按不同铆接形式要求，在板件规定位置划线并钻孔，如图 1-82 所示。

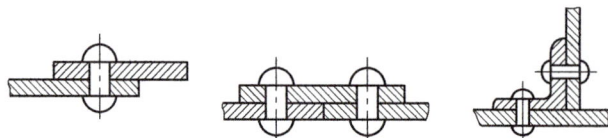

图 1-82　不同的铆接形式

2. 铆接操作

把铆钉插入孔中，然后用铆钉工具加工成形，把需连接的两块板件锁定在一起，如图 1-83 所示。

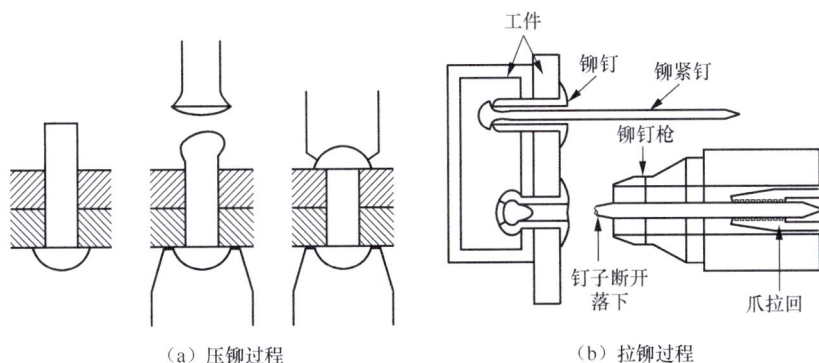

（a）压铆过程　　　　（b）拉铆过程

图 1-83　铆接过程

提示

汽车中常见的铆接为拉铆接和压铆接，它们使用的铆钉不同。一般汽车车身常见的是拉铆接，特点是方便快捷；全铝车身采用压铆接，铆接强度高，表面较美观。

三、錾削

錾削是钳工常见工艺之一。利用錾子对工件进行錾印（在金属工件上錾出痕迹）、錾切（錾槽、削薄等）。由于錾削是手工操作，往往可对难以加工的小型较复杂工件施以辅助修复或成形。

1. 錾子握法

錾子要自如而松松地握着，主要用左手的中指、无名指及小指握持，大拇指与食指自然地接触着，头部伸出部分约 20mm（如头部伸出过长，錾子握得太紧，这样锤子容易打在手上）。錾削时小臂自然平放，錾子保持一定的倾斜角，并保证在錾削过程中角度不变。握錾子的方法随工作条件不同而不同，其常用的方法有以下几种。

（1）正握法。手心向下，用虎口夹住錾身，拇指与食指自然伸开，其余三指自然弯曲靠拢并握住錾身，如图 1-84（a）所示。这种握法适用于在平面上进行錾削的情况。

（2）反握法。手心向上，手指自然握住錾柄，手心悬空，如图 1-84（b）所示。这种握法适用于小的平面或侧面錾削。

（3）立握法。虎口向上，拇指放在錾子一侧，其余四指放在另一侧捏住錾子，如图 1-84（c）所示。这种握法适用于工件的垂直錾切，如在铁砧上錾断材料等。

2. 錾削主要角度对錾削的影响

在錾削过程中錾子需与錾削平面形成一定的角度，如图 1-85 所示。各角度主要作用如下。

(a) 正握法　　　　　　　(b) 反握法　　　　　　　(c) 立握法

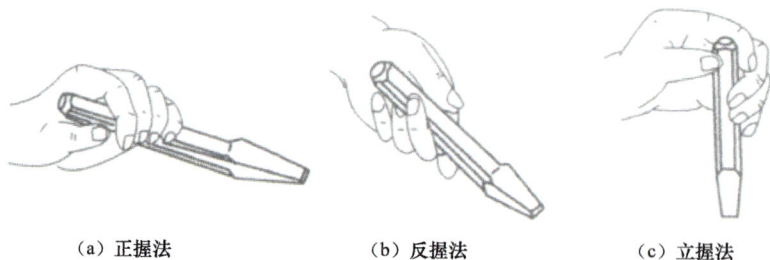

图 1-84　錾子的握持

（1）前角 γ（前面与基面之间的夹角）。它的作用是减少切屑变形并使錾削轻快。前角越大，切削越省力。

（2）后角 α（后面与切削平面之间的夹角）。它的作用是减少后面与已加工面间的摩擦，并使錾子容易切入工件。

（3）切削角 β（前面与切削平面之间的夹角）。它的大小对錾削质量、錾削工作效率有很大影响。

錾子的楔角是根据被加工材料的软硬程度选定的，在工作中是不变的，所以切削角的大小取决于后角。后角太大［见图 1-86（a）］，使錾子切入工件太深，錾削困难，甚至损坏錾子刃口和工件；后角太小［见图 1-86（b）］，錾子容易从材料表面滑出或切入工件很浅，錾削效率不高。所以，錾削时后角是关键角，一般以 5°～8° 为宜，应使后角保持稳定不变，否则工件表面将錾得高低不平。

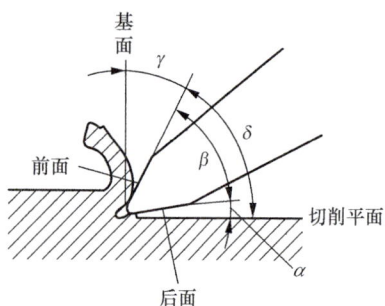

图 1-85　錾削主要角度　　　　　　图 1-86　后角对錾削的影响

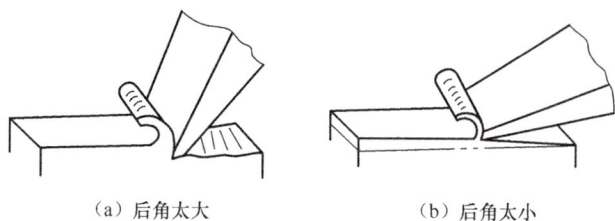

3. 錾削操作

（1）錾削前，将工件牢固地夹持在台虎钳上。操作人员应稳定地站立在台虎钳的近旁，锤子在右上方画弧形做上下运动。锤击时眼睛要看在錾刃和工件间，而不是看錾子的头部，如图 1-87 所示。

（2）起錾时，錾子尽可能向右倾斜约 30° 角。从工件尖处着手，轻打錾子，同时慢慢地把錾子移向中间，使刃口与工件平行为止，如图 1-88 所示。

（3）錾断板料。錾断薄板（厚度在 4 mm 以下）和小直径（直径在 13 mm 以下）棒料时，用扁錾沿着钳口并斜对着板料约成 45° 角自右向左錾削，如图 1-89 所示。錾子不能与板件垂直，并从板件的一侧开始錾切，防止造成板件的损坏。对于较长或大型板料，如果不能在台虎钳上进行，可以在铁砧上錾断。

图 1-87　錾削姿势

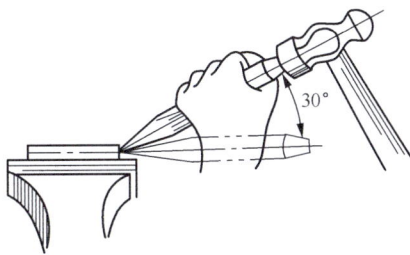

图 1-88　起錾方法

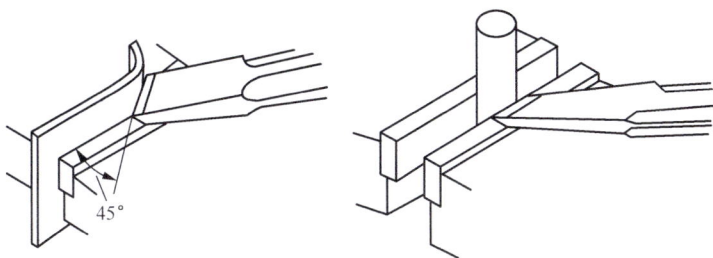

图 1-89　錾薄板和小直径棒料

当錾断形状复杂的板料时，最好在工件轮廓周围钻出密集的排孔，然后再錾断。对于轮廓的圆弧部分，宜用尖錾（又称狭錾或窄錾）錾断；对于轮廓的直线部分，宜用扁錾錾削，如图 1-90 所示。

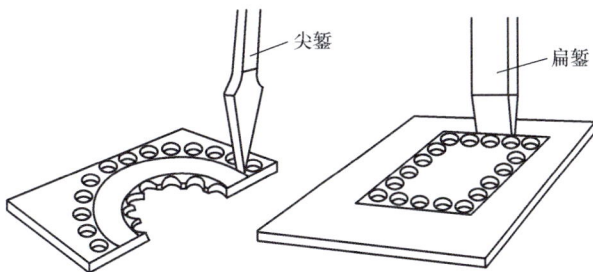

图 1-90　形状复杂板料的錾断

（4）錾削平面。较窄的平面可以用扁錾进行錾削，每次錾掉金属厚度以 0.5 ～ 2mm 为宜，一般还要留下 0.5mm 左右作为锉削加工余量。对宽平面，应首先用尖錾开槽，然后用扁錾錾平，如图 1-91 所示。

（5）每次錾削后，可将錾子退回一些。刃口不要一直顶住工件。錾切脆性金属时，要从两边向中间錾，以免把边缘的材料錾裂。

（6）将要錾到尽头（差 10mm 左右）时，必须停住，应掉头錾掉余下的部分，以免将工件边缘錾出斜口，如图 1-92 所示。

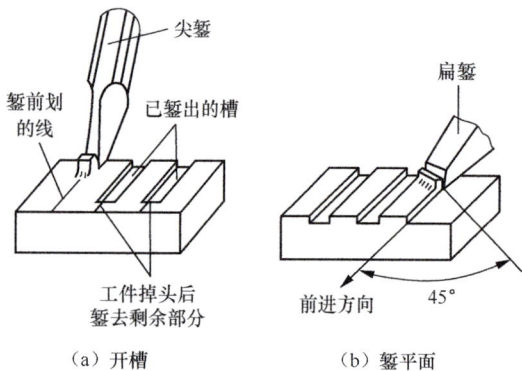

（a）开槽　　　　　　　（b）錾平面

图 1-91　錾宽平面

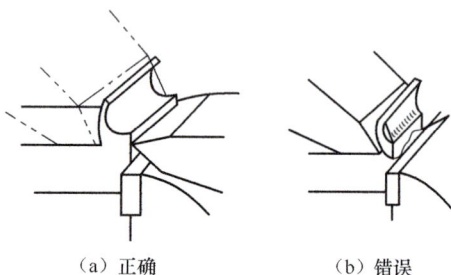

（a）正确　　　　　　（b）错误

图 1-92　錾削结束的方法

> **提示**
>
> 　　錾子虽小，用途很大，可用于錾切、錾削、錾印、錾槽等，用好了錾子，可以让自己的手工工艺更加出类拔萃。

四、锉削

锉削是钳工的基本工艺之一。在工件加工中，难免出现毛刺、不平整等现象及锐角磨平、弧边等需求，所以，正确地掌握锉削工艺是十分重要的。

1. 锉刀的握法

正确握持锉刀有助于提高锉削质量。根据锉刀大小和形状的不同，采用相应的握法。

（1）大锉刀的握法。右手心抵着锉刀木柄的端头，以免锉削过程中滑脱。右手大拇指放在锉刀木柄的上面，其余四指弯在下面并配合大拇指捏住锉刀木柄。左手则根据锉刀大小和用力的轻重，可选择多种姿势，如图 1-93 所示。

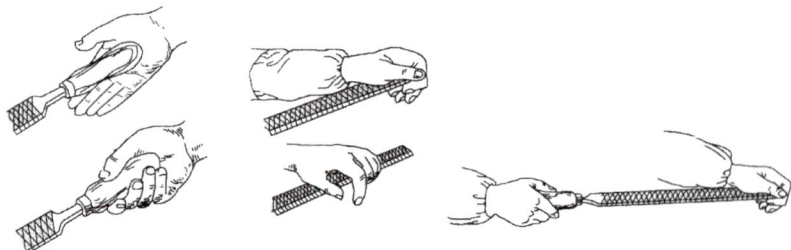

图 1-93　大锉刀的握持

（2）中锉刀的握法。右手握法与大锉刀握法相同，而左手则需用大拇指和食指捏锉刀前端，如图1-94所示。

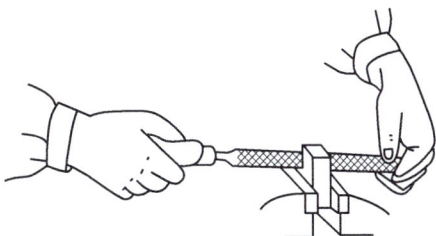

（3）小锉刀的握法。右手食指伸直靠在锉刀的刀边，拇指放在锉刀木柄上面；左手几个手指压在锉刀中部，如图1-95（a）所示。对于更小的锉刀，一般只用右手拿着锉刀，其中食指放在锉刀上面，拇指放在锉刀的左侧，如图1-95（b）所示。

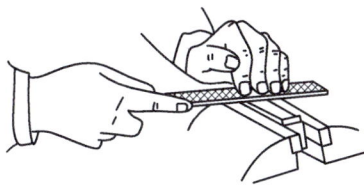

图 1-94　中锉刀的握持

（a）小锉刀握法　　　　　（b）更小锉刀（整形锉）握法

图 1-95　小锉刀的握持

2. 锉削操作

（1）将工件牢固地夹持在台虎钳上，调整好合适的操作高度。

（2）锉削的姿势。正确的锉削姿势，能够减轻疲劳，提高锉削质量和锉削效率。人站立的位置与錾削时基本相同，即左腿弯曲，右腿伸直，身体向前倾斜，重心落在左腿上，身体正面与工件端约成45°角，如图1-96所示。

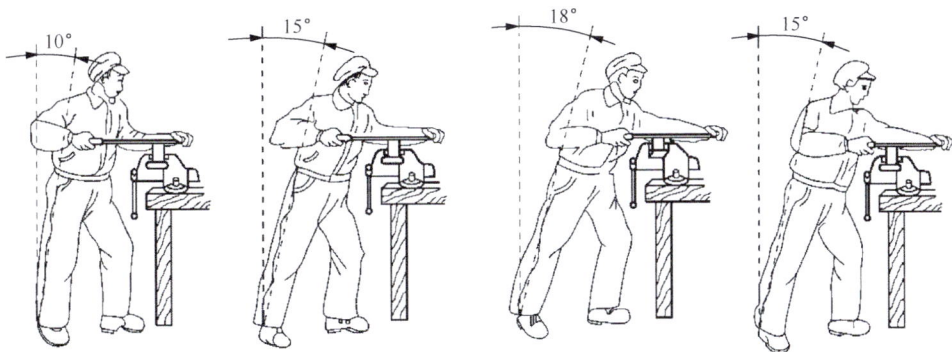

图 1-96　锉削操作姿势

锉削的力有水平推力和垂直压力两种。推力主要由右手控制，其大小必须大于切削阻力才能锉去切屑，压力是由两手控制的，其作用是使锉齿嵌入金属表面。锉刀的平直运动是完成锉削的关键。保证锉刀平直运动的方法：随着锉刀的推进，左手压力应由大逐渐减小，右手的压力则由小逐渐增大，到中间时两手压力相等，如图1-97所示。只有掌握了锉削平面的技术要领，才能使锉刀在工件的任意位置时，锉刀两端压力对于工件中心的力矩保持平衡，否则锉刀就不会平衡，工件中间将会产生凸面或鼓形面。锉削时，因为锉齿存屑空间有限，对锉刀的总压力不能太大。压力太大只能使锉刀磨损加快。但压力也不能过小，压力过小则锉刀打滑，则达不到切削目的。一般来说，在锉刀向前推进时以手上有一种韧性感觉为适宜。

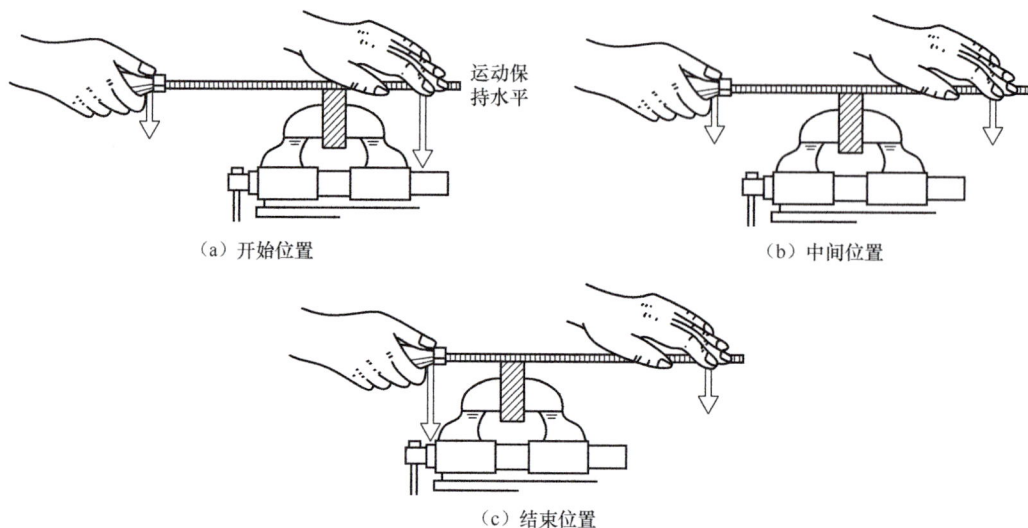

（a）开始位置　　　　　　　　　　　　　　　（b）中间位置

（c）结束位置

图 1-97　锉削时用力的变化

锉削时，先把锉刀的头部与工件接触，并保证用合适的压力向前推。锉到接近锉刀工作面的后端时抬起，再次从前向后锉削。如此反复，将工件锉好，如图 1-96 所示。

（3）锉削平面。平面锉削是最基本的锉削。常用的方法有顺向锉法、交叉锉法、推锉法3 种，如图 1-98 所示。顺向锉时，锉刀沿着工件表面横向或纵向移动。锉削平面可得到比较平直、光滑的锉痕。这种方法适用于工件锉光、锉平或锉顺锉纹。交叉锉时，以交叉的两方向顺序对工件进行锉削。由于锉痕是交叉的，容易判断锉削表面的不平程度，因而也容易把工件表面锉平。交叉锉法去屑较快、效率高，适用于平面的粗锉。推锉时，两手对称地握住锉刀，用两大拇指平推锉刀进行锉削。这种方法适用于对表面较窄且已经锉平、加工余量很小的工件进行尺寸修正和减小表面粗糙度值。

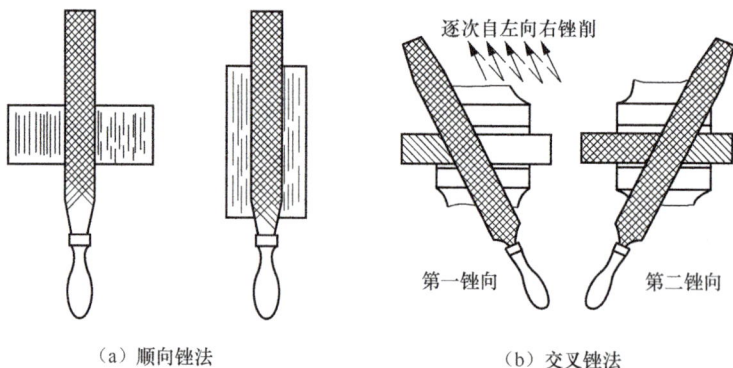

（a）顺向锉法　　　　　　　　　　　（b）交叉锉法

图 1-98　平面锉削方法

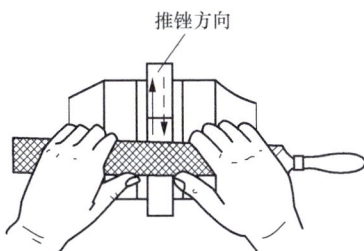

（c）推锉法

图 1-98　平面锉削方法（续）

（4）锉削圆弧面（曲面）。圆弧面分为外圆弧面和内圆弧面。锉削外圆弧面时，锉刀要同时完成两个运动，即锉刀的前推运动和绕圆弧面中心的转动。前推是完成锉削，转动是保证锉出圆弧面形状。常用的外圆弧面锉削方法有滚锉法和横锉法两种，如图 1-99 所示。滚锉法是使锉刀边向前推进，边顺着圆弧面锉削，此法用于精锉外圆弧面。横锉法是使锉刀边向前推进，边横着锉削圆弧面，此法用于粗锉外圆弧面或不能用滚锉法加工的情况。

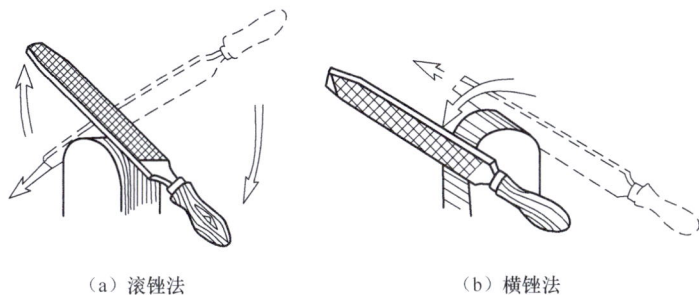

（a）滚锉法　　　　　　　　　　　　（b）横锉法

图 1-99　锉削外圆弧面

锉削内圆弧面时，要同时完成锉刀的前推运动、锉刀的左右移动和锉刀自身的转动 3 个运动，如图 1-100 所示。缺少任一项运动都将锉不好内圆弧面。

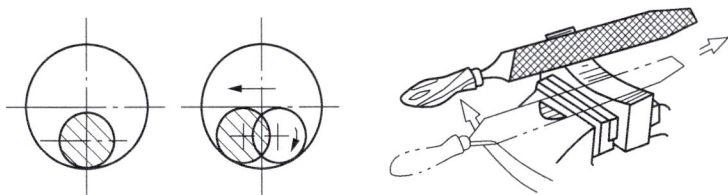

图 1-100　锉削内圆弧面

（5）锉削通孔。根据通孔的形状、工件材料、加工余量、加工精度和表面粗糙度来选择所需的锉刀，多采用顺向锉法锉削通孔，如图 1-101 所示。

在锉削过程中，要选择合适的锉刀并注意清理锉刀上的积屑。清理时，可用钢丝刷顺着齿面的方向刷除。

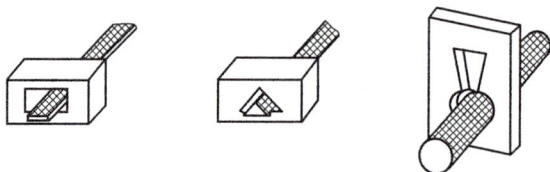

图 1-101　锉削通孔

提示

锉刀看似简单，但其功能也很多，首先要理解锉刀的作用，其次要学会如何选用。

（1）根据工件形状选择锉刀的形状与规格。

（2）根据材料的软硬、加工余量及加工精度选择锉刀齿纹粗细。

五、加工螺纹

1. 螺纹基本知识

（1）螺纹的种类。常用的螺纹按用途可分为连接螺纹和传动螺纹两类，前者起连接作用，后者用于传递运动和动力。各种螺纹按使用性能不同又可分为左旋螺纹或右旋螺纹、单线螺纹或双线螺纹、内螺纹或外螺纹。按各国的标准不同螺纹又分为米制螺纹和英制螺纹。

（2）普通螺纹的各部分名称及基本尺寸。普通螺纹牙型都为三角形，故又称三角形螺纹。图 1-102 标注了三角形螺纹各部分的名称及代号。螺距用 P 表示，牙型角用 α 表示，内螺纹直径用 D 表示（不标下角者为大径，标下角"1"为小径，标下角"2"为中径），外螺纹直径用 d 表示（不标下角者为大径，标下角"1"为小径，标下角"2"为中径）。其他各部分名称及基本尺寸如下：

螺纹大径（公称直径）	$D(d)$
螺纹小径	$D_1(d_1)=D(d)-1.082P$
螺纹中径	$D_2(d_2)=D(d)-0.69P$
原始三角形高度	$H=0.866P$
牙底削平高度	$H/8$
牙顶削平高度	$H/4$

（3）决定螺纹类型的基本要素有牙型角、螺距和螺纹中径，螺纹配合必须满足这些基本要素的要求。

牙型角（α）是螺纹轴向剖面内螺纹两侧面的夹角。对于普通螺纹，$\alpha=60°$，对于管螺纹，$\alpha=55°$。螺距是沿轴线方向上相邻两牙间对应点的距离。普通螺纹的螺距用 mm 表示，管螺纹用每英寸（25.4mm）上的牙数 n 表示，螺距 P 与 n 的关系为 $P=25.4\text{mm}/n$。螺纹中径是平分螺纹理论高度 H 的一个假想圆柱体的直径，在中径处螺纹的牙厚和槽宽相等，只有内外螺纹的中径一致时，两者才能很好地配合。

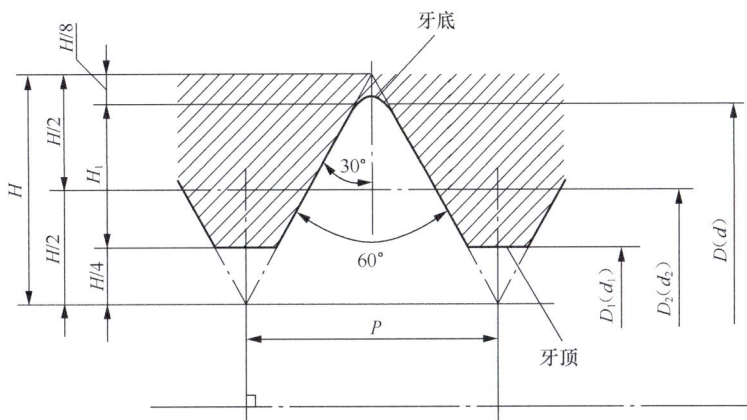

图 1-102　普通螺纹各部分名称

2. 攻螺纹

用丝锥在工件孔的内表面加工出螺纹的操作称为攻螺纹（俗称攻丝）。

（1）丝锥。丝锥是加工小内螺纹的工具，如图 1-103 所示。丝锥按加工螺纹种类的不同分为普通三角形螺纹丝锥和圆柱管螺纹丝锥，按加工方法的不同分为机用丝锥和手用丝锥。

（2）铰杠。铰杠是用来夹持丝锥的工具，铰杠有普通铰杠（见图 1-104）和丁字铰杠（见图 1-105）。丁字铰杠主要用于攻工件凸台旁的螺纹或机体内部的螺纹。各类铰杠又有固定式和活动式两种。固定式铰杠常用于攻 M5 以下的螺纹，活动式铰杠可以调节夹持孔尺寸。

图 1-103　丝锥

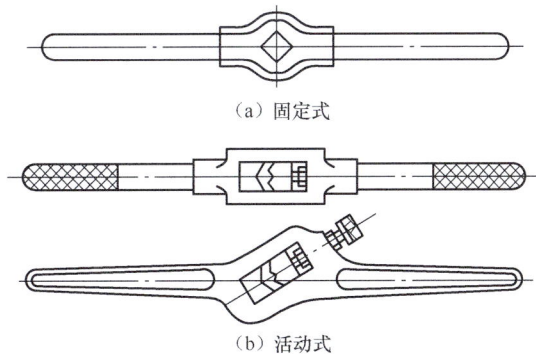

（a）固定式

（b）活动式

图 1-104　普通铰杠

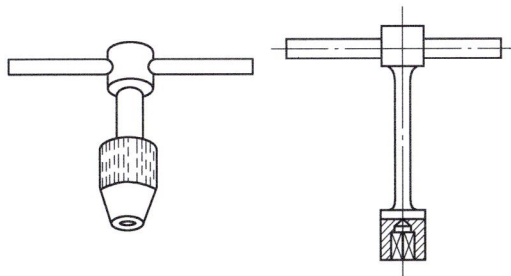

图 1-105　丁字铰杠

铰杠长度应根据丝锥尺寸大小选择，以便控制一定的攻螺纹扭矩，可参考表 1-1 选用。

表 1-1 　　　　　　　　　　　　铰杠长度的选择

丝锥直径/mm	≤6	8～10	12～14	≥16
铰杠长度/mm	150～200	200～250	250～300	400～450

（3）攻螺纹操作。

① 底孔的直径和深度。底孔是在加工内螺纹前生成的，在工件上预先钻出规定直径和深度的孔，它是攻螺纹的基础。

攻螺纹前工件的底孔直径（钻孔直径）要大于螺纹标准中规定的螺纹小径。确定底孔直径的大小要根据工件的材料性质、螺纹直径的大小考虑，其方法可查表或用下列经验公式计算：

$$钢材及韧性金属 \quad D=d-P$$
$$铸铁及脆性金属 \quad D=d-1.05P$$

式中　D——底孔直径（mm）；

　　　d——螺纹大径（mm）；

　　　P——螺距（mm）。

案例分享

　　分别在中碳钢和铸铁上攻 M10×1.5 的螺纹，求各自的底孔直径。

　　解：中碳钢属韧性材料，故底孔直径为
$$D=d-P=10-1.5=8.5（mm）$$

　　铸铁属脆性材料，故底孔直径为
$$D=d-1.05P=10-1.05×1.5≈8.4（mm）$$

攻盲孔（不通孔）螺纹时，由于丝锥顶部带有锥度不能形成完整的螺纹，所以为了得到所需的螺纹长度，钻孔深度要大于螺纹长度。盲孔深度可按下列公式计算：

$$L=l+0.7d$$

式中　L——钻孔深度（mm）；

　　　l——需要的螺纹深度（mm）；

　　　d——螺纹大径（mm）。

② 钻底孔。在钻孔部位划线，并打出样冲眼。选择合适尺寸的钻头，钻出底孔。底孔的口要倒角，倒角处直径可略大于螺孔大径，这样可使丝锥开始切削时容易切入，并防止孔口出现挤压形成的凸边。

③ 起攻时，一只手按住铰杠中部，沿丝锥轴线用力下压，另一只手按顺向旋进，如图 1-106（a）所示；或两只手握住铰杠两端均匀施加压力，并将丝锥顺向旋进，如图 1-106（b）所示。

应保证丝锥中心线与孔中心线重合，不使其歪斜。在丝锥攻入 1～2 圈后，应及时从前后、左右两个方向用直角尺进行检查，并不断校正至符合要求，如图 1-107 所示。

④ 当丝锥的切削部分全部进入工件时，不需要再施加压力，而靠丝锥自然旋进切削。此时，两手旋转用力要均匀，并要经常倒转 1/4～1/2 圈，以清除切屑，避免因切屑阻塞而使丝锥卡住。

⑤ 攻螺纹时，必须以头锥、二锥、三锥顺序攻削至标准尺寸。在较硬的材料上攻螺纹时，

可轮换各丝锥交替操作，以减小切削部分负荷，防止丝锥折断。

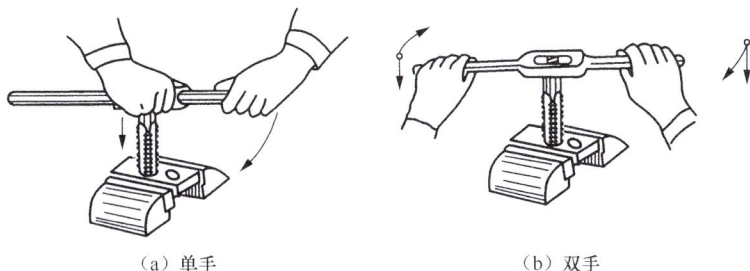

（a）单手　　　　　　　　　　　（b）双手

图 1-106　攻螺纹操作

⑥ 攻盲孔时，可在丝锥上做好深度标记，防止攻螺纹过量；并要经常退出丝锥，清除留在孔内的切屑，否则会因切屑堵塞使丝锥折断或达不到深度要求。当工件不便倒向进行清屑时，可用弯曲的小管子吹出切屑，或用磁性针棒吸出。

提示

攻韧性材料的螺孔时，要加切削液，以减小切削阻力，提高加工螺孔的表面粗糙度和延长丝锥寿命。攻钢件时加机油，攻铸铁件时加煤油。

3. 套螺纹

用板牙在工件外表面加工出螺纹的操作称为套螺纹（俗称套丝）。

（1）板牙与板牙架。

① 板牙。板牙是加工外螺纹的工具，由合金工具钢制成并经过热处理淬硬。板牙外形像圆螺母，上面钻有几个排屑孔形成刀刃，如图 1-108 所示。板牙由切削部分、定径部分、排屑孔（一般 3 ～ 4 个）组成。排屑孔的两端有 60°的锥度，起主要切削作用，定径部分起修光作用。板牙外圆上有 4 个锥坑和 1 条 U 形槽，锥坑用于定位和紧固板牙。当板牙的定径部分磨损后，可用片状砂轮沿 U 形槽将板牙切割开，借助调紧螺钉将板牙直径缩小。

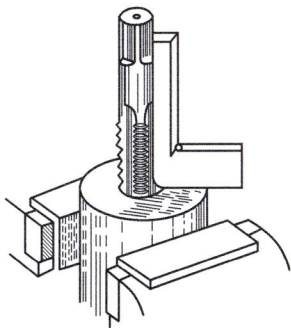

图 1-107　检查丝锥角度

图 1-108　板牙

② 板牙架。板牙是装在板牙架上使用的，板牙架用于夹持板牙，传递力矩，如图 1-109 所示。

板牙调整螺钉
板牙撑开螺钉
板牙紧固螺钉

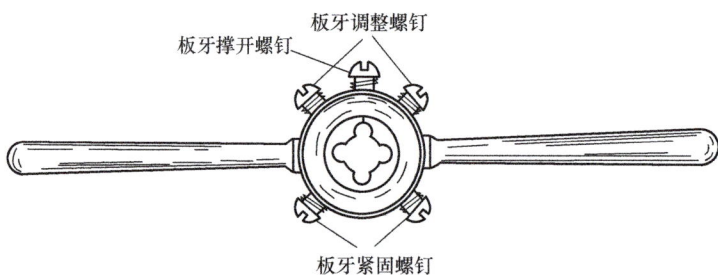

图 1-109　板牙架

（2）套螺纹操作。

① 圆杆直径的确定。圆杆外径太大，板牙难以套入；圆杆外径太小，套出的螺纹牙型不完整。同时，套螺纹切削过程中也有挤压作用。因此，圆杆直径要小于螺纹大径，可查表或用下列经验计算式确定：

$$D=d-0.13P$$

式中　D——圆杆直径（mm）；

　　　d——螺纹大径（mm）；

　　　P——螺距（mm）。

套螺纹时，为了使板牙起套容易并做正确引导，被加工的圆杆端部要预先做好倒角处理。其倒角的最小直径可略小于螺纹小径，避免螺纹端部出现锋口和卷边。

② 套螺纹时的切削力矩较大，且工件都为圆杆，一般要用 V 形块或厚铜衬作衬垫，才能保证可靠夹紧。

起套时，用一只手按住铰杠中部，沿圆杆轴向施加压力，另一只手沿顺时针方向切进，如图 1-110 所示。

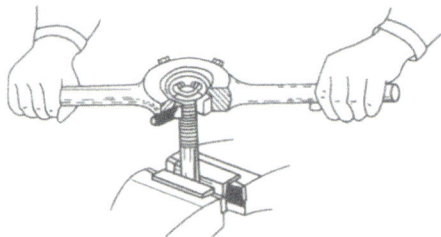

转动铰杠时速度要慢，施加压力要大，并保证板牙端面与圆杆轴线的垂直度，不使其歪斜。在板牙切入圆杆 2～3 牙时，应及时检查其垂直度并做准确校正。

③ 正常套螺纹时，不要施加压力，让板牙自然引进，以免损坏螺纹和板牙；另外，也要经常倒转以清除碎屑。

图 1-110　套螺纹

案例分享

张先生在对自己爱车进行保养时，他发现维修师傅放完汽车的机油后，用一个小黑铁棒在油底壳的螺丝孔中旋转。张先生好奇地问："这是什么？干什么用的？"维修师傅笑答："这是丝锥。"更换了 2～3 次机油的新车，在放油后都会有一些微小的铁屑残留在油底壳的螺纹处，将丝锥贴着螺纹绕一遍，就可以将这些铁屑沾下来。

4．螺纹测量

螺纹的测量主要是测量螺距、牙型角和螺纹中径。螺距用钢直尺测量即可，牙型角一般用螺纹样板测量（也可用螺距规同时测量螺距和牙型角），螺纹中径常用螺纹千分尺测量，如图 1-111 所示。

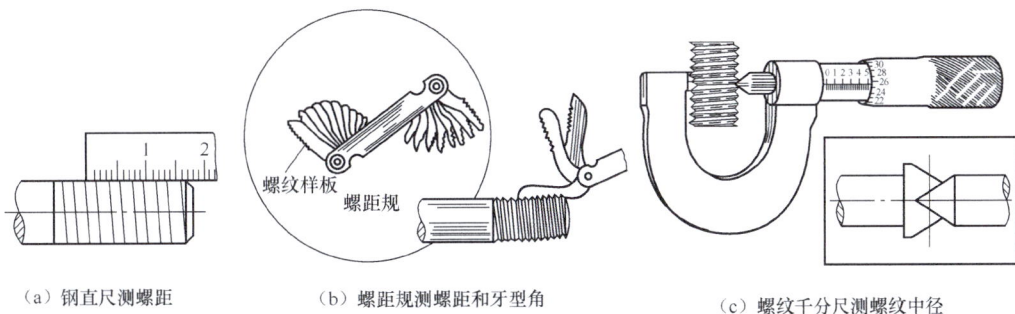

（a）钢直尺测螺距　　　　（b）螺距规测螺距和牙型角　　　　（c）螺纹千分尺测螺纹中径

图 1-111　螺纹测量

□ 知识拓展 □

1．使用手工钻孔工具保证钻孔准确度的方法。

2．汽车压铆钉枪的使用及铆接质量检查。

3．在生产制造中，钣金分为工业钣金和汽车钣金，各自行使的职责和分工各有不同。工业钣金生产的产品复杂多样，汽车钣金只针对汽车的零部件。

□ 任务总结 □

手工工艺

1．**基础知识**

钣金手工工艺的工作内容有铆接、钻孔、锉削、錾削、攻螺纹和套螺纹等。在进行加工时，会较多接触到板件锐利边角，操作前要做好个人的安全防护。但是在使用电钻时不能戴手套，以防绞入旋转的钻头而产生危险。

2．**基本技能**

（1）钻孔前，按钻孔的位置和要求，划出孔的十字中心线，并打上中心样冲眼（要求冲点要小，位置要准）。要根据工件的形状以及钻削力等情况，采用不同的夹持方式，以保证钻孔的质量和安全。

（2）铆接（全称为铆钉连接）是利用铆钉把两个以上零件连接在一起的不可拆连接。铆接工艺可连接不同材质、不同厚度、不同硬度和不同强度的两层或多层材料组合。

（3）在保证錾子具有足够强度的前提下，尽量选取楔角值小的錾子。錾削时小臂自然平放，錾子保持一定的倾斜角，并保证在錾削过程中角度不变。

（4）锉削时，先把锉刀的头部与工件接触，并用合适的压力向前推。锉到接近锉刀工作面的后端时抬起，再次从前向后锉。如此反复，将工件锉好。

（5）常用的螺纹按用途可分为连接螺纹和传动螺纹，按使用性能不同又可分为左旋螺纹或右旋螺纹、单线螺纹或双线螺纹、内螺纹或外螺纹，按各国的标准不同又分为米制螺纹和英制螺纹。用丝锥在工件孔的内表面加工出螺纹的操作称为攻螺纹。用板牙在工件外表面加工出螺纹的操作称为套螺纹（也称套丝）。

3. 应用场合

上述各种工艺均为钳工技术中常见的基本技能。在学习中，除需要掌握基本知识和要求外，还要重点掌握不同技能、不同手法、不同方式所应用的场合，如锉削平面的顺向锉、交叉锉、推锉3种方法，分别适用于何种情况和场合。

□ 问题思考 □

1. 钻孔的位置要准确，在操作时要注意哪些问题？
2. 如何正确錾切薄板而不使其变形？
3. 螺纹加工分为哪两类？如何保证加工出的螺纹不歪斜？

模块二
汽车钣金件制作

在汽车车身损伤修复中，常常出现一些部件（或一些部件的某一个部分）受到严重损伤，且无法修复。此时，需要按照损坏部件的样式，手工制作一个同样的部件，这个制作过程称为"汽车钣金件制作"。在这个过程中，必须先根据设计图样画出展开图，在板料上放样，进行切割下料，再经过弯曲或冲压成形，最后进行组装（咬合、焊接、铆接、粘接等）完成制作与装配。

学习任务一　放样与下料

◘ 学习目标 ◘

1. 掌握钣金件各种展开图的画法。
2. 掌握制作钣金件前的下料工艺。
3. 能够按钣金件尺寸要求画展开图。
4. 能够按技术要求在板件上合理下料。
5. 培养安全意识、规范意识和环保意识，养成遵守行业标准和规范的习惯。

◘ 相关知识 ◘

将立体所有表面的实际形状和大小依次摊画在一个平面上所得到的图形，称为立体的表面展开图，简称展开图。其工作过程俗称"放样"，例如图 2-1（a）是高为 H、边长为 A 的正六棱柱表面展开示意图，图 2-1（b）是根据该六棱柱的投影画出的展开图。可见，立体表面展开的实质就是画出立体各表面的线段实长及其实形。

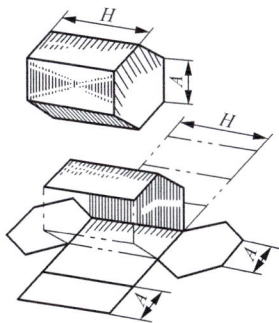

（a）正六棱柱表面的展开示意图　　　　（b）六棱柱的投影展开图

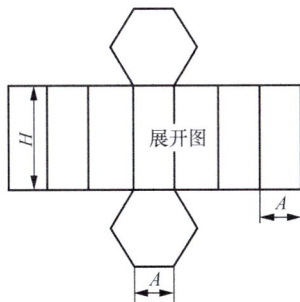

图 2-1　六棱柱的表面展开

一、展开图画法

钣金制品按其形状和特点分别采用平行线展开法、放射线展开法、三角形展开法等将其展开。下面分别介绍这几种展开法的基本画法。

1. 平行线展开法

（1）平行线展开法的基本原理。平行线展开法的展开原理：将零件的表面看作由无数条相互平行的素线组成，取两相邻素线及其两端线所围成的微小面积作为平面，只要将每一小平面的真实大小依次画在平面上，就得到了零件表面的展开图（参考图 2-1）。所以，只要零件表面的素线或棱线互相平行（如各种棱柱体、圆柱体、圆柱曲面等），都可以用平行线展开法展开。

（2）直角弯管的展开画法。直角弯管是由两个相同的圆柱体组成的，如图 2-2 所示。在展开画线时，只需画出一部分即可。其步骤如下。

① 按弯管尺寸要求作投影图的主视图和俯视图（按制图国家标准，允许只画半个圆）。

② 把主视图的投影线 *AB*、*AD*、*BC* 表示出来。

③ 等分俯视图半圆周为 4 或 8 等份，得出各等分点为 1、2、3、4、5 或 1，2，3，…，8，9。

④ 通过各等分点，向上作垂直线，交于 *CD* 线上，分别得到相应各点 1′、2′、3′、4′、5′ 或 1′，2′，3′，…，8′，9′。

⑤ 延长 *AB* 线，在 *AB* 延线上截取 *EF* 线段，其长度等于圆管的周长（若俯视图是半圆，它等分为两倍的俯视图等份；若俯视图是全圆，则它等分为俯视图同样等份），然后将其各等分点逐次标明号数。

⑥ 在 *EF* 线上各等分点向上引垂线，并与主视图 *CD* 线上各点向右引出的水平线对应相交，得出各交点。

⑦ 最后把这些交点用曲线板连成一条光滑的曲线，即画出所求的展开图。

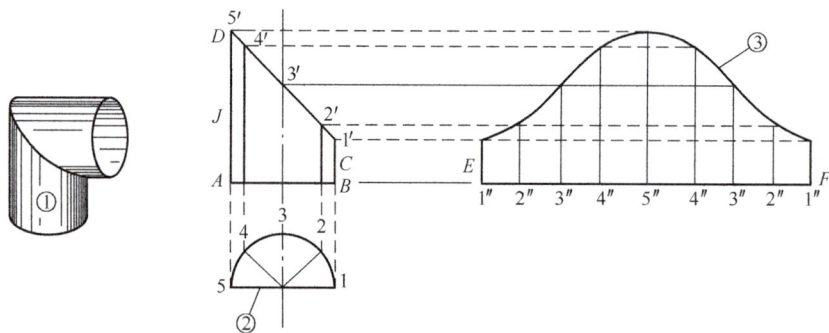

图 2-2　直角弯管的展开

①—直角弯管；②—半圆俯视图；③—投影展开图

不论弯管的直径和所弯的角度大小，展开图都可以用上述方法作出。展开图画好后，如要求进行咬接，应按咬缝宽度加上咬边尺寸。

2. 放射线展开法

（1）放射线展开法的基本原理。放射线展开法适用于零件表面的素线相交于一点的形体，如圆锥、棱锥等表面的展开。放射线展开法的展开原理：将零件表面由锥顶起作出一系列放射线，将锥面分成一系列小三角形（每一小三角形作为一个平面），然后将各三角形依次展开画在平面上，就得出了所求的展开图。

（2）正圆锥管的展开。正圆锥的特点是锥顶到底圆任一点的距离都相等，所以正圆锥管展开后的图形为一扇形［见图 2-3（a）］，它的展开图可通过计算或作图求得［见图 2-3（b）、（c）］，展开图的扇形半径 R 等于圆锥素线的长度，扇形的弧长 l 等于圆锥底圆的周长 πd，扇形中心角 $\alpha=360\pi d/2\pi R=180d/R$（$\pi$ 为圆周率约等于 3.14，d 为正圆锥管底圆直径）。

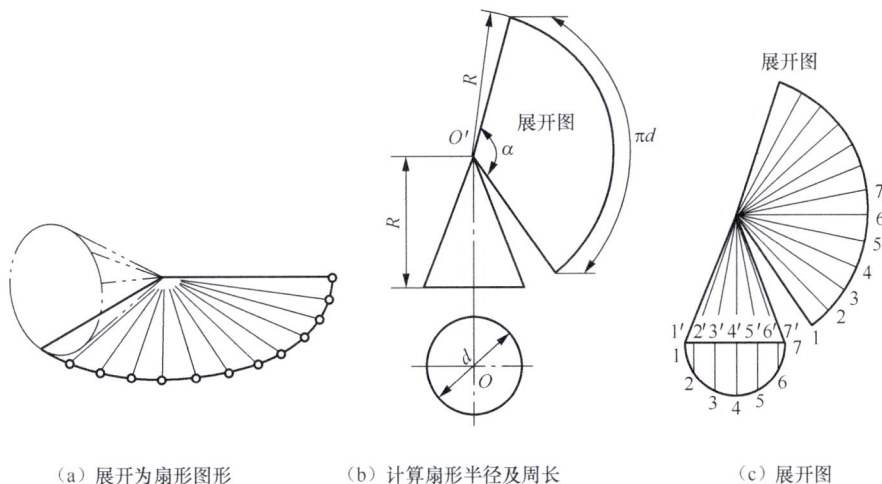

（a）展开为扇形图形　　　（b）计算扇形半径及周长　　　（c）展开图

图 2-3　正圆锥管的展开

用作图法画正圆锥管的展开图时，将底圆周等分并向主视图作投影，然后将各点与顶点连接。即将圆锥面划分成若干三角形，以 O' 为圆心、R 为半径作圆弧，在圆弧上量取圆锥底圆的周长便得到展开图。

3. 三角形展开法

（1）三角形展开法通常是指针对一些不完全规则的部件所展开的画法。三角形展开法是将零件的表面分成一组或多组三角形，然后求出各组三角形每边的实长，并把它的实形依次画在平面上，得到展开图。必须指出，用放射线作展开图时，也是将锥体表面分成若干三角形，但这些三角形均围绕锥顶。用三角形法作展开图时，三角形的划分是根据零件的形状特征进行的。因此，必须求出各素线的实长，这是准确地作好展开图的关键。

由投影原理可知，如果一线段与两投影面都倾斜，则该线段在两投影面上的投影都不是其实长。该线段的实长，可以用直角三角形法求得。

在图 2-4（a）中，线段 AB 对两个投影面都倾斜，所以它的两个投影 $a'b'$ 和 ab 都不是实长。从图中可知，如过 B 点作 BC 垂直于 Aa，得直角三角形 ABC，直角边 $BC=ba$；另一个直角边 AC 就是 AB 两点的高度差 H，恰等于 AB 正面投影的两个端点 a'、b' 在垂直方向的距离 $a'c'$。由此可知，只要作互相垂直的两直角边［见图 2-4（b）］，使 $B_1C_1=ab$、$A_1C_1=a'c'=H$，则斜长 A_1B_1 即为线段的实长。

根据这样的原理，如果已知一线段的两投影，使用直角三角形法求实长，其方法可归

纳为 $a'b'$ 和 ab 为线段的两个投影，求实长时，只要作一直角，在直角的一边上量取投影 ab（或 $a'b'$）长，在另一边上量取另一视图的投影差，则直角三角形的斜边即为线段 AB 的实长，如图 2-4（c）所示。

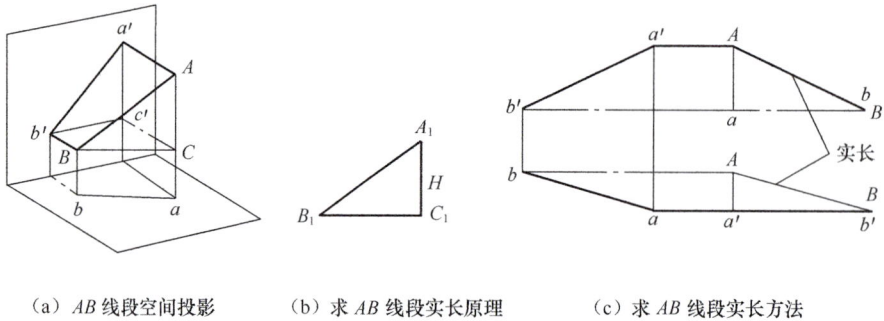

（a）AB 线段空间投影　　　（b）求 AB 线段实长原理　　　（c）求 AB 线段实长方法

图 2-4　直角三角形法求线段实长

（2）变形管接头的展开。图 2-5（a）所示的管接头，其上端管口为圆形，下端管口为正方形，用于方管到圆管的过渡（俗称"天圆地方"）。

从图 2-5（b）的投影分析可知，它由 4 个等腰三角形平面和 4 个部分斜锥面围成。图 2-5（c）是它的展开图。画展开图时，4 个斜锥面也应分成若干个三角形区域（图中各为 3 个），然后以每个三角形平面代替每一部分曲面，依次摊开与 4 个等腰三角形平面相间连接，即得其展开图。图中锥面上各三角形的倾斜边用直角三角形法求得实长；有一个等腰三角形被对半分开布置，是为了满足接缝的工艺性要求。

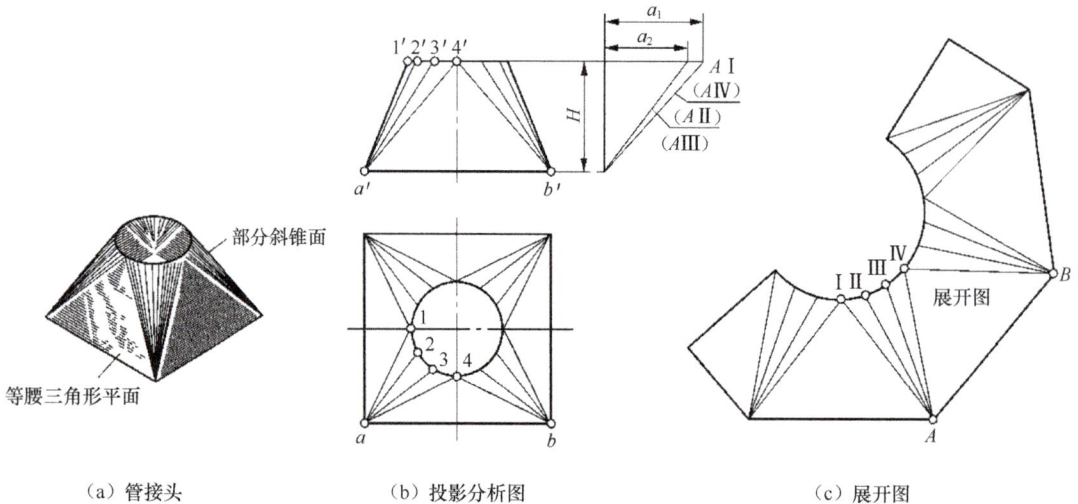

（a）管接头　　　　　　（b）投影分析图　　　　　　（c）展开图

图 2-5　变形管接头的展开

画展开图，除了采用上述 3 种方法，也可以采用模型法。即用硬纸壳按工件的式样裁剪，然后折成工件式样，最后根据误差反复调整即可。这种方法对于简单的工件展开较为有效。

　　由于计算机技术的发展，使得这些传统工艺都可以用计算机软件来解决，如使用 CAD 绘图软件就可以绘制部件展开图（具体功能和操作可参见相关专业资料）。

二、下料排版

　　下料是将原料按照需要切成毛坯。钣金下料方法有很多，可以分为手工下料和机械下料，还要根据原料的材质、厚度选择不同的设备进行剪切、锯割、气割和等离子切割等。在生产中可以根据零件产品的形状、尺寸大小、精度要求、材料类型、生产数量和设备条件等情况来选择合理的下料方法。

1. 集中法

　　由于工件的形状大小不一，为了合理有效地使用材料，将使用同样材质、同样厚度的工件集中一次划线下料，如图 2-6 所示。这样可以统筹安排，大小搭配。

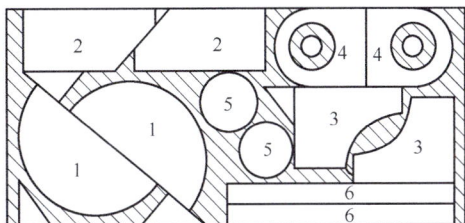

图 2-6　集中下料法

2. 排版套裁法

　　当工件下料的数量较多时，为使板料得到充分利用，必须对同一形状的工件或各种不同形状的工件排版套裁。排版的方式通常有直排、斜排、单行排、多行排、对头直排、对头斜排等，如图 2-7 所示。

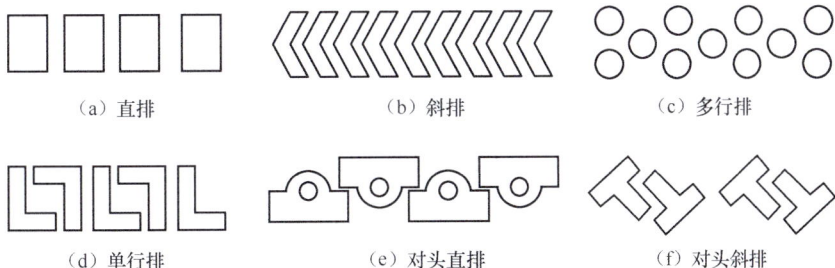

（a）直排　　　　（b）斜排　　　　（c）多行排

（d）单行排　　　　（e）对头直排　　　　（f）对头斜排

图 2-7　排版套裁法

　　在实际下料时，对于条形板料首先将较长的料排出来，然后根据长度再排短料，这样长短搭配，使余料最小。有时按整个工件下料，则挖去的材料较多，浪费较大，常常将该工件裁成几部分，然后再拼起来。

□ 知识拓展 □

　　1. 无论制作何种部件都需要下料，因此将设计的立体部件展开在一个平面上，这是必须要做的事情。

　　2. 虽然手工制图慢且比较复杂，而计算机 CAD 软件绘图快且准确，但是掌握起来也更难。对于一些较为简单的部件，学会手工制图难度相对要小得多。

　　3. 随着车身维修技术和设备的进步，加上客户对维修时间的要求，往往都会选择更换故障零件，虽然价格会高些。对于一些高端车型，其部件无法更换，则要靠钣金技师的手艺，对损坏部件进行修复。

□ 任务总结 □

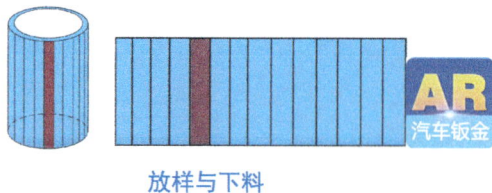

放样与下料

1. 基础知识

（1）将立体所有表面的实际形状和大小依次摊画在一个平面上所得到的图形，称为立体的表面展开图，简称展开图。其工作过程俗称"放样"。

（2）下料即为将原材料根据工件的需要切成毛坯。下料有手工下料和机械下料两种方式。手工下料主要是指锯、錾、剪。而机械下料包括剪切、锯割、气割和等离子切割等。

2. 基本技能

（1）对于规则和对称的钣金制品按形状和特点分别采用平行线展开法、放射线展开法展开。而对于非规则部件采用三角形展开法将其展开。

（2）在生产中可以根据零件产品的形状、尺寸大小、精度要求、材料类型、生产数量和设备条件等情况来选择合理的下料方法。

3. 综述

随着汽车制造工艺和技术的不断发展，汽车车身配件供应更加充足。在很多情况下，车身维修中已很少需要技师手工制作板件，而且手工制作和原配件还是有一定的差异（只是价格相对较高）。因此，这一部分内容可以培养大家的三维空间思维能力，这一能力是我们在后面学习车身测量和校正分析修复时所需的重要能力。

□ 问题思考 □

1. 展开图（放样）的作用是什么？
2. 对于柱体、锥体等规则形体应采用何种方法将其展开？
3. 下料排版方法有哪些？要想节省材料使用哪种方法最好？

学习任务二　手工制作

□ 学习目标 □

1. 熟悉钣金件手工制作工艺的种类。
2. 掌握收边、放边、拔缘、卷边、弯曲、拱曲、咬缝等钣金工艺流程。
3. 掌握带底薄铁皮圆桶的制作工艺。
4. 能够利用常用的钣金手工制作工艺加工各种形状的钣金件。
5. 能够按要求手工制作钣金件成品。
6. 培养优化设计、追求质量品质和匠心铸魂的精神。

□ 相关知识 □

常见的钣金手工制作工艺有放边、收边、拔缘、卷边等，以及板件弯曲、拱曲工艺，板件咬缝工艺等。

一、"边"制作工艺

1. 放边

通过板料变薄而导致角形零件弯曲成形的方法称为放边。常见的放边方法有两种：打薄放边（即把角形板料一边打薄，此法效果显著，但表面有锤打痕迹，板料厚薄不均）和拉薄放边（即将角形板料一边拉薄。加工时表面光滑，厚度均匀，但易拉裂，操作较困难）。

（1）半圆形制件展开尺寸估算。例如，需要展开的零件尺寸如图2-8（a）所示，制件弯曲半径为 R，圆角半径为 r，材料厚度为 t，弯边的宽度分别为 a、b。展开后为长方形，如图2-8（b）所示，长 L 和宽 B 按下式估算：

$$B = a + b - \left(\frac{r}{2} + t\right)$$

式中　a、b——弯边宽度（mm）；

　　　　r——圆角半径（mm）；

　　　　t——材料厚度（mm）。

$$L = \pi \left(R + \frac{B}{2}\right)$$

式中　L——展开料长度（mm）；

　　　　R——制件弯曲半径（mm）；

　　　　B——放边的一边宽度（mm）。

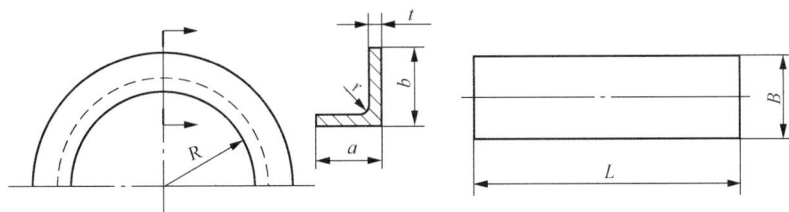

（a）零件尺寸图　　　　　　　　（b）展开尺寸

图2-8　半圆形制件展开尺寸估算

（2）打薄放边。凹曲线弯边零件，可用直角角材制作。使其一边缘变薄，面积增大，导致角材弯曲。在打薄放边过程中，角材底面必须与铁砧表面贴平，否则会产生翘曲现象。锤击点应均匀并呈放射线状。锤击面积占锤击边面积的3/4左右，且不得敲打角材弯角处，如图2-9所示。锤击时，材料可能会产生冷作硬化现象，应及时退火。另外，

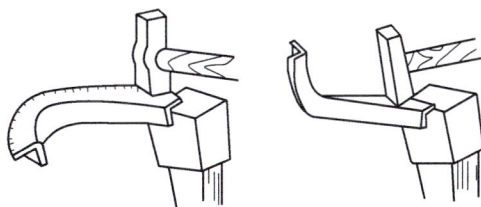

（a）正确的　　　　（b）错误的

图2-9　打薄放边

在打薄放边过程中，随时用样板或量具检查外形，防止弯曲过大。

　　打薄放边时，越靠近角材外边缘锤击伸长越大，越靠近内缘伸长越小，这样直线角材逐步被锤放成曲线弯边零件。

2. 收边

　　对长直角形零件单边起皱收缩而弯曲成形的方法称为收边。此法主要用于制作凸曲线弯边的零件。如板件强度要求不高，可根据要求的弯度在应该收缩的一面用剪刀剪出若干豁口，然后弯曲板料，最后将剪口焊接。

　　（1）起皱收边。先用折皱钳将角形板料一边边缘起皱收缩，从而迫使另一边弯曲成形。板料在弯曲过程中，起皱一边应随时用木锤锤击皱褶，使材料皱褶消失，厚度增大，如图 2-10 所示。在敲平过程中，如发现加工硬化现象，应及时退火处理。

　　（2）搂弯收边。将坯料夹在型胎上，用铝棒顶住毛坯，用木锤敲打顶住部分，使板料弯曲逐渐被收缩靠胎，如图 2-11 所示。

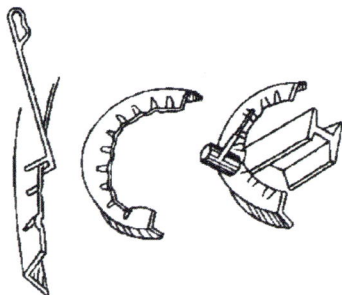

图 2-10　起皱收边

图 2-11　搂弯收边

3. 拔缘

　　通过收边和放边把板料的边缘弯曲成弯边的方法称为拔缘。拔缘常有两种形式：外拔缘（即把圆筒形制件的边缘向外延展折弯，其目的是增加刚性，一般在无配合要求的情况下多采用外拔缘）和内拔缘（也称孔拔缘，即将制件上孔洞的边缘延展弯折，其目的是增加刚性，减轻重量，使制件美观光滑）。如大客车框板、肋骨等板件上常有拔缘孔。图 2-12 所示为部分板料构件的拔缘情况。

　　金属板件拔缘时，部分材料被拉长形成凸缘，因此应根据材料厚度和材料延展性能确定拔缘角度和宽度。拔缘的方法可分为自由拔缘和按型胎拔缘两种。

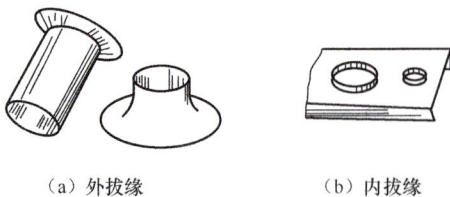

（a）外拔缘　　　　　　（b）内拔缘

图 2-12　部分拔缘加工件图例

　　（1）自由拔缘。自由拔缘是利用一般的拔缘工具进行的手工拔缘，如图 2-13 所示。先划出拔缘标记线，将板件靠在砧座边缘，标记线与砧座边缘靠齐，板料锤击部位与砧座平面形成 30° 左右的夹角。

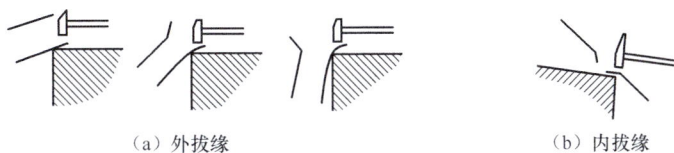

（a）外拔缘　　　　　　　（b）内拔缘

图 2-13　自由拔缘

锤击伸出部分，使之拉伸并向外弯曲。敲击时用力适当，敲击均匀，并随时转动构件。若凸缘要求边宽或角度大，可适当增加敲击次数。

（2）按型胎拔缘。板料在型胎上定位，按型胎拔缘孔进行拔缘，适合制作口径较小的零件拔缘，可一次成形，如图 2-14 所示。

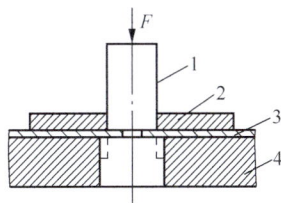

图 2-14　按型胎拔缘

1—铁锤头；2—压板；3—毛坯；4—型胎

> **提示**
>
> 拔缘前可先用氧乙炔焰对拔缘零件边缘加热。

4．卷边

为了增加零件边缘的刚度和强度，使板料制件安全、美观、耐用，将零件边缘卷起来，这种方法称为卷边。卷边分为空心卷边和夹丝卷边两类。空心卷边是将板料边缘卷成圆筒形；夹丝卷边是在空心卷边内嵌入一根铁丝，以增强刚性。铁丝的尺寸可根据板件的使用要求确定，一般铁丝的直径应为板料厚度的 4 ～ 6 倍。

（1）卷边展开尺寸计算。如图 2-15 所示，确定卷边展开尺寸，L 为展开长度，L_1 为板料未卷边部分长度，L_2 为卷边部分长度，则有

$$L=L_1+L_2$$

其中

$$L_2=\frac{3\pi}{4}(d+\delta)+\frac{d}{2}=2.35(d+\delta)+\frac{d}{2}$$

所以

$$L=L_1+2.35(d+\delta)+\frac{d}{2}$$

（2）卷边方法。卷边工艺流程如图 2-16 所示，具体操作步骤如下。

① 先在卷边部位画出两条卷边线。

② 将板料放在平台上，使卷边部分的 $d/2$ 伸出平台，左手压住板料，右手用木锤敲击，使

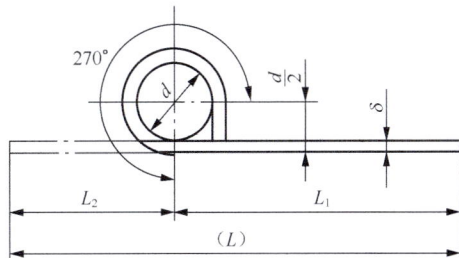

图 2-15　卷边展开尺寸的计算

伸出部分向下弯曲成85°左右［见图2-16（c）］。

③ 将板料慢慢向外伸，随时敲击伸出部分，但不能敲击过猛，直到伸出平台长度为L_2［见图2-16（d）］。

④ 将板料翻转，使卷边朝上，均匀敲打卷边向里扣，使卷边部分逐渐成圆弧形，放入铁丝，边放边扣［见图2-16（e）］。当完全放入铁丝后，用尖头锤轻轻敲击［见图2-16（f）］。

⑤ 翻转板料，使接口抵住平台缘角，再用木锤敲击使接口靠紧［见图2-16（g）］。

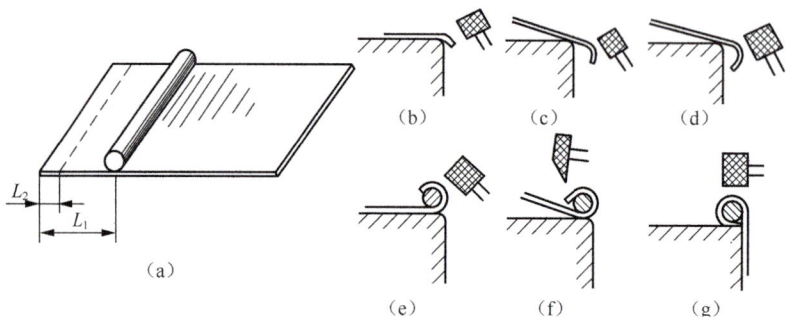

图 2-16　夹丝卷边过程

二、弯曲工艺

板料弯曲是钣金成形基本操作工艺。弯曲形式一般有角形弯折、弧形弯曲、拱曲和制筋。

1. 角形弯折

（1）角形弯折的基本方法。

① 板料角形弯折后出现平直的棱角。弯折前，板料根据零件形状划线下料，并在弯折处划出折弯线，一般折弯线划在折角内侧。

② 如果零件尺寸不大，折弯工作可在台虎钳上进行。将板料夹持在台虎钳上，使折弯线恰好与钳口衬铁对齐，夹持力度合适。

③ 当弯折工件在钳口以上部分较长或板料较薄时，应用左手压住工件上部，用木锤轻轻敲打靠近弯曲部位，如图2-17所示。如果敲打板料上方，易使板料翘曲变形。

④ 若板料在钳口以上部分较短，可用硬木垫在弯角处，再用力敲打硬木，如图2-18所示。

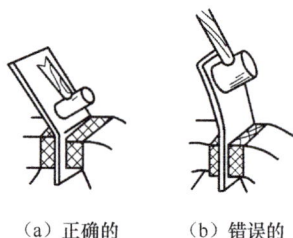

（a）正确的　　（b）错误的

图 2-17　弯钳口上段较长的工件

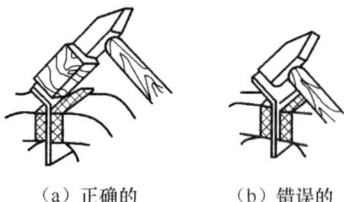

（a）正确的　　（b）错误的

图 2-18　弯钳口上段较短的工件

⑤ 如果钳口宽度较零件宽度小，可借助夹持工具完成，如图2-19所示。弯折各种形状的工件时，可借助木垫或金属垫等作辅助工具。

（2）弯 S 形件。

① 依划线夹持板料，弯折出 α 角，如图 2-20（b）所示。

② 然后将方衬垫垫入 α 角，再弯折出 β 角，如图 2-20（c）所示。

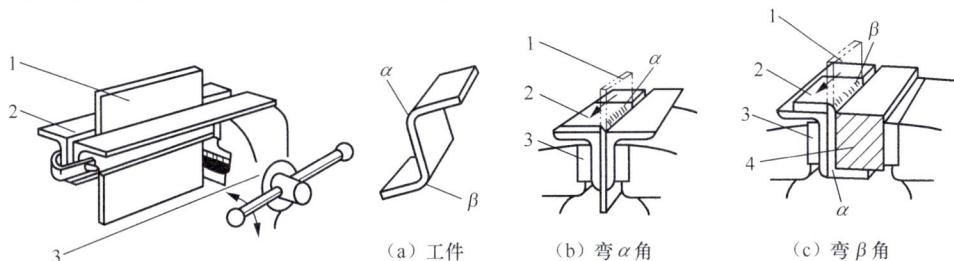

图 2-19　用角铁夹持弯直角

1—工件；2—夹具；3—台虎钳

图 2-20　弯 S 形件

1—工件；2—夹具；3—台虎钳；4—方衬垫

（3）弯 ⌐⌐ 形件。

先弯折出 a 角，然后用衬垫垫入 a 角，弯折出 b 角，最后用衬垫垫入 a 角和 b 角，弯折出 c 角，如图 2-21 所示。弯曲封闭的盒子时，其方法步骤与弯 ⌐⌐ 形件大致相同，最后夹在台虎钳上使缺口朝上，再向内弯折成形。

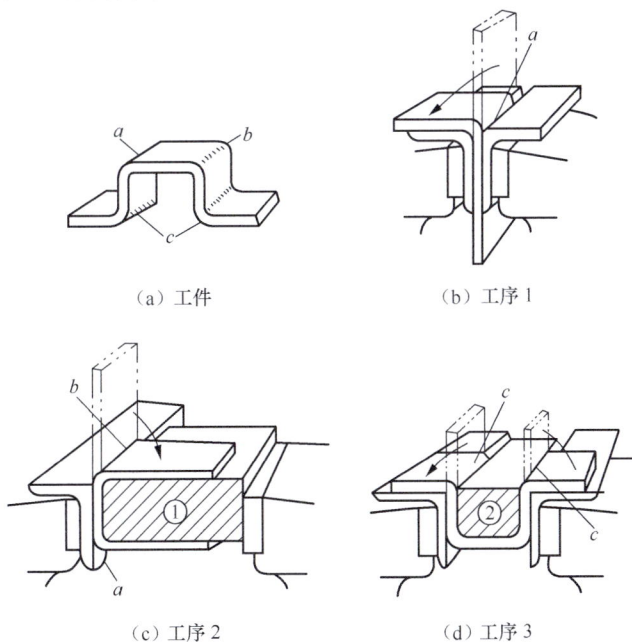

（a）工件　　　　　　　　（b）工序 1

（c）工序 2　　　　　　　　（d）工序 3

图 2-21　弯 ⌐⌐ 形件的工序

2. 弧形弯曲

以圆柱面弯曲为例，首先在板料上划出若干与弯曲轴线平行的等分线，作为弯曲时的基准线。然后用槽钢作为胎具，将板料从外端向内弯折。当钢板边缘接触时，将对接缝焊接几点。将零件在圆钢管上敲打成形，再将接缝焊牢。敲击时，应尽量使用木锤，以防板料变形，如图 2-22 所示。

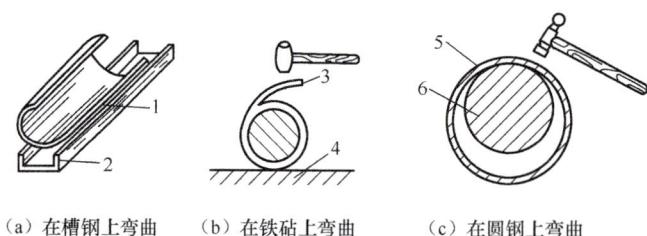

（a）在槽钢上弯曲　　（b）在铁砧上弯曲　　（c）在圆钢上弯曲

图 2-22　圆柱面的弯曲

1、3、5—坯料；2—槽钢；4—铁砧；6—圆钢

3. 拱曲

把较薄的金属板料锤击成凹面形状的零件的工艺，称为拱曲。板料通过锤击其中部变薄向外伸展，周边部分起皱收缩，最终零件完成拱曲。

操作时需用带凹坑的座，如图 2-23 所示。将板料对准凹坑放置，左手持板料，右手用圆头锤进行锤击。锤击点由里向外，并根据板料变形情况确定锤击密度和力量，且锤击过程中不断转动板料。随着曲面的形成，制件周边会出现皱褶，此时应及时将皱褶贴平在砧座上敲平。对拉伸和收缩的部位轮流反复锤击，即可得到拱曲制件。

图 2-23　半球形拱曲过程

4. 制筋

由于金属薄板厚度较小，若仅以其平面形式作为钣金件使用，刚度太低，易产生变形，影响整体美观和受力能力。在钣金件表面制出各种筋，可以提高其刚性和使用性能，增加美感。筋的横断面一般为圆弧形和角形，如图 2-24 所示。

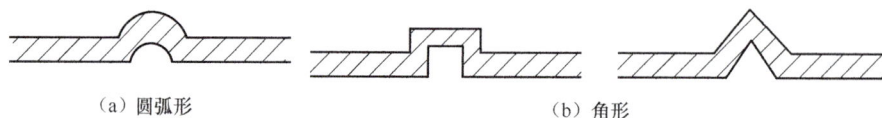

（a）圆弧形　　　　　　　　　　　　（b）角形

图 2-24　筋的截面形状

大量生产时，制筋工艺一般由相应的机器完成。手工制筋适用于单件生产。简易的手工制筋方法有用扁冲制筋和用简易模具制筋两种，如图 2-25 所示。

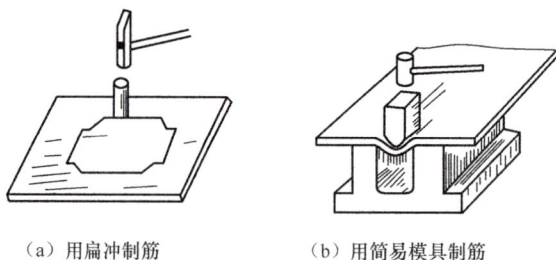

（a）用扁冲制筋　　　　　　　　（b）用简易模具制筋

图 2-25　手工制筋方法

用扁冲制筋的过程如下［见图 2-25（a）］。

（1）在坯料上划出制筋棱线的标记线。

（2）在平台上铺一块较厚的橡胶垫（厚度为 5 ～ 10 mm），将制件放在橡胶垫上，操作人员手持扁冲对准标记线，锤击扁冲。

（3）每冲击一次，要沿标记线移动一次扁冲，移动距离不可超过扁冲的宽度，以便冲痕前后相衔接。

（4）沿整个标记线重复冲击若干次，直至达到所需的筋的深度为止。

（5）最后去掉橡胶垫，直接在平台上轻轻冲击一次，使筋棱形成整齐的线条，用木锤将非制筋部分的表面整平即可。

对于窄且深的条形筋，最好用模具压制，通过锤击模压而成形。模具可以自制。两块方钢平行地焊在底板上，留出一定的间隙，即成凹模。凹模成形部分的形状和尺寸应与筋截面的形状和尺寸相符［见图 2-25（b）］。

制筋操作时，将金属板料放在凹凸模之间，对准制筋标记线，一人手持凸模的手柄，另一人用大锤击压凸模顶部。操作要点与前述用扁冲制筋相同，经几次冲击即可成形。

三、咬缝工艺

将薄板的边缘相互折转、扣合、压紧的连接方式称为咬缝。对于厚度在 1mm 以下的薄板件，咬缝可将其连接牢固，代替焊接、铆接等工艺方法。

1. 咬缝余量计算

（1）确定咬缝宽度。以 S 表示咬缝宽度。若是板厚在 0.5mm 以下的板料，则 S 为 3 ～ 4mm；若是板厚在 0.5 ～ 1mm 的板料，则 S 为 4 ～ 6mm；若板厚在 1mm 以上，宜用焊接而不宜用咬接。

（2）卧接咬口的余量计算。如图 2-26 所示，若 A 处在 S 段中间，则板 I 和板 II 的余量 δ 相等（$\delta=1.5S$）；若 A 处于 S 段的右侧，板 I 的余量 $\delta=S$，而板 II 的余量 $\delta=2S$。

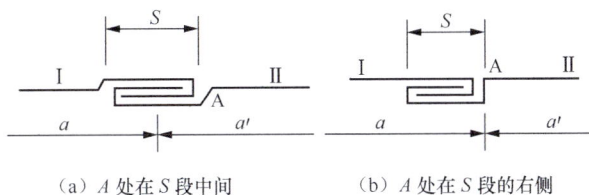

（a）A 处在 S 段中间　　（b）A 处在 S 段的右侧

图 2-26　卧接咬口的余量

（3）角接咬口的余量计算。如图 2-27 所示，当咬口为内单角咬口时，板 I 的余量 $\delta=2S$，板 II 的余量 $\delta=S$；当咬口为内双角咬口时，板 I 的余量 $\delta=3S$，板 II 的余量 $\delta=S$；当咬口为外双角咬口时，板 I 的余量 $\delta=2S+h$，板 II 的余量 $\delta=S$。

2. 卧接咬缝制作

（1）卧接单咬缝的制作工艺过程如图 2-28 所示。

① 按留边尺寸下料，并划出折边线。

② 将板料放在工作台上，使弯折线对准工作台的边缘，并将伸出部分按折边线折弯 90°。

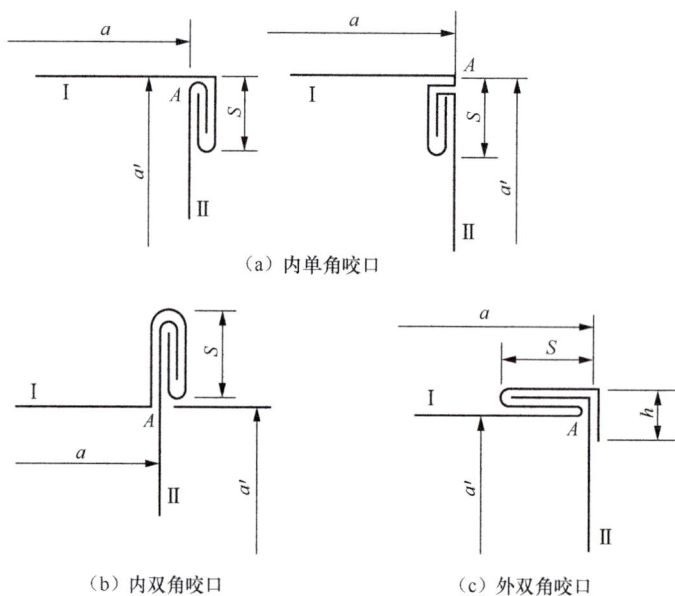

（a）内单角咬口

（b）内双角咬口   （c）外双角咬口

图 2-27　角接咬口余量

③ 翻转板料，使弯边朝上，并伸出台面 3mm，敲击弯边顶端，使伸出部分与弯边形成钩形弯折。

④ 与之相接的另一边照上述方法加工后，将两弯钩扣合、敲击即成卷边。

（2）卧接双单缝。首先在板料上按上述方法做出卧扣并向里弯，接着翻转板料使弯边朝上并向里扣，然后在第二块板料上用同样方法弯折双扣，最后把弯成的扣彼此扣合并压紧即完成。

3．立接咬缝制作

（1）立接单咬缝。在一块板料上做成立式单扣，而把另一块板料的边缘弯成直角，然后相互压紧即成，如图 2-29 所示。

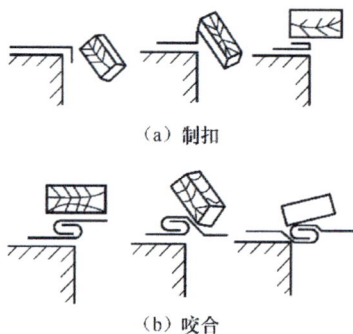

（a）制扣

（b）咬合

图 2-28　卧接单咬缝的工艺过程

（a）制扣   （b）咬合

图 2-29　立接单咬缝的工艺过程

（2）立接双咬缝。在一块板料上做双扣，在另一块板料上做单扣，然后互相扣合压紧即可。

"边"制作工艺、弯曲工艺和咬缝工艺在实际生活中的应用。

（1）用一段钢筋做一个 S 形钩子，就要用到卷边工艺。

（2）用金属板做一个台子，直接放强度会不够，但在中间或等边做几个 V 形槽，就会大大增加其承重，这个过程就是制筋。

（3）当需要将两根金属条连起来时，就要用到咬缝工艺。同样，把一块金属板件折弯成某一角度，自然就要用到弯曲工艺等。

四、钣金零件手工制作（圆桶）

1. 下料

（1）根据零件的尺寸要求画展开图。桶身展开图如图 2-30 所示，L 为桶底边周长，可以通过桶的半径尺寸计算获得；H 为桶身高度；l_1、l_2 为咬缝接合部分的余量；h_1 为上部卷边部分余量；h_2 为下部折边部分余量。桶底展开图如图 2-31 所示，R 为桶半径，b_1 为拔缘余量，b_2 为与桶身咬合余量。

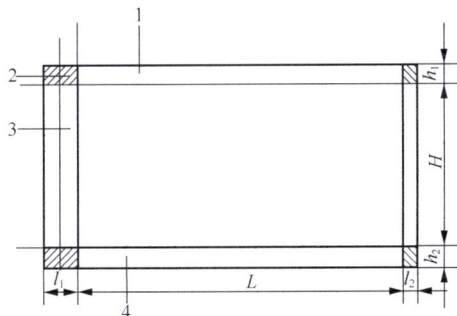

图 2-30　桶身展开图

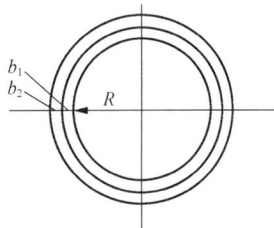

图 2-31　桶底展开图

1—上部卷边部分；2—剪切部分；3—咬缝接合部分；4—底部折边部分

（2）根据展开图，在板材上划线。

（3）按要求沿划线下料。

2. 制作桶身

（1）接口处板件边缘制作咬缝，并进行连接，如图 2-32 所示。同时，修整桶身成圆形。

（2）采用放边工艺将桶底制作出折边，以便于跟桶底组合，如图 2-33 所示。

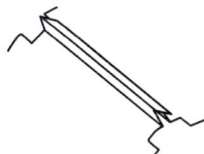

图 2-32　咬缝连接

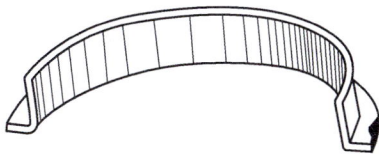

图 2-33　桶身下部制作折边

（3）采用卷边工艺，将桶顶部边缘制作出卷边。精修后，桶身制作完成。

3. 桶身与桶底连接

（1）将底板拔缘成图 2-34（a）所示形式。

（2）将桶身放在桶底上，并压实，如图 2-34（b）所示。

（3）采用咬缝工艺将桶底和桶身锤合成形，如图 2-34（c）所示。

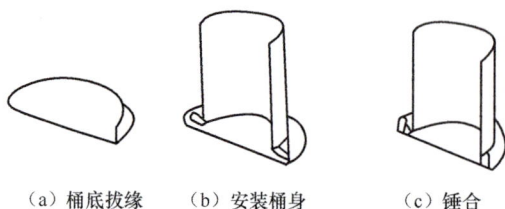

（a）桶底拔缘　　（b）安装桶身　　（c）锤合

图 2-34　连接桶底与桶身

□ 知识拓展 □

1. 本任务钣金件手工制作所介绍的内容主要是一些制作的基本手法和规范，要真正做好一个部件，需要综合使用上述工艺过程，同时参考相关的知识。

2. 钣金放边工艺的方法以及咬缝工艺的计算。

3. 除了以上手工制作工艺外，现在越来越多的企业使用机械化制作板件，如使用卷板机、折弯机、复合机、开卷机、校平机和剪板机等。

□ 任务总结 □

微课

手工制作

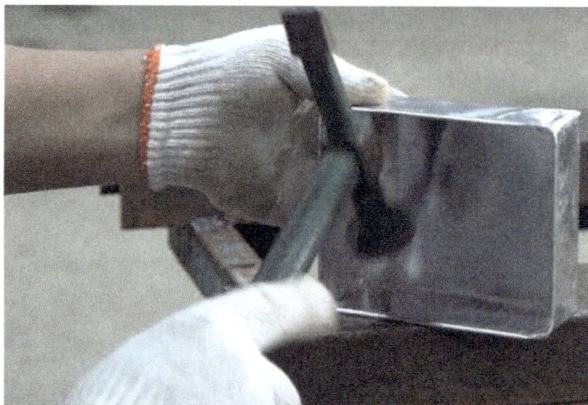

手工制作

1. 常用工艺

常见的钣金手工制作工艺有收边、放边、拔缘、卷边等边的制作工艺，板件弯曲、拱曲工艺，板件咬缝工艺等。

（1）通过板料变薄而导致角形零件弯曲成形的方法称为放边，常见的放边方法有打薄放边和拉薄放边。

（2）对长直角形零件单边起皱收缩而弯曲成形的方法称为收边。收边分为起皱收边和搓弯收边。

（3）通过收边和放边把板料的边缘弯曲成弯边的方法称为拔缘。拔缘常有外拔缘和内拔缘。

（4）为了增加零件边缘的刚度和强度，使板料制件安全、美观、耐用，将零件边缘卷起来，这种方法称为卷边。卷边分为空心卷边和夹丝卷边两类。

（5）板料弯曲是钣金成形基本操作工艺，弯曲形式一般有角形弯折、弧形弯曲、拱曲和制筋。

（6）将薄板的边缘相互折转扣合压紧的连接方式称为咬缝。咬缝可将板料连接牢固，可代替焊接、铆接等工艺方法。

2. 基本技能

能够应用基本的手工工艺和钣金技能制作圆桶等成品。

3. 手工制作

通过钣金手工工艺的练习，能够利用薄板手工制作车身板件的一部分，例如，前翼子板的前部等，如图 2-35 所示。

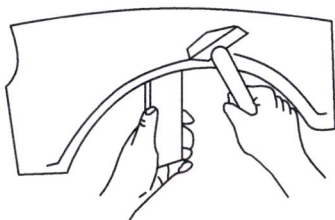

图 2-35　车身板件的手工制作

4. 综述

现在车身板件多使用的是冲压成形件，不需要我们去制作。但在车身维修中，我们会用到折边，如后翼子板更换后需要手工折边轮罩处。而折边与本任务所讲的内容原理相同，工艺简单，掌握本任务中手工工艺制作为车身维修打下基础。

□ 问题思考 □

1. 何为钣金放边与收边工艺？它们各有哪些具体操作方法？
2. 弯曲工艺的类型有哪些？操作时，需要注意哪些事项？
3. 如何计算咬缝的余量？如何制作卧接咬缝？
4. 制作圆桶状钣金件，需要用到哪些钣金技能？

模块三
汽车车身焊接与切割

焊接是通过加热、加压或两者并用，用或不用填充材料，使工件的材质（同种或异种）达到原子间的结合而形成永久性连接（在汽车损伤修复中，称之为达到被更换部件的强度或硬度等）的工艺过程。焊接材料是指焊接时所消耗材料的通称，如焊条、焊丝、金属粉末、焊剂、气体等。

学习任务一 焊接件分析

········□ 学习目标 □········

1. 熟悉金属材料的分类及物理性能和力学性能。
2. 熟悉焊接的类型以及它们在车身钣金维修中的应用。
3. 掌握焊接工艺对人体健康所产生的影响以及个人安全防护。
4. 能够在车身维修中按要求选用合适的焊接方式，并能按要求做好个人安全防护。

········□ 相关知识 □········

在汽车制造和维修作业中，焊接一直是必不可少的生产作业环节和手段。随着车身材料的不断发展，尤其是高强度钢板的大量使用，在维修中对这些材料的焊接提出了更高的要求。

一、金属材料性能

金属材料具有制造机械零件所需要的物理性能、化学性能和良好的力学性能、工艺性能，因而在机械制造工业中得到广泛应用。

1. 物理性能和力学性能

（1）金属材料的物理性能主要有密度、熔点、热膨胀性、导热性、导电性、磁性和耐磨性。由于机器零件的用途不同，对金属材料物理性能的要求也不同。同时，金属材料的一些物理性能对热加工工艺也有一定的影响。

（2）金属材料的力学性能又称机械性能，是指受外力作用时所反映出来的承载性能。在机械工程中，它是衡量金属材料性能最重要的标志。力学性能包括强度、硬度、弹性、塑性、冲击韧性和疲劳强度等。

2. 金属材料分类

金属材料分为黑色金属材料和有色金属材料两大类，以铁和铁合金所构成的材料称为黑色金属材料，铁和铁合金以外的金属材料及其合金都属于有色金属材料。在机械（包括汽车）制造中很少使用纯金属，而是以合金为主。

（1）黑色金属。黑色金属是指铁碳合金，按含碳量高低分为低碳钢、中碳钢、高碳钢，按其材料断面形状分为板材、管材、型钢和线材4类。

① 板材。板材按轧制方法分为热轧钢板和冷轧钢板两类，按其厚度不同分为薄钢板和厚钢板两类。通常薄钢板是指厚度在4mm以下的钢板，厚钢板是指厚度在4 mm以上的钢板，而在习惯上又常把4.5～25 mm厚的钢板称为中板，60mm以上厚的钢板称为特厚板。

② 型钢。型钢的种类很多，根据断面形状分为简单断面型钢和复杂断面型钢。简单断面型钢有圆钢、方钢、六角钢、扁钢和角钢，复杂断面型钢有槽钢、工字钢、螺纹钢等。

> **提示**
>
> 汽车车身用的钢板一般按强度来分类，主要有高强度钢、较高强度钢和超高强度钢。

（2）有色金属。有色金属是指铁和铁合金以外的金属材料及其合金，有铜及铜合金、铝及铝合金等。有色金属外表大都有不同色泽，物理性能、化学性能及力学性能各异。它与黑色金属板材一样，都是汽车钣金构件中不可缺少的材料。常用的有色金属主要有铜材和铝材。

① 铜板类。常用的钣金材料主要是薄铜板。它有冷轧纯铜板和冷轧铜合金板两种。

② 铝板类。常用的铝板有纯铝薄板和铝合金薄板两种。纯铝薄板是银白色轻金属。它熔点较低，密度小，具有良好的塑性、导电性、导热性和耐腐蚀性，一般用于制作耐腐蚀容器、油桶及各种形状的拉伸件和弯曲件。但纯铝薄板抗拉强度较低，不宜制作大载荷构件。

铝合金薄板是在纯铝中加入硅、锰、铜、镁等合金元素轧制而成的。其强度和耐腐蚀性比纯铝薄板有明显提高，并保持了高塑性等原有的良好性能，适用于制作较重要的拉伸件和各种钣金件，如客车覆盖件、装饰件、铆钉等。

铝材的可焊性较差，需要特定的工艺（如氩弧焊、惰性气体保护焊等）才能获得较好的焊接效果。

> **提示**
>
> 随着汽车轻量化的发展，铝合金在汽车中的应用逐步增多，铝材料的维修与焊接工艺也越来越重要。读者应认真学习后面的知识。

二、常用的焊接工艺

1. 焊接工艺的类型

焊接工艺可分为压焊、熔焊和钎焊3种。

（1）压焊。在焊接过程中，必须对焊件施加压力（加热或不加热）以完成焊接的方法称为压焊。电阻点焊是车身上应用较多的压焊焊接方法。

（2）熔焊。在焊接过程中，将焊件接口加热至熔化状态，不加压力完成焊接的方法称为熔焊。熔焊有气焊、电弧焊、气体保护焊等，按电极是否熔化将气体保护焊分为熔化极气体保护焊和非熔化极气体保护焊两类。

① 非熔化极气体保护焊主要是非熔化极惰性气体钨极保护焊（简称 TIG 焊）。它是利用钨极和工件之间的电弧使金属熔化而形成焊缝的，在焊接过程中钨极不熔化，只起电极的作用。同时由焊枪（又称焊炬）的喷嘴送进氩气或氦气作保护，还可根据需要另外添加金属（如氩弧焊），本模块学习任务七会单独介绍该种焊接工艺的操作方法。

② 熔化极气体保护焊是利用连续送进的焊丝与工件之间燃烧的电弧作热源，由焊枪喷嘴喷出的气体保护电弧来进行焊接的。常用的保护气体有氩气、氦气、二氧化碳或这些气体的混合气。

以氩气或氦气为保护气体时的熔化极气体保护焊称为熔化极惰性气体保护焊（简称 MIG 焊）。以惰性气体与氧化性气体（氧气、二氧化碳）混合气为保护气体时，或以二氧化碳或氧气和二氧化碳混合气为保护气体时，熔化极气体保护焊统称为熔化极活性气体保护焊（简称 MAG 焊），如二氧化碳保护焊。

提示

随着焊接要求的提高，二氧化碳气体保护焊所用保护气体中氩气的含量逐渐增多，很多书中将二氧化碳气体保护焊归类到熔化极惰性气体保护焊中。

人们习惯用惰性气体保护焊来概括所有的气体保护焊。许多焊机都是既可使用二氧化碳（活性气体），又可使用氩气（惰性气体），或两者混合使用（富氩气体），使用时只需要更换气瓶和调节器即可。在车身维修中最常使用的是二氧化碳气体保护焊（俗称二保焊），本模块学习任务三单独介绍该种焊接工艺的操作方法。

（3）钎焊。在焊接过程中，采用比母材熔点低的金属材料作钎料，将焊件和钎料加热到高于钎料熔点、低于母材熔点的温度，利用液态钎料润湿母材，填充接头间隙并与母材相互扩散实现连接焊件的方法称为钎焊。

提示

在工业生产制造中使用的焊接种类非常多，在汽车车身钣金维修中常用的有二氧化碳气体保护焊、铝焊、钎焊和电阻点焊等几种。

2. 焊接在车身维修中的应用

（1）手工电弧焊的应用。现代车身维修不允许使用手工电弧焊，原因如下。

① 操作方法不容易掌握。操作人员需受到长时间的指导并经过练习，才能熟练掌握。

很难做到焊接的质量高、速度快、性能稳定。

② 现代车身板件（尤其覆盖件部分）都很薄，采用手工电弧焊很难保证焊接质量。

③ 手工电弧焊不适合焊接有缝隙和不吻合的地方。对于若干处缝隙，不能迅速地在每个缝隙上点焊，需要清除熔渣。

④ 现在汽车制造业大量使用高强度钢板，手工电弧焊产生热量大，对邻近部位的损害大，造成维修后钢板强度降低和变形。

（2）氧乙炔焊的应用。由于氧乙炔焊接操作中要将热量集中在某一个部位，热量将会影响周围的区域而降低钢板的强度，因此，汽车制造厂都不赞成使用氧乙炔焊来修理车身。但氧乙炔焊在车身修理中有其他的应用，如进行热收缩、硬钎焊和软钎焊、表面清洁和切割非结构性零部件等。

（3）惰性气体保护焊在车身维修中的应用。与常规的手工电弧焊和氧乙炔焊相比，惰性气体保护焊有许多优点。不管是在高强度钢构件及承载式车身的修理中，还是在车身外部覆盖件的修理中，都可以使用惰性气体保护焊。

（4）电阻点焊的应用。在维修大量采用高强度钢和超高强度钢的车身时，要求采用电阻点焊机进行焊接维修。采用挤压式电阻点焊机进行焊接时，应适当调整对金属板的夹紧力、焊接电流和焊接时间。

三、焊接安全与防护

1. 焊接工艺对人体健康的影响

焊接作业中由于会产生弧光辐射、金属烟尘和有害气体等，如不加以安全防护，会对人体健康产生不利影响。

（1）弧光辐射。焊接弧光包含红外光、紫外光和强可见光，如未加保护则会危害施工人员的眼睛、皮肤等，如图 3-1 所示。

（2）金属烟尘。焊接操作中的金属烟尘是焊条和母材金属熔融时所产生的金属蒸气在空气中迅速冷凝及氧化所形成的非常微小的颗粒物，如图 3-2 所示。长期未加保护而直接吸入高浓度的焊接烟尘，会影响人的呼吸系统、神经系统健康，因此施工人员在焊接操作时需要加以安全防护。

图 3-1 弧光辐射   图 3-2 金属烟尘

微课

钣金作业安全
防护（上）

微课

钣金作业安全
防护（下）

（3）有害气体。在焊接电弧的高温和强烈紫外光作用下，焊接电弧周围形成许多有害气体，如图3-3所示。有害气体主要有氮氧化物、氟化物、臭氧等。

由于焊接工艺的特殊性，在焊接操作过程中会产生一定的光、烟、气。如果不加以防护，会对人体健康造成一定的影响。因此，安全防护是焊接工艺中最重要的环节。随着技术的发展和焊接工艺的改进，相应的影响也逐渐减少，如电阻点焊工艺对人体的伤害相对较小。

工作中

图3-3　焊接中产生有害气体

提示

在铝合金车身维修时会产生铝粉尘颗粒。铝粉尘颗粒会对人的健康有一定影响，操作时需要做好个人防护。另外，还需要关注铝粉尘的特性，即铝粉尘浓度达到一定值后，如遇明火、电火花，甚至是电机电刷在转动时产生的火花，都有可能造成火灾（2014年8月，江苏某金属制品厂发生铝粉尘爆炸事故，原因就是在生产汽车轮毂时，排风设备不畅，铝粉浓度过高，而被加工设备的电弧点燃）。

2. 个人安全防护

（1）身体防护。在焊接时，下身通常穿安全鞋、皮质的裤子、绑腿、护脚来防止熔化的金属烧穿衣物；裤长要能盖住鞋头，防止炽热的火花或熔化的金属进入鞋子。上身的保护包括焊工夹克或皮围裙，如图3-4所示。

在焊接时应戴上皮质的手套，防止被熔化的金属烧伤，如图3-5所示。

图3-4　焊接用工作服、工作鞋

图3-5　焊接用皮手套

提示

在使用台钻、卷扬机等设备工作时，是严禁戴手套操作的。

（2）面部防护。在进行大部分维修操作时都要求佩戴防护眼镜、风镜、面罩、头盔等保护装置，用于防止辐射、烟雾、化学物质、金属火花、飞屑和尘粒等伤害眼、面、颈等身体部位，并且能观察外界，如图 3-6（a）所示。如需要打磨工件，还要佩戴耳塞，以保护听力，如图 3-6（b）所示。

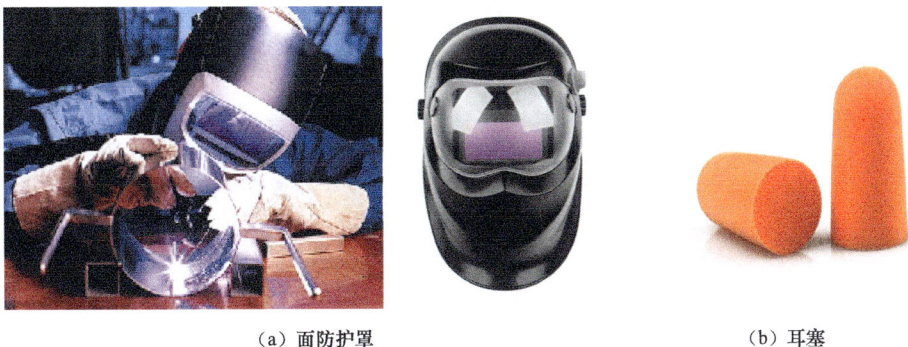

（a）面防护罩　　　　　　　　　　　（b）耳塞

图 3-6　面部防护装备及耳塞

（3）呼吸系统的防护。呼吸系统的防护装备是防护口罩，它有防尘口罩和防毒面具之分。图 3-7 所示为焊接用颗粒物防护口罩，特殊滤棉配以阻燃外层，适合焊接及金属切割环境下的颗粒物防护。

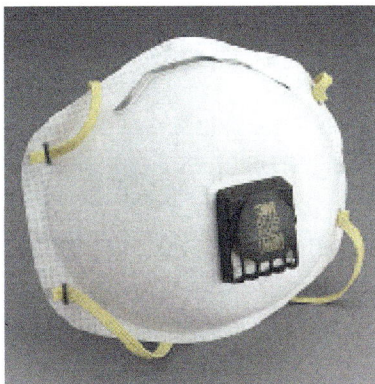

图 3-7　焊接用颗粒物防护口罩

任何焊接工艺在操作之前，都必须按规范佩戴所有的安全防护用具，严格禁止任何未进行安全防护的操作。

■ 知识拓展 ■

1．汽车制造中的焊接工艺和工业焊接的相同与相异之处。
2．售后维修时代替汽车制造中激光焊的工艺。
3．二氧化碳气体保护焊的保护气体种类。
4．焊接个人防护与车身钣金修复防护的区别。

□ 任务总结 □

微课

焊接件分析

焊接件分析

1. 基础知识

焊接是通过加热、加压或两者并用，用或不用填充材料，使工件的材质（同种或异种）两者间形成永久性连接的工艺过程。

（1）金属材料分为黑色金属材料和有色金属材料两大类，以铁和铁合金所构成的材料称为黑色金属材料，除此以外的金属材料及其合金都属于有色金属材料。在机械制造中很少使用纯金属，而是以合金为主。

（2）铝材的可焊性较差，按照特定的工艺（如氩弧焊、气体保护焊等）才能获得较好的焊接效果。

（3）焊接工艺可分为压焊、熔焊和钎焊3种。通过对焊件施加压力而完成连接的方法，称为压焊（如电阻点焊）。在焊接过程中，将焊件接头加热至熔化状态，不加压力完成焊接的方法称为熔焊。按电极是否熔化将气体保护焊分为熔化极气体保护焊和非熔化极气体保护焊两类。人们习惯用惰性气体保护焊来概括所有的气体保护焊（如作业中俗称的"二保焊"）。

2. 焊接要求

现代车身维修不允许使用手工电弧焊。不赞成使用氧乙炔焊来修理车身，但氧乙炔焊在车身修理中可进行热收缩、硬钎焊和软钎焊、表面清洁和切割非结构性零部件等。不管是在高强度钢构件及承载式车身，还是在车身外覆盖件的修理中，都可以使用惰性气体保护焊和电阻点焊。

3. 安全防护

在车身维修操作之前必须按照规范进行安全防护措施。焊接作业中影响人体健康的因素有弧光辐射、金属烟尘和有害气体3种。施工人员在焊接操作时，要穿戴规范的焊接用安全防护用品，严禁未防护操作。

4. 综述

本任务对焊接工艺的整体分类进行了介绍。对于车身维修常用的焊接，后面会详细讲解。而焊接的重点是手法技巧，需要大家在实训课认真练习，掌握焊接技术。

□ 问题思考 □

1. 铝合金属于哪种金属材料？要采用哪种方式焊接？

2. 常用的焊接工艺有哪些？在车身维修中有何应用？

3．气体保护焊中保护气体的作用是什么？

4．焊接作业中影响人体健康的因素有哪些？如何进行正确的个人防护？

学习任务二　氧乙炔焊接工艺

口 学习目标 口

1．熟悉氧乙炔焊设备组成及使用技术要求。
2．掌握氧乙炔焊火焰的种类和应用要求。
3．掌握氧乙炔焊火焰的点燃、调整和熄灭方法。
4．掌握利用氧乙炔焊进行板件钎焊的工艺。
5．能够按要求正确使用氧乙炔焊接设备，并能够利用氧乙炔焊进行车身板件的钎焊操作。
6．培养资料查阅、文献检索的能力，养成自主学习、终生学习的习惯。

口 相关知识 口

氧乙炔焊（OAW）常称为氧焊或气焊，它是熔焊的一种形式，将乙炔和氧气在一个腔内混合，在喷嘴处点燃后作为一种高温热源（大约为 3 000℃），将焊条和母材熔化，冷却后熔合在一起。

氧乙炔焊由于无电力要求，使用方便，多用于薄板和小直径管的焊接。但由于乙炔是易燃易爆气体，即使未接触氧气，在压力大于 0.1MPa 时，性能也极不稳定。此外，两种气体的配比调节和焊接操作技术有一定难度。目前，大多数情况下，氧乙炔焊已被二氧化碳气体保护焊所替代。

一、焊接设备

氧乙炔焊设备包括储气瓶（乙炔气瓶、氧气瓶）、气压调节器（回火防止装置和输气管）、焊枪（焊炬）等，如图 3-8 所示。

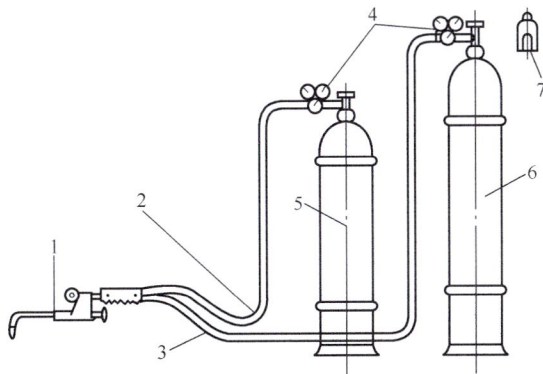

图 3-8　氧乙炔焊接设备

1—焊枪（焊炬）；2—乙炔气管；3—氧气管；4—气压调节器；5—乙炔气瓶；6—氧气瓶；7—瓶帽

1. 储气瓶

储气瓶分别装有氧气、乙炔气体。

（1）氧气瓶。氧气瓶是储运高压氧气的容器，容积一般为40L，最大压力为14.7MPa。由无缝高等级钢制成，瓶身为蓝色。氧气是助燃剂，在高压下遇到油脂会有自燃爆炸的危险，应正确且妥善地保管。氧气瓶必须放置平稳可靠，不能与其他气瓶混在一起。气焊工作地点和其他物资（尤其是易燃物）必须距氧气瓶5m以上。严禁撞击氧气瓶，严禁氧气瓶沾染油脂等。使用时应注意不要将瓶中氧气全部用完，应至少留100kPa的氧气压力，以保证安全、除尘和充气充足。

（2）乙炔气瓶。乙炔气瓶为储存溶解乙炔的容器。它用较薄的钢板焊接而成，瓶身为白色且瓶身直径较大。瓶内装有浸满丙酮的多孔填充物，丙酮对乙炔有良好的溶解能力，可使乙炔稳定而安全地储存在瓶中。瓶体上部装有瓶阀，可用方孔套筒扳手开关。使用时，溶入丙酮中的乙炔不断逸出，瓶内压力下降，剩下的丙酮可供再次灌气使用。

2. 气压调节器

气压调节器是用来将气瓶中的高压气体，降低到焊枪（焊炬）需要的工作压力，并保持焊接过程中压力基本稳定的调节装置，因此也称之为减压器，如图3-9所示。氧气调节器的承受压力较高，乙炔调节器的承受压力较低，安装螺纹大多为右旋。使用减压器时，首先缓慢打开氧气瓶（或乙炔气瓶）阀门，然后旋转减压器调压手柄，待压力达到所需值为止。一般将氧气的工作压力调节到0.5MPa，乙炔的工作压力调节到0.05MPa。停止工作时，先松开调压螺钉，再关闭氧气瓶（或乙炔气瓶）阀门。

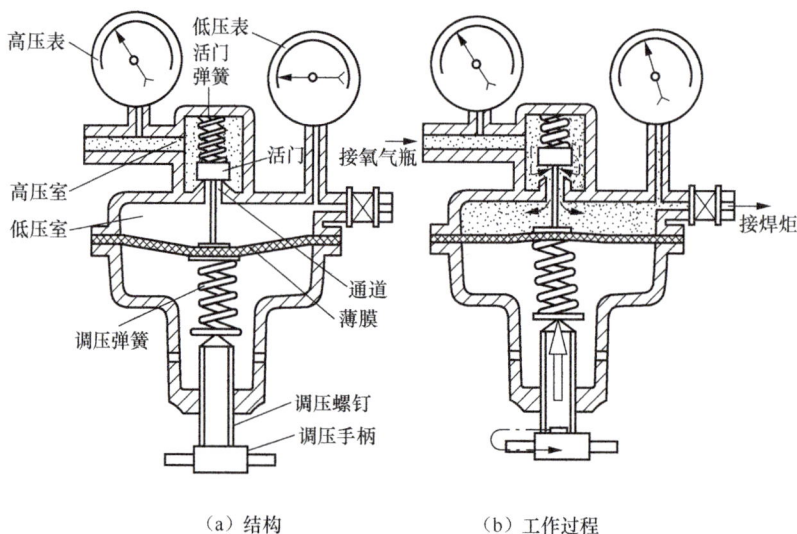

（a）结构　　　　　　（b）工作过程

图3-9　气压调节器

通常气压调节器通向焊枪（焊炬）方向的端部安装有单向阀，防止气体回流。

3．焊枪（焊炬）

将气瓶内流出的氧气和乙炔在焊枪（焊炬）体内以适当的比例混合并产生火焰，利用火焰将钢熔化，如图 3-10 所示。

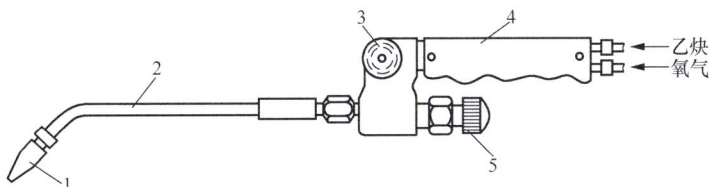

图 3-10　焊枪（焊炬）的结构

1—焊嘴；2—混合气管；3—氧气阀；4—握把；5—乙炔阀

工作时，先打开氧气阀门，后打开乙炔阀门。两种气体便在混合管内均匀混合，并从焊嘴喷出遇明火后即可燃烧。控制各阀门的大小，可调节氧气和乙炔的不同混合比例。一般焊枪（焊炬）备有 5 种直径不同的焊嘴，以便用于焊接不同厚度的工件。使用最广的焊枪（焊炬）是 H01-6 型，各部分含义："H"表示焊枪（焊炬），"0"表示手工，"1"表示射吸式，后缀数字"6"表示可焊接低碳钢板的最大厚度。由表 3-1 中数据可以看出，焊接较厚的工件时，应选用较大的焊枪（焊炬）和焊嘴，才能将工件焊透；工件小而薄时，则应选用小的焊枪（焊炬）和焊嘴。

表 3-1　　　　　　　　　　　两种 H01 型焊枪（焊炬）参数

焊枪型号	钢板厚度/mm	氧气工作压力/MPa	乙炔工作压力/MPa
H01-2	0.5～2	0.1～0.25	0.001～0.1
H01-6	2～6	0.2～0.4	0.001～0.1

4．焊丝和焊剂

（1）焊丝。气焊时焊丝被熔化并填充到焊缝中，因此焊丝质量对焊接的性能有很大影响。各种金属在进行焊接时，均应采用相应的焊丝。焊丝的直径主要根据工件厚度来决定，可参考表 3-2。

表 3-2　　　　　　　　　　　碳钢气焊焊丝直径选择

工件厚度/mm	1.0～2.0	2.0～3.0	3.0～6.0
焊丝直径/mm	1.0～2.0或不用焊丝	2.0～3.0	3.0～4.0

（2）焊剂。焊剂的作用是去除焊缝表面的氧化物，保护熔池金属及增加液态金属的流动性。气焊低碳钢时，因火焰本身已具有相当的保护作用，可不使用焊剂。气焊铸铁、有色金属及合金钢时，则需用相应的焊剂。常用的焊剂有 CJ101（用于焊接不锈钢、耐热钢，俗称不锈钢焊粉）、CJ201（用于铸铁）、CJ301（用于铜合金）、CJ401（用于铝合金）等。

氧乙炔焊设备简单，但由于氧气和乙炔在混合时具有一定的易燃性危险，在存放时要妥善放置，不可平放，在移动设备时要十分小心，这样才不致损坏气瓶上的主阀门。如果主阀门脱落，就会产生危险。所以，在任何情况下运输或移动，压力调节器就必须先取下，同时需要采用带螺纹的保护帽将阀门盖住，以防止冲击损伤产生危险。

二、火焰调整

1. 火焰类型

氧乙炔的火焰是焊接和切割的热源。根据两种气体的比例不同，产生不同配比的火焰，有着不同的用途。火焰由焰心、内焰、外焰组成。火焰有碳化焰、中性焰和氧化焰3种形式，如图3-11所示。

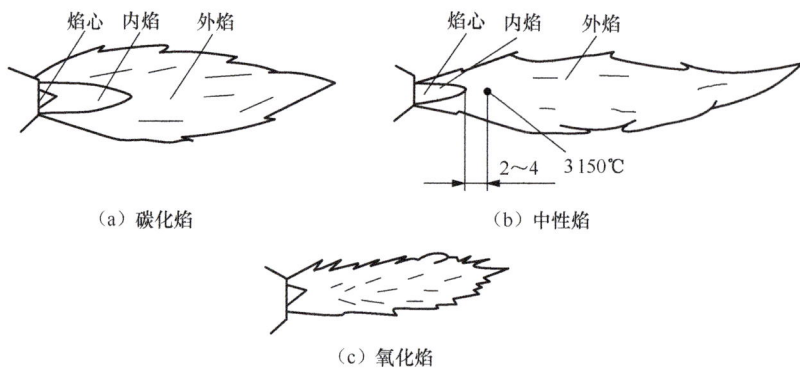

图 3-11 氧乙炔火焰

（1）碳化焰（也称还原焰）。碳化焰的氧气含量少于乙炔的含量。焰心较长，呈蓝白色。内焰呈淡蓝色，它的长度与碳化焰内乙炔的含量有关。外焰带有橘红色。碳化焰3层火焰之间有明显轮廓。碳化焰的最高温度约为3 000℃。

火焰中过剩的乙炔可分解为氢和碳，氢使钢产生白点，碳则熔化到金属中使焊件的含碳量提高。碳化焰不能用于焊接低碳钢及低合金钢，可用于焊接高碳钢、中高合金钢、铸铁、铝和铝合金等材料。

（2）中性焰（也称标准火）。氧、乙炔比例为1:1（按体积计算）。焰心呈尖锥形，色白而明亮，轮廓清楚。焰心温度较低，一般为800～1 200℃。内焰呈蓝白色，内焰与焰芯基本重合，且焰心前2～4mm部位温度最高，可达3 000～3 200℃。这个区域最适合焊接。外焰处在内焰的外部，与内焰没有明显的界线，颜色从淡紫色逐渐向橙黄色变化，温度只有1 200～2 500℃。

中性焰在燃烧时生成的一氧化碳及氢气，能与金属中的氧作用使熔池中的氧化铁还原，焊缝质量比较优良。

（3）氧化焰。氧气多于乙炔的含量，整个火焰具有氧化性。焰心短而尖，内焰很短，几乎看不到，外焰呈蓝色，火焰挺直，燃烧时发出急剧的"嘶嘶"声。氧化焰的长度取决于氧气的压力和火焰中氧气的比例，氧气的比例越大，则整个火焰就越短，噪声也就越大。氧化焰的最高温度可达 3 400℃。

过多的氧和铁发生作用生成氧化铁，使钢的性质变差、脆化，熔池的沸腾现象也比较严重。一般材料的焊接，绝不能采用氧化焰，但氧化焰可用于焊接黄铜和锡青铜。

在车身维修中利用氧乙炔焊进行热收缩时，通常将火焰调整为中性焰。气割时，通常使用氧化焰。

提示

氧乙炔焊中氧气与乙炔的比例不同，则火焰不同，直接影响着焊接质量。而火焰的比例调节主要靠经验，这也就是氧乙炔焊难以掌握并很少在车身维修中应用的原因之一。

2. 火焰点燃、调整和熄灭

（1）火焰的点燃和调整。首先分别将氧气和乙炔调节器调节到适当的压力。将乙炔调节阀打开约 1/2 圈，点火，进而继续调节乙炔调节阀增加乙炔供应量，直至获得红黄色火焰为止。

缓慢打开氧气调节阀，使火焰变蓝直至获得清晰鲜明的亮白色焰心为止，得到中性焰，可用来焊接低碳钢（如部分汽车外部覆盖件）。在中性焰的基础上进行调节，可分别获得碳化焰、氧化焰。

（2）火焰的熄灭。首先关闭乙炔调节阀，然后关闭氧气调节阀。

思考

熄灭火焰时为什么要先关乙炔阀后再关氧气阀？

三、用氧乙炔焊进行钎焊

钎焊时被焊接工件并不熔化，而是焊接材料熔化并紧贴在被焊接材料上。钎焊使用钎焊条焊接（详见本模块学习任务一的内容）。

1. 基本操作方法

在氧乙炔焊的焊接中，焊枪（焊炬）可朝向焊缝或背向焊缝操作，称为正向焊接和逆向焊接，在这两种操作中焊枪（焊炬）和焊条的角度要有所调整，如图 3-12 所示。

2. 板件固定

大力钳、薄板螺钉、定位焊夹具或各种专用夹具，都是焊接过程中必不可少的工具。在焊接前要用夹具（如焊接大力钳）把所要焊接的部件正确地夹在一起，如图 3-13 所示。在无法夹紧的地方，常用锤子和铆钉将两块金属板固定在一起。

在有些情况下，一块金属板的两边不能同时夹紧。这时，可采用一种简单的方法，就是用薄板金属螺钉将两块金属板固定在一起，以便在焊接过程中得到适当的定位。

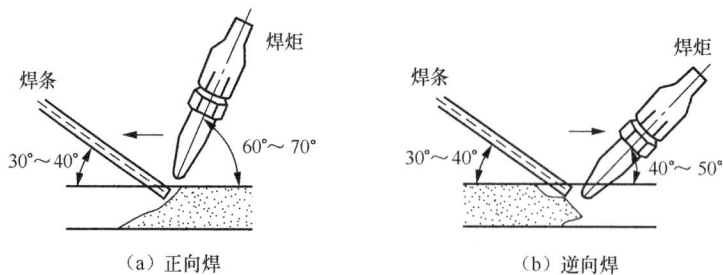

（a）正向焊　　　　　　　　　　　（b）逆向焊

图 3-12　氧乙炔焊接的操作

3. 钎焊操作

（1）清洁板件表面。如果板件的表面上粘有氧化物、油、油漆或灰尘，钎焊材料就不能顺利地流到金属表面上。尽管焊剂可以清除氧化层和大部分污染物，但是还不足以清除掉所有的污染物，残存在金属表面上的污染物最终还会导致钎焊的失败。所以在钎焊操作前要用钢丝刷对板件表面进行清洁。

（2）施加焊剂。板件被彻底清洁后，在焊接表面均匀地加上焊剂（如果使用带焊剂的钎焊条，就不需要进行该操作）。

（3）对板件加热。将板件的接合处均匀地加热到能够接受钎焊条的温度。调节焊枪（焊炬）中气体的火焰，使它呈现出中性焰的状态。根据焊剂熔化的状态，推断出钎焊条熔化的适当温度。

（4）对板件进行钎焊。当板件达到适当的温度时，将钎焊条熔化到板件上，并让其流动，钎焊材料流入板件的所有缝隙后，停止对板件接合处加热，如图 3-14 所示。

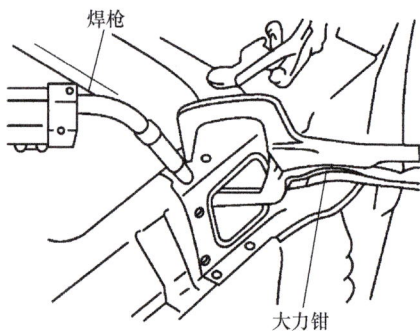

图 3-13　焊接前的夹钳定位

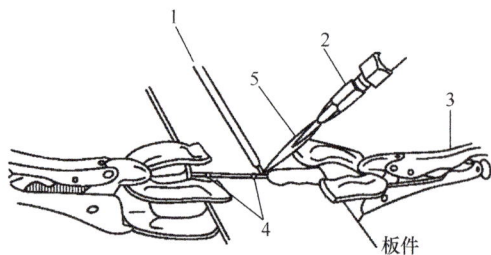

图 3-14　钎焊料的涂敷

1—钎焊条；2—焊枪；3—大力钳；4—定位焊点；5—火焰

（5）钎焊后的处理。钎焊部位充分冷却以后，用水冲洗掉剩余的焊剂残渣，并用硬的钢丝刷擦净金属板表面。焊剂凝结物用砂轮或尖锐的工具清除。如果没有完全清除掉剩余的焊剂残渣，油漆就不能很好地黏附，而且接头处还可能产生腐蚀和裂纹。

（6）钎焊操作要注意如下事项。

① 为了钎焊材料能顺畅流过被加热板件的表面，必须将整个接合区加热到同样的温度。

② 不能让钎焊条在板件加热前熔化（以免钎焊材料不与板件黏结）。

③ 如果板件的表面温度太高，焊剂将不能够达到清洁板件的目的，这将使钎焊的黏结力减小，接头的接合强度降低。

④ 焊枪（焊炬）喷嘴的直径应略大于金属板的厚度。

⑤ 钎焊前要用大力钳固定好金属板，防止板件的移动和钎焊部位的开裂。

⑥ 均匀地加热焊接部位，防止板件熔化。

⑦ 应尽量缩短钎焊的时间，以免降低钎焊部位的强度。

⑧ 避免同一个部位多次钎焊。

□ 知识拓展 □

1. 氧乙炔焊在工业中的应用。

2. 氧乙炔焊设备的存放与运输安全。

3. 氧乙炔焊工艺在车身修复中已经逐渐被淘汰。但在工业生产中应用还是较为广泛的，可焊接一些较特殊的材料。氧乙炔焰在浓度上分为若干等级，不同等级焊接板材不同。

□ 任务总结 □

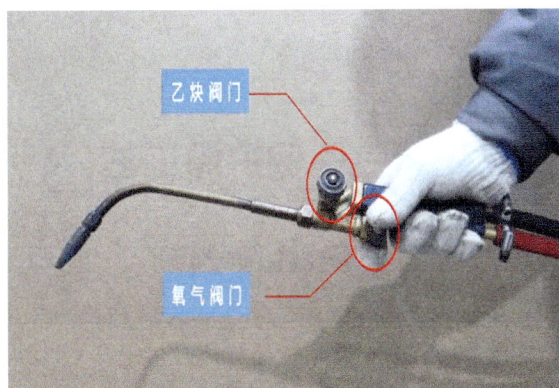

氧乙炔焊接技术

1. 基础知识

氧乙炔焊是熔焊的一种形式，将乙炔和氧气在一个腔内混合，在喷嘴处点燃后作为一种高温热源（大约为 3 000℃），将焊条和母材熔化，冷却后熔合在一起。

（1）氧乙炔焊设备包括储气瓶、气压调节器、焊枪等，要能够正确使用和维护。

（2）氧乙炔的火焰作为焊接和切割的热源，根据两种气体的比例不同，产生不同配比的火焰，有着不同的用途。火焰由焰心、内焰、外焰组成，火焰有中性焰、碳化焰和氧化焰3种形式。其中，中性焰适合低碳钢焊接，碳化焰适合高碳钢等合金的焊接，氧化焰适合铜金属焊接或气割。

2. 基本技能

（1）点燃火焰时，先将乙炔调节阀打开约 1/2 圈，点火，进而继续调节乙炔调节阀增加乙炔供应量，直至获得红黄色火焰。调整火焰时，缓慢打开氧气调节阀，使火焰变蓝直至获得清晰鲜明的亮白色焰心为止，得到中性焰，在中性焰的基础上进行调节，可分别获得碳化焰、氧化焰。熄灭火焰时，首先关闭乙炔调节阀，然后关闭氧气调节阀。

（2）在氧乙炔焊的焊接中，焊枪（焊炬）可朝向焊缝或背向焊缝操作，分别称为正向焊接和逆向焊接。

（3）用氧乙炔焊进行车身板件的钎焊时，为了钎焊材料能顺畅流过被加热的表面，必须将整个接合区加热到同样的温度。不能让钎焊条在板件加热前熔化，尽量缩短钎焊的时间，以免降低钎焊的强度。另外，避免同一个部位多次钎焊。

3. 应用场合

（1）氧乙炔焊设备十分廉价、便携，不需要电力输入要求，应用广泛。但是因为火焰不能像电弧那样集中热源，焊接速度慢，现在车身大量使用高强度钢板，氧乙炔焊会使钢板强度降低。

（2）氧乙炔焊更注重操作技巧和火焰调节，特别注意火焰的正确调节，以保证焊接质量。

综合以上原因，氧乙炔焊在现在车身修复中一般只用于板件缩火、钎焊和钢板热切割。

□ 问题思考 □

1. 氧乙炔火焰的类型有哪些？
2. 如何正确地点燃、调整和熄灭火焰？
3. 何为正向焊和逆向焊？
4. 进行车身板件钎焊操作时，需要注意哪些事项？

学习任务三 二氧化碳气体保护焊工艺

□ 学习目标 □

1. 熟悉二氧化碳气体保护焊原理和优点。
2. 熟悉二氧化碳气体保护焊设备组成以及使用技术要求。
3. 掌握二氧化碳气体保护焊参数的调整标准。
4. 掌握二氧化碳气体保护焊焊枪的使用和维护方法。
5. 掌握二氧化碳气体保护焊焊接操作要点。
6. 能够利用二氧化碳气体保护焊进行车身板件焊接的操作。
7. 培养环保意识，养成遵守国家法规、行业规程和标准的习惯。

□ 相关知识 □

一、概述

现代车身中的纵梁、横梁、立柱等结构件都是应用高强度钢或超高强度钢制造的，二氧化碳气体保护焊在焊接承载式车身上的高强度钢板方面比其他常规焊接方法更适合。

1. 二氧化碳气体保护焊的优点

与常规的焊条电弧焊和氧乙炔焊相比，二氧化碳气体保护焊有许多优点。不管是在高强度钢构件及承载式车身的修理中，还是在车身外部覆盖件的修理中，都可以使用二氧化碳气体保护焊。二氧化碳气体保护焊的优点如下。

（1）操作方法容易掌握。操作人员只需经过短期的指导和练习，就可学会并基本掌握设备的使用方法。与高级电焊工采用传统的焊条电弧焊相比，初级的二氧化碳气体保护焊焊工都可以做到焊接的质量高、速度快、性能稳定。

（2）二氧化碳气体保护焊可使焊接板件100%熔化。因此，经二氧化碳气体保护焊焊接过的部位可修平或研磨到与板件表面同样的高度，而不会降低强度。

（3）在薄的金属上焊接时，可以使用弱电流，预防热量对邻近部位的损害，避免可能发生的强度降低和变形。

（4）电弧平稳，熔池小，便于控制。确保熔敷金属最多、溅出物最少。

（5）二氧化碳气体保护焊更适合焊接有缝隙和不吻合的地方。对于若干处缝隙，可迅速地在每个缝隙上点焊，不需要清除熔渣，焊后可以很方便地将这些部位重新上漆。

（6）一般车身钢板都可以用一根通用型的焊丝来焊接。

（7）车身上不同厚度的金属可用相同直径的焊丝来焊接。

（8）二氧化碳气体保护焊焊机可以方便地控制焊接温度和焊接时间。

（9）采用二氧化碳气体保护焊，对需要焊接的小区域的加热时间较短，因而减少了板件的疲劳和变形。因为金属熔化的时间极短，所以能够进行立焊和仰焊操作。

二氧化碳气体保护焊的应用不局限于车身的修理，它还可以焊接排气结构、各种机械的底座、拖车的牵引装置、载货车的减振装置以及其他可用电弧焊或气焊的地方，都能达到良好的焊接效果。

提示

上述原理就是在车身维修制造中使用二氧化碳气体保护焊而不使用氧乙炔焊的原因。任何修复过程，都要选择最好且最合适的方式进行，这样才会更加有效。

2. 二氧化碳气体保护焊的原理

连续进给的焊丝与板件相接触而形成短路，电阻使焊丝和焊接部位受热。随着加热的继续进行，焊丝开始熔化、变细并产生收缩。收缩部位电阻的增加将加速该处的受热。熔化的收缩部位烧毁，在工件上形成一个熔池并产生电弧。电弧使熔池变平并回烧焊丝。当电弧间隙达到最大值时，焊丝开始冷却并重新送丝，焊丝的端部又开始升温，其温度足以使熔池变平，但还不能够阻止焊丝重新接触工件。因此，电弧熄灭，再次形成短路，上述过程重新开始，如图3-15所示。在焊丝周围有一层气体保护层，它防止空气进入发生化学反应并稳定电弧。

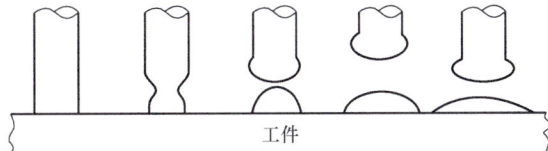

工件

图 3-15 二氧化碳气体保护焊过程

二、焊接设备

二氧化碳气体保护焊的设备主要由焊机、焊枪、焊丝、送丝机构、保护气瓶、减压表等组成，如图3-16所示。焊接时，焊丝以一定的速度自动进给，在板件和焊丝之间出现电弧，电弧产生的热量使焊丝和板件熔化，将板件熔合连接在一起。保护气体通过减压表调整后按规定流量从枪嘴喷出，保护焊缝。

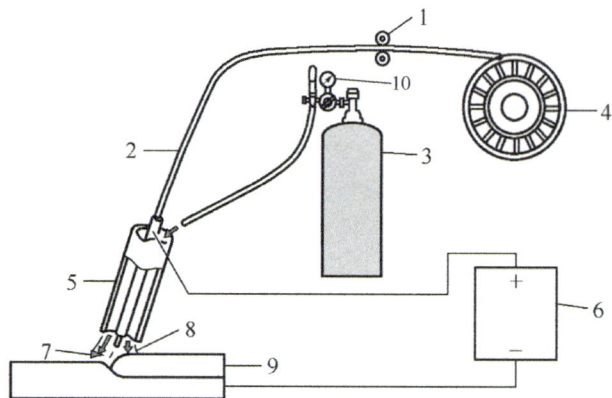

图3-16　二氧化碳气体保护焊设备示意图

1—送丝机构；2—焊丝；3—保护气瓶；4—焊丝卷；5—焊枪；6—焊机；7—电弧；8—保护气体；9—工件；10—减压表

1. 焊机

焊机（见图3-17）通过变压器把220V或380V的电压变成只有10V左右的低电压，同时电流会变得很大。鉴于焊接对电源的要求，必须使用具有稳定电压的电源。用于汽车车身修理的电源比一般工业焊机的要求要高。因为焊接薄金属板时的输出电流、电压要稳定，否则会影响焊接质量。通过控制面板可进行电压、电流和送丝速度的调节，同时可以进行点焊和脉冲点焊功能的控制。

2. 焊枪

焊枪也称为焊炬，如图3-18所示。利用焊枪将焊丝引导至焊接部位，在焊枪上有启动开关。焊枪有两个主要功能：一是提供合适的保护气体；二是导向焊丝，以防止焊丝移出熔池。

图3-17　二氧化碳气体保护焊焊机

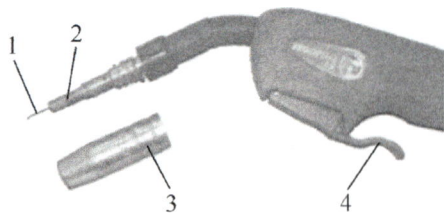

图3-18　焊枪

1—焊丝；2—导电嘴；3—气体喷嘴；4—控制开关

一般在焊接中，气体喷嘴的附近会产生氧化物熔渣，必须将它们仔细地清除掉，以免落入喷嘴内部并形成短路。当送丝速度太慢时，还必须清除掉因送丝太慢而形成的金属微粒，以免由于堵塞而造成短路。

提示

导电嘴的选用要与焊丝的粗细相同，如果选用比焊丝大一号的导电嘴会在焊接时堵塞导电嘴。如果出现了焊丝堵塞，不仅不能完成焊接，还要清理导电嘴。

3. 焊丝和送丝机构

车身修理中使用的焊丝种类是 AWS-70S-6，使用焊丝的直径为 0.6 ～ 0.8mm（见图 3-19），使用最多的是直径为 0.6mm 的焊丝。直径很细的焊丝可以在弱电流、低电压条件下使用，这就使进入板件的热量大为减少。焊接时，先用手将焊丝送进约 300mm，保证焊丝能够顺利地通过送丝管和焊枪。

图 3-19　焊丝

送丝机构可对送丝速度进行控制，根据送丝主动轮数量可分为单轮送丝机构和双轮送丝机构，如图 3-20 所示。

提示

铝焊机使用的就是双轮送丝机构，因为铝焊丝较软，单轮送丝容易将焊丝压变形。而其他类型的焊机，多采用单轮送丝机构。

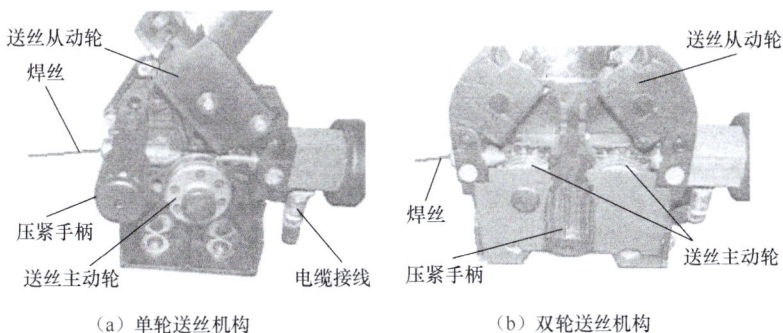

（a）单轮送丝机构　　（b）双轮送丝机构

图 3-20　送丝机构

提示

应确保送丝轮轴槽、焊丝导向装置和焊枪的导电嘴的尺寸都与所使用焊丝的尺寸相一致。

4. 保护气体

在焊接过程中，保护气体对焊接部位进行保护，以免熔融的板件受到空气的氧化。保护气体的种类由需要焊接的板件而决定，钢材都用二氧化碳（CO_2）和氩气（Ar）的混合气作为保护气体。而对于铝材，则根据铝合金的种类和材料的厚度，分别采用氩气或氩、氦混合气体进行保护。如果在氩气中加入4%～5%（体积分数）的氧气作为保护气体，可以焊接不锈钢。

在大多数车身维修中都采用二氧化碳和氩气的混合气作为保护气体，一般采用75%的氩气和25%的二氧化碳，这种混合气体通常被称为C-25气体。二氧化碳作为保护气时使电弧较粗糙且不稳定，焊接时飞溅较多，而二氧化碳和氩气的混合气体能增加电弧稳定性及金属的特性。所以，在较薄的板材上进行焊接时，最好使用二氧化碳和氩气混合气体。

5. 减压表

带有流速调节功能的减压表（见图3-21）能显示气瓶内剩余气体的压力，还能调整保护气体的流量。如果是二氧化碳减压表，在减压阀的后面还有加热器，因为气瓶内二氧化碳是以液态的形式储存的，挥发成气态时会吸热将管路冷却，严重的可能结冰，影响焊接质量。

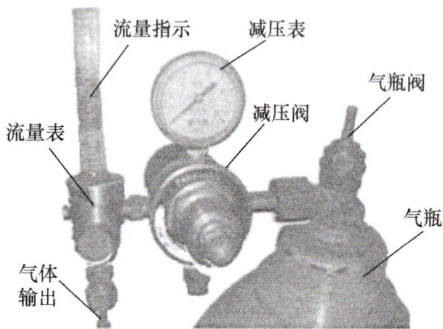

图 3-21　二氧化碳减压表

三、焊接参数调整

电源的极性对于焊接熔深起着重要的作用。直流电源的连接方式一般为直流反向极性连接，即焊丝为正极、工件为负极（采用这种连接时，焊接熔深最大）。如果需焊接的材料非常薄，应以正向极性连接方式进行焊接，即焊丝为负极而工件为正极（焊接时在焊丝上产生更多的热量，工件上的焊接熔深较浅）。采用正向极性的缺点是它会产生许多气泡，需要更多地抛光。

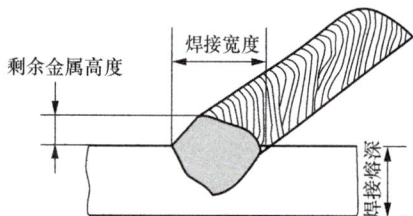

图 3-22　焊接参数

1. 电流调整

焊接电流的大小会影响板件的焊接熔深、焊丝熔化的速度、电弧的稳定性、焊接溅出物的数量。随着焊接电流的增加，焊接熔深和焊缝宽度会增大，而剩余金属的高度减小，如图3-22所示。不同板厚和不同粗细的焊丝所需要的焊接电流见表3-3。

表 3-3　　　　　　　　　　　　　　　焊接电流的调整

焊丝直径 /mm	金属板厚/mm						
	0.6	0.8	1.0	1.2	1.4	1.6	1.8
0.6	20～30A	30～40A	40～50A	50～60A			
0.8		40～50A	50～60A	60～90A	100～120A		
1.0				60～90A	100～120A	120～150A	

2. 电弧电压调整

高质量的焊接有赖于适当的电弧长度，而电弧长度是由电弧电压决定的。电弧电压过高时，电弧的长度增大（过长的电弧使焊接溅出物增加），焊接熔深减小，焊缝呈扁平状。电弧电压过低时，电弧的长度减小（过短的电弧导致起弧困难），焊接熔深增加，焊缝呈狭窄的圆拱状。

3. 送丝速度调整

调整送丝速度时，压紧手柄拧紧则送丝加快，反之变慢（送丝速度通过焊接前的试焊来确定）。如果送丝速度太慢，随着焊丝在熔池内熔化并熔敷在焊接部位，将可听到"嘶嘶"声或"啪哒"声，此时产生的视觉信号为反光的亮度增强，所形成的焊接接头较平坦。当送丝速度太慢时，还必须清除掉因送丝太慢而形成的金属微粒，以免短路。如果送丝速度太快将堵塞电弧，这时焊丝不能充分熔化，焊丝将熔化成许多金属熔滴并从焊接部位飞走，产生大量飞溅。仰焊操作时，要采用较快的送丝速度、较短的电弧和较小的金属熔滴，并使电弧和金属熔滴互相接近，将气体喷嘴推向工件，以确保焊丝不会向熔池外移动。

4. 保护气体流量调整

保护气体流量应根据喷嘴和板件之间的距离、焊接电流、焊接速度以及焊接环境（焊接部位附近的空气流动）来调整。如果保护气体的流量太大，将会形成涡流而降低保护层的效果。如果流出的气体太少，保护层的效果也会降低。

四、焊枪的使用

1. 导电嘴到喷嘴的距离

调整导电嘴到喷嘴的距离大约为 3mm，焊丝伸出喷嘴的长度大约为焊丝直径的 10 倍。将焊枪的导电嘴放在靠近板件的地方，焊枪开关被接通以后，焊丝开始送进，同时保护气体也开始流出。焊丝的端部和板件相接触并产生电弧。如果导电嘴和板件之间的距离稍有缩短，将比较容易产生电弧。如果焊丝的端部形成一个大的圆球，将难以产生电弧，所以应立即用扁嘴钳剪除焊丝端部的圆球，如图 3-23 所示。在剪断焊丝端部的圆球时，不可将导电嘴指向操作人员的面部。

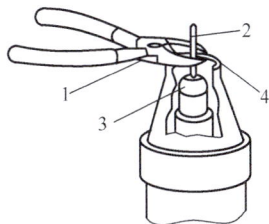

图 3-23　剪断多余的焊丝

1—扁嘴钳；2—焊丝；3—导电嘴；4—喷嘴

2. 导电嘴到工件的距离

导电嘴到工件的距离是高质量焊接的一项重要因素，如图 3-24 所示，其标准距离为 7 ～ 15mm。如果导电嘴到工件的距离过大，从焊枪端部伸出的焊丝长度增加而产生预热，就加快了焊丝熔化的速度，保护气体所起的作用也会减小。如果导电嘴到工件的距离过小，将难以进行焊接，并会烧毁导电嘴。

熟练有效地控制导电嘴与工件之间的距离是提高焊接质量的重要保证。这需要一定的训练才能够掌握。

3. 焊接方向

焊接方向有正向和逆向之分，如图 3-25 所示。正向焊加热集中，热量可以充分利用，熔池保护效果好，焊接熔深较小且焊缝较平。而且由于电弧的吹力作用，熔池金属推向后方能够得到外形饱满的焊缝，但焊接时不便确定焊接方向，容易焊偏，尤其是对接接头。

逆向焊电弧对待焊处具有预热作用，能得到较大熔深，焊缝成形得到改善。逆向焊观察熔池较困难，但可清楚地观察待焊部分，不易焊偏，所以二氧化碳气体保护焊一般都采用逆向焊。

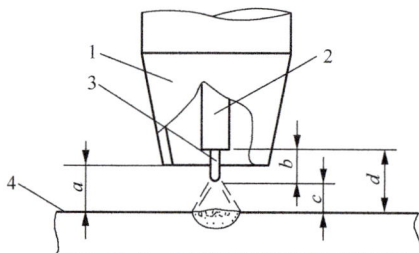

图 3-24　导电嘴到工件的距离

1—喷嘴；2—导电嘴；3—焊丝；4—工件；
a—喷嘴到工件的距离；b—焊丝伸出长度；
c—电弧长度；d—导电嘴到工件的距离

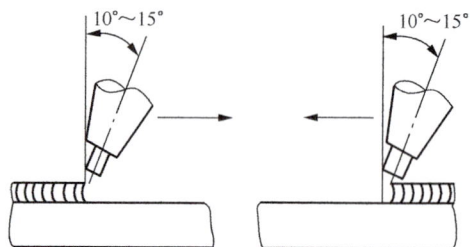

（a）正向焊　　　　（b）逆向焊

图 3-25　焊接方向

4. 导电嘴和喷嘴的维护

（1）导电嘴的检查。损坏的导电嘴应及时更换，以确保产生稳定的电弧。为了得到平稳的气流和电弧，应适当拧紧导电嘴。

（2）喷嘴溅出物的处理。如果绝缘有问题（如喷嘴落入熔滴），应流入焊丝的电流便转移到气体喷嘴上，引起焊丝的燃烧和飞溅，会将喷嘴烧掉。在脏的或生锈的金属工件上进行焊接时，会对喷嘴产生严重冲击，必须对工件进行清洁，再进行正常的焊接。在锈蚀的工件表面进行焊接时，应将送丝速度减慢。

如果溅出物黏附于喷嘴的端部，将使保护气体不能顺利流出而影响焊接质量，应迅速清除焊接溅出物。导电嘴上的焊接溅出物还会阻碍焊丝进给，若焊丝无法顺利地通过导电嘴，焊丝就会在焊机内扭曲。用一个合适的工具（如锉刀）清除掉导电嘴上的溅出物，然后检查焊丝是否能够平稳地送出。

> **提示**
>
> 在焊接前可在喷嘴与导电嘴中涂抹防堵油，防止焊渣黏附在喷嘴上，造成堵塞。

五、焊接要点

1. 焊接速度

焊接时，如果焊枪移动速度快，焊接熔深和焊缝宽度都会减小，而且焊缝会呈圆拱形；当焊枪移动速度进一步加快时，将会产生咬边。而焊接速度过低，则会产生许多烧穿孔，如

图 3-26 所示。一般来说，焊接速度由工件厚度、焊接电压两个因素决定。不同厚度的板件焊接时的速度不同（见表 3-4）。

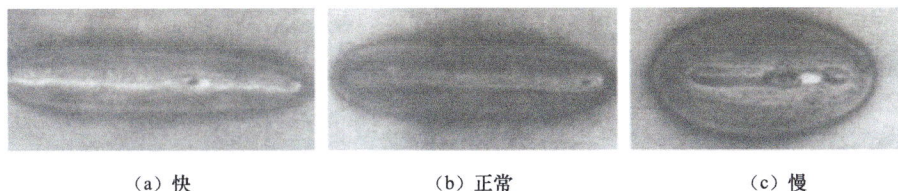

(a) 快　　　　　　　　(b) 正常　　　　　　　　(c) 慢

图 3-26　焊接速度对焊接效果的影响

表 3-4　　　　　　　　　　　　　　焊接速度调节

板件厚度/mm	焊接速度/（m/min）
0.6～0.8	1.1～1.2
1.0	1.0
1.2	0.9～1.0
1.6	0.8～0.85

2. 焊接位置

常用的焊接位置有平焊、横焊、立焊和仰焊，如图 3-27 所示。平焊一般容易进行，而且它的焊接速度较快，能够得到最好的焊接熔深。汽车上拆卸下的零部件进行焊接时，尽量放在能够进行平焊的位置。焊接水平横焊缝时，应使焊枪向上倾斜，以避免重力对熔池的影响。焊接垂直立焊缝时，最好让电弧从接头的顶部开始，并平稳地向下拉。最难进行的焊接是仰焊，在进行仰焊时，一定要使用较低的电压，同时还要尽量使用短电弧和小的焊接熔池。

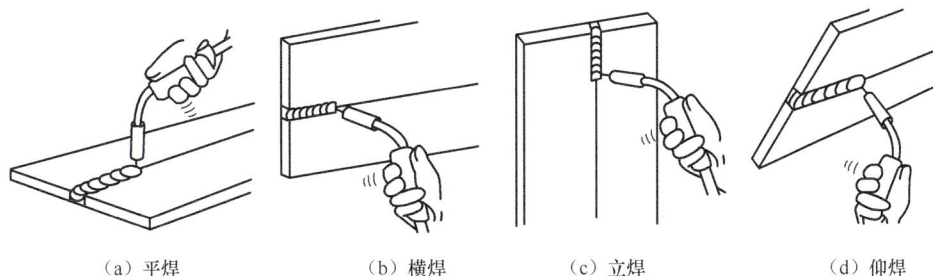

(a) 平焊　　　　　　(b) 横焊　　　　(c) 立焊　　　　(d) 仰焊

图 3-27　各种典型的焊接位置

3. 焊接前定位

定位焊要求板件之间要正确地对准，就是在进行永久性焊接前，用很小的临时点焊来取代定位装置或薄板金属螺钉，对需要焊接的板件进行固定，如图 3-28 所示。各焊点间的距离与板件的厚度有关，一般焊点间距为板件厚度的 15 ～ 30 倍，如图 3-29 所示。

提示

在车身焊接前，首先要采用定位焊将需更换的板件定位，然后测量尺寸，看位置是否正确，最后进行完全的焊接。

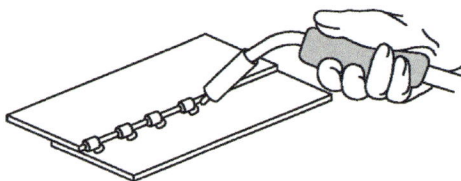

焊点间距是板件厚度
的15～30倍

焊接一些临时性焊点

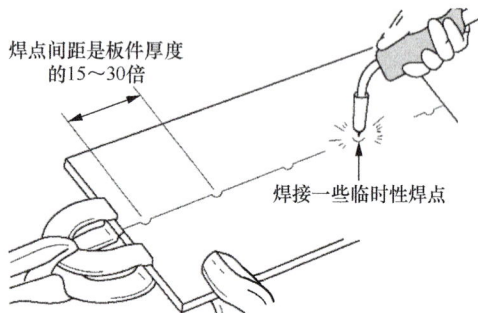

图 3-28　定位焊　　　　　　图 3-29　定位焊的焊点间距

4. 连续焊

连续焊时，焊枪缓慢、稳定地向前运动，形成连续的焊缝。操作中，应保持焊枪的稳定进给，以免产生晃动。采用正向焊法时，连续、匀速地移动焊枪，并经常观察焊缝。平稳、均匀地操纵焊枪，将得到高度和宽度恒定的焊缝，而且焊缝上带有许多均匀、细密的焊波。

提示

对车身上的薄板进行连续焊时，焊接长度不宜太长，应进行分段焊接，防止板件过热变形。

六、板件焊接

1. 对接与搭接

维修车身板件时，多采用对接或搭接的焊接形式连接，如图 3-30 所示。对接焊是将两个相邻的金属板边缘靠在一起，沿着两个金属板相互配合或对接的边缘进行焊接的方法。搭接焊是在需要连接的几个相互依次重叠的金属板的上表面棱边处将两个金属板表面熔化。搭接焊只能用于维修汽车在制造时进行过搭接焊的地方，或用于维修外板和非结构性的金属板。当需要焊接的金属多于两层时，不可采用这种方法。

2. 塞焊

塞焊经常用于维修汽车在制造时进行过电阻点焊的所有地方，还用于装饰性的外部板件及其他金属薄板上（它的应用不受限制），而且焊接后的接头具有足够的强度来承受各结构件的载荷。塞焊还可用于装饰性的外部板件和其他金属薄板上。

（1）进行塞焊时，需要在上层板件上钻孔（见图 3-31）。一般结构性板件的孔直径为 8mm，装饰性板件上孔的直径为 5mm，在装饰板件上孔太大会使后面的打磨工作量加大。

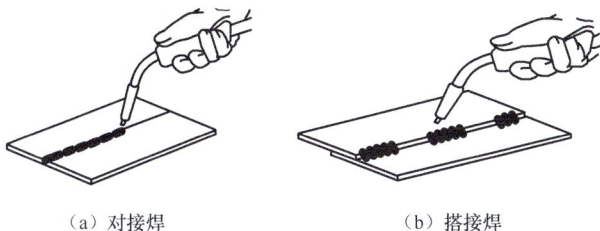

（a）对接焊　　　　（b）搭接焊

图 3-30　焊接形式

（2）塞焊过程：将两板件紧紧地固定在一起；焊枪和被焊接的板件表面保持一定的角度，将焊丝放入孔内，短暂地触发电弧，然后断开触发器，熔融金属填满该孔并凝固。注意：一定要让焊丝深入到下面的金属板。金属板下面的半球形隆起表明有适当的焊接熔深，如图 3-32 所示。在进行一个孔塞焊时，要求一次完成，避免二次焊接。

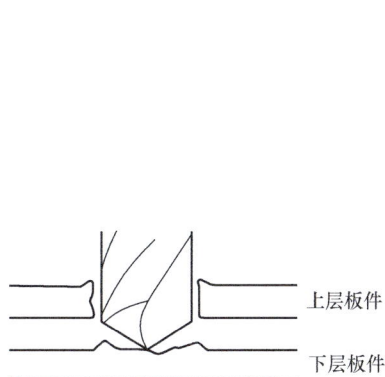

图 3-31　塞焊钻孔

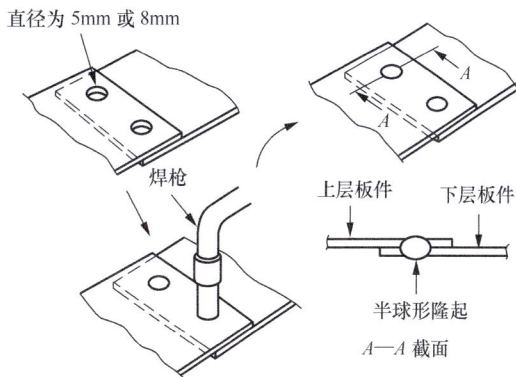

图 3-32　塞焊过程

（3）塞焊过的部位应该自然冷却，然后才可以焊接相邻部位。不能用水或压缩空气对焊点周围进行强制冷却。

（4）当需要将两层以上的金属板焊接在一起时，应在每一层金属板上冲一个孔（最下面的金属板除外）。从上到下，各层金属板的塞焊孔直径应逐渐减小。

采用塞焊法焊接不同厚度的金属板时，应将较薄的金属板放在上面，并在较薄的金属板上冲较大的孔，这样可以保证较厚的金属板能首先熔化。

提示

塞焊过程是焊枪沿着孔的边缘转一圈后回到中心，形成一定凸起的填充，保证塞焊孔边缘完全满焊。这是焊接质量的重要标准，需要多次练习方可熟练掌握。

3. 分段焊接

（1）金属板的厚度越小，焊缝的长度应越短。车身板件的厚度多为 0.8mm 以下，为防止烧穿薄板，每次焊接的长度最好不超过 20mm。

（2）焊接时采用分段焊接，首先让某一段区域的对接焊自然冷却，然后进行下一区域的焊接，如图 3-33 所示。

（3）为了防止金属板弯曲，应从板件的中心处开始焊接，并经常改变焊接的位置，以便将热量均匀地扩散到板件金属中去。如果从金属板的边缘处或靠近边缘的地方开始焊接，金属板仍会产生弯曲变形，如图 3-34 所示。

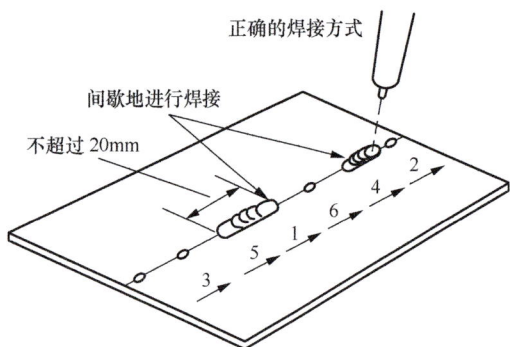

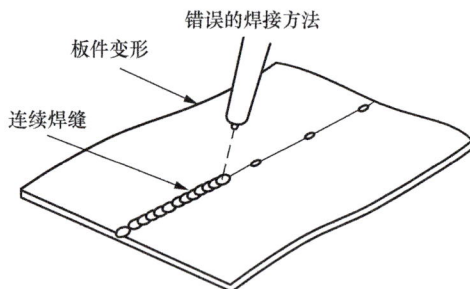

图 3-33　焊接顺序　　　　图 3-34　焊接方法不正确导致金属板变形

提示

进行车身外板覆盖件的更换焊接时，为了防止板件的热变形，定位焊后常常采用较短的分段焊，使焊缝平整。

4. 焊接质量检查

在对汽车上的零部件进行焊接之前，可以先在金属板上进行试焊（注意：金属板和汽车上需要焊接的零部件的材料相同）。焊接试验板时，焊机的各项参数要调整适当，那么车身板件的焊接质量就有了保证。试焊后将试验板的焊接处用錾子断开，以检验焊接质量。

（1）搭接焊和对接焊质量的检查（试验板件的厚度均为 1mm）。

① 板件正面。焊疤长度为 25～38mm；焊疤宽度为 5～10mm。

② 板件背面。焊疤宽度为 0～5mm。

③ 对接焊板件夹缝宽度是板件厚度的 2～3 倍。

④ 焊件正面焊疤高度不超过 3mm，焊件背面焊疤高度不超过 1.5mm。

⑤ 搭接焊撕裂后板件上必须有与焊疤长度相等的孔。

⑥ 对接焊撕裂后板件上必须有与焊疤长度相等的孔。

（2）塞焊质量的检查（试验板件的厚度均为 1mm）。

① 板件正面。焊疤直径为 10～13mm。

② 板件背面。焊疤直径为 0～10mm。

③ 焊疤不允许有孔洞或焊渣等缺陷。

④ 塞焊扭曲破坏后下面板件上必须有直径不小于 10mm 的孔。

◻ 知识拓展 ◻

1. 二氧化碳气体保护焊焊接不同位置的操作方法及参数调整。

2. 车身维修中二氧化碳气体保护焊的应用。

3. 二氧化碳气体保护焊的日常维护与保养。

4. 二氧化碳气体保护焊焊机应用范围广，焊接效率高，焊接质量好。它也可以用于焊接不锈钢、部分低合金钢以及铝，只是需要更换焊丝种类及保护气体。二氧化碳气体保护焊焊丝也有实心焊丝、药芯焊丝之分。

◻ 任务总结 ◻

微课

二氧化碳气体保护焊

二氧化碳气体保护焊

1. **基础知识**

（1）现代车身中的纵梁、横梁、立柱等结构件都是应用高强度钢或超高强度钢制造的，二氧化碳气体保护焊在焊接承载式车身上的高强度钢板方面比其他常规焊接方法更适合。

（2）二氧化碳气体保护焊设备主要由焊机、焊枪、焊丝、送丝机构、保护气瓶、减压表等组成。焊接时，焊丝以一定的速度自动进给，在板件和焊丝之间出现电弧，电弧产生的热量使焊丝和板件熔化，将板件或焊缝熔合连接在一起。保护气体通过减压表调整后按规定流量从枪嘴喷出，保护焊缝。

（3）电源的极性对于焊接熔深起着重要的作用。直流电源的连接方式一般为直流反向极性连接，即焊丝为正极、工件为负极（采用这种连接时，焊接熔深最大）。如果需焊接的板件非常薄，应以正向极性连接方式进行焊接，即焊丝为负极而工件为正极（焊接时在焊丝上产生更多的热量，板件上的焊接熔深较小）。

2. **基本技能**

（1）焊接电流的大小会影响板件的焊接熔深、焊丝熔化的速度、电弧的稳定性、焊接溅出物的数量。

（2）电弧长度是由电弧电压决定的。电弧电压过高时，电弧的长度增大，焊接熔深减小，焊缝呈扁平状；电弧电压过低时，电弧的长度减小，焊接熔深增加，焊缝呈狭窄的圆拱状。

（3）送丝速度应通过焊接前的试焊来确定，如果送丝太慢，所形成的焊接接头较平坦；如果送丝太快将会堵塞电弧，产生大量飞溅。

（4）保护气体流量应根据喷嘴和板件之间的距离、焊接电流、焊接速度以及焊接环境（焊接部位附近的空气流动）来调整。如果保护气体的流量太大，将会形成涡流而降低保护层的效果；如果流出的气体太少，保护层的效果也会降低。

（5）调整导电嘴到喷嘴的距离大约为 3mm，焊丝伸出喷嘴 5 ～ 8 mm。导电嘴到工件的标准距离为 7 ～ 15mm。

（6）焊接速度由工件厚度、焊接电压两个因素决定。如果焊接速度快，焊接熔深和焊缝宽度都会减小，而且焊缝会变成圆拱形；如果焊接速度过慢，会产生许多烧穿孔。

3．焊接操作

（1）焊接车身板件时，要分段焊。各焊点间的距离与板件的厚度有关，一般为板件厚度的 15 ～ 30 倍。

（2）塞焊经常用于维修汽车制造时进行过电阻点焊的所有地方、装饰性的外部板件和其他金属薄板上。进行塞焊时，在需要连接的所有上层板件上钻孔。一般结构性板件的孔直径为 8mm，装饰性板件上孔的直径为 5mm。同时，要求上层板件的孔径更大。

（3）金属板的厚度越小，焊缝的长度应越短。车身板件的厚度多为 0.8mm 以下，为防止烧穿薄板，进行焊接时每次焊接的长度最好不超过 20mm。

（4）焊接时采用分段焊接，首先让某一段区域的对接焊自然冷却后，然后进行下一区域的焊接。为了防止金属板弯曲，应从板件的中心处开始焊接，并经常改变焊接的位置。

（5）在对汽车上的零部件进行焊接之前，可以先在金属板上进行试焊，并检查焊接的质量。

4．焊枪维护

焊枪的导电嘴和喷嘴是易损件，要正确使用和维护。

5．质量检测

焊接质量有基本参数要求，检测方法有撕裂法、测量法等。

6．综述

（1）二氧化碳气体保护焊由于操作简单、易于掌握、焊接质量高、价格不高，在车身维修中应用较多，掌握二氧化碳气体保护焊是钣金技师的必备技能。

（2）二氧化碳气体保护焊重点是根据板厚不同调节焊接参数和选择焊接方法，这两项只有在实训时多练习才能掌握。

□ 问题思考 □

1．二氧化碳气体保护焊的优点有哪些？

2．二氧化碳气体保护焊设备有哪些？

3．二氧化碳气体保护焊调整项目有哪些？如何进行正确的调整？

4．焊枪的易损部件有哪些？如何正确使用和维护？

5．在薄板上焊接时，为何要采用分段焊？分段的标准是什么？

6．影响二氧化碳气体保护焊焊接质量的参数有什么？如何调节？

7．平焊、横焊、立焊及仰焊时的注意事项有哪些？

学习任务四 电阻点焊工艺

□ 学习目标 □

1. 了解电阻点焊的原理以及在车身上的应用。
2. 掌握电阻点焊设备组成及使用方法。
3. 掌握电阻点焊参数的调整方法。
4. 掌握电阻点焊的施工方法和焊接后质量要求。
5. 能够利用电阻点焊进行车身板件的焊接操作。
6. 培养诚信、科学、严谨的工作态度和精益求精的精神。

□ 相关知识 □

在汽车车身的生产制造中,除了在前立柱部位少量采用气体保护焊外,95%以上的焊接都是采用电阻点焊,一辆车大约有 4 000 个电阻点焊焊点,如图 3-35 所示。在汽车车身维修中,修复点焊部位要采用电阻点焊或者惰性气体保护焊塞焊方式。

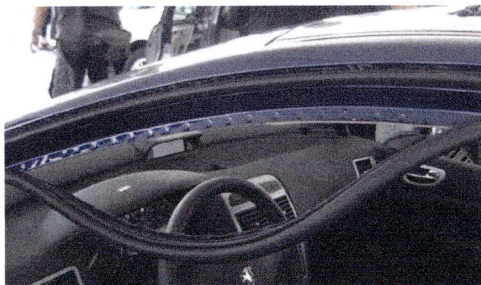

图 3-35 车身上的电阻点焊焊点

电阻点焊是利用低电压、高电流流过夹紧在一起的两块金属板时产生的大量电阻热,并通过焊枪电极的挤压力把它们熔合在一起的,如图 3-36 所示。

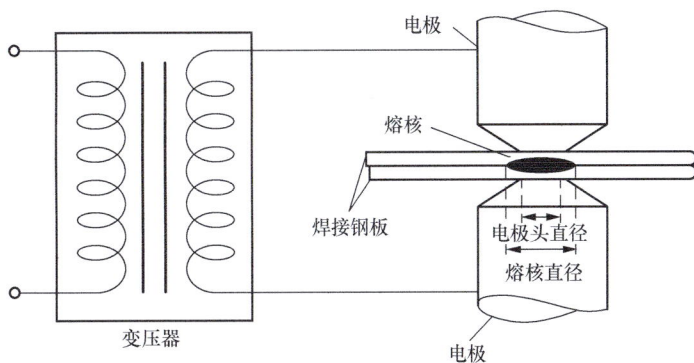

图 3-36 电阻点焊原理

一、电阻点焊机

电阻点焊机的部件包括焊接变压器、控制器及带有可以更换的电极臂和电极头的焊枪等，如图3-37所示。

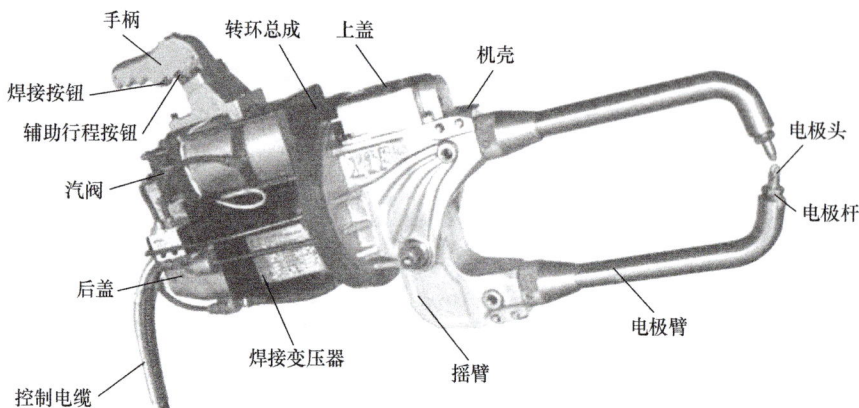

图3-37　某型号电阻点焊机

1. 变压器

变压器将低电流的220 V或380 V车间线路电压转变成低电压（2～5V）、高电流的焊接电流，避免了电击的危险。小型点焊机的变压器可安装在焊枪上，也可安装在远处通过电缆和焊枪相连。安装在焊枪上的变压器的电效率高，变压器和焊枪之间焊接电流损失很小。焊枪和变压器分离的点焊机的变压器功率必须较大，而且要使用较大的线路电流，以补偿连接变压器和焊枪的长电缆所造成的电力损失。

2. 焊机控制器

焊机控制器（见图3-38）可调节变压器输出焊接电流的强弱，并可以精确地调节焊接电流通过的时间。在焊接时间内，焊接电流被接通并通过被焊接的金属板，然后电流被切断。一般车身维修所用的焊接时间最好在1/6～1s（10～60次/min循环）范围内。

焊机控制器应能够进行全范围的焊接电流调整。焊接电流的大小由被焊接金属板的厚度和电极臂长度来决定。当使用缩短型电极臂时，应减小焊接电流；而使用加长型或宽距离的电极臂时，应增大焊接电流。

3. 点焊枪

如图3-39所示，焊枪通过电极臂向被焊金属施加挤压力，并流入焊接电流。大多数电阻点焊机都带有一个加力机构，可以产生很大的电极压力来稳定焊接质量。这些加力机构可以是用弹簧的手动夹紧装置或由气缸产生压力的气动夹紧装置。有些小型的挤压型电阻点焊机不具备加力机构，它完

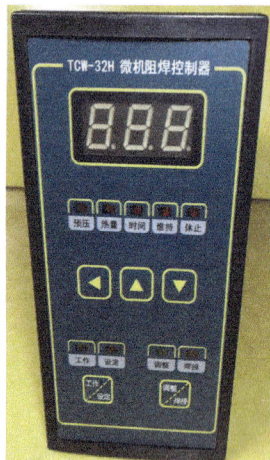

图3-38　某型号焊机控制器

全靠操作人员的手来控制压力的大小，因此它不能用于维修车身时的焊接操作。

车身维修所使用的大多数焊枪随着焊臂的加长焊接压力会减小，焊接质量也会下降。当配备100mm或更短的缩短型电极臂时，其最大焊接能力达两层2.5mm厚的钢板。一般要求配有加长型或宽距离电极臂的焊机至少可焊接两层1mm厚的钢板。

图3-39 电阻点焊枪

用于承载式车身维修的电阻点焊机应带有全范围的可更换电极臂装置，能够焊接车身上各个部位的板件。所选用的各种电极臂应可以焊接汽车上大多数难以焊接的部位，如轮口边缘、流水槽、后灯孔，以及地板、车门槛板、窗洞、门洞等。维修人员在维修车身时，应查阅修理手册选择合适的专用电极臂，以便对汽车上难以焊接的部位进行焊接。

提示

维修人员在进行车身板件更换维修时，应优先选用电阻点焊，用不了电阻点焊的部位可用二氧化碳气体保护焊塞焊代替。

二、电阻点焊机调整

电阻点焊的主要参数包括电极臂型号、电极压力、焊接电流和加压时间。为使点焊部位有足够的强度，在进行操作前，要对电阻点焊机进行检查和调整。

1. 电极臂检查和调整

（1）选择电极臂。根据焊接的部位来选择电极臂（见图3-40），选择的原则是多个电极臂都可以焊接某一个部位时，尽量选择最短的电极臂。

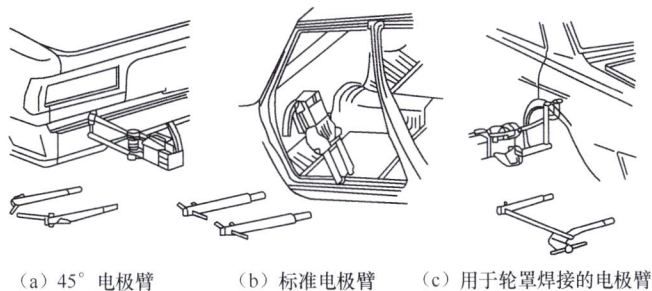
（a）45°电极臂　　　（b）标准电极臂　　　（c）用于轮罩焊接的电极臂

图3-40 根据焊接部位选择电极臂

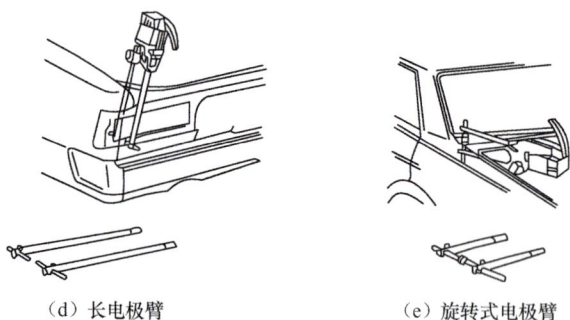

（d）长电极臂　　　　　（e）旋转式电极臂

图 3-40　根据焊接部位选择电极臂（续）

（2）调整电极臂。为了获得最大的焊接压力，焊枪的电极臂应尽量缩短。要将焊枪电极臂和电极头完全固紧，使它们在工作过程中不能松开，如图 3-41 所示。

（3）两个电极头的对准。将上、下两个电极头对准在同一条轴线上，如图 3-42 所示。电极头对准状况不好将引起加压不充分，会造成电流过小，导致焊接部位的强度降低。

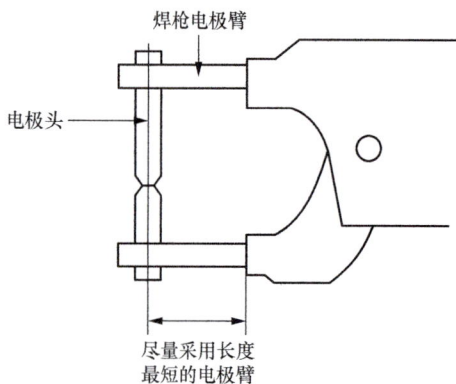

图 3-41　调节焊枪电极臂

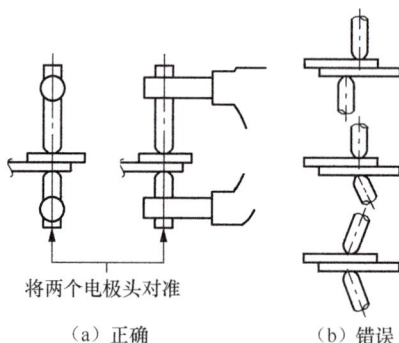

（a）正确　　　（b）错误

图 3-42　电极头要对准

（4）选择电极头直径。选择适当的电极头直径，以便获得理想的焊接深度，如图 3-43 所示。电极头直径可通过下式计算获得。

$$D=2T+3$$

式中　D——电极头直径，mm。

　　　　T——板厚，mm。

开始操作前，首先确认电极头直径是否合适，然后用锉刀将电极头锉光，以便清除电极头表面的燃烧生成物和杂质。电极头端部杂质增加，该处的电阻也随之增加，将会减小流入母材的电流并减小焊接熔深，导致焊接质量下降。经过长时间地连续使用以后，电极头端部将不能正常地散热而造成过热。如有必要，可每进行 5～6 次焊接后，让电极头端部冷却。如果电极头端部已被损坏，要用电极

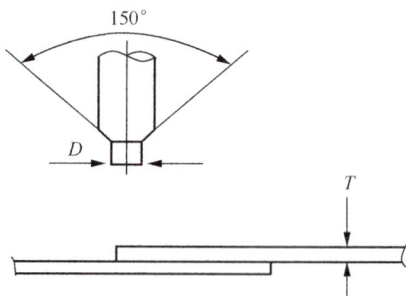

图 3-43　选择适当的电极头直径

头端部清理工具进行处理，如图 3-44 所示。

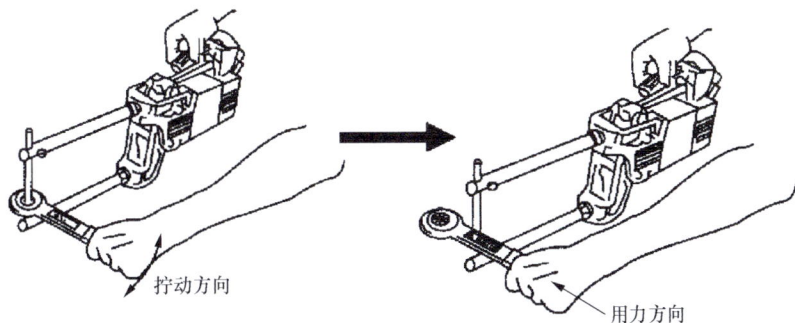

图 3-44 对电极头端部进行处理

2. 电极压力

两个金属件之间的焊接机械强度与焊枪电极施加在金属板上的力有直接的关系。当焊枪电极将金属板挤压到一起时，电流从焊枪电极流入金属板，使金属熔化并熔合。焊枪电极的压力太小、电流过大会产生焊接飞溅物，导致焊接接头强度降低；焊枪电极压力太大会引起焊点过小，并降低焊接部位的机械强度，如图 3-45 所示。操作时，可以通过试焊调整到合适的电极压力。

3. 焊接电流

给金属板加压后，一股很强的电流流过焊枪电极，然后流入两个金属板。在金属板的接合处电阻值最大，电阻热使温度迅速上

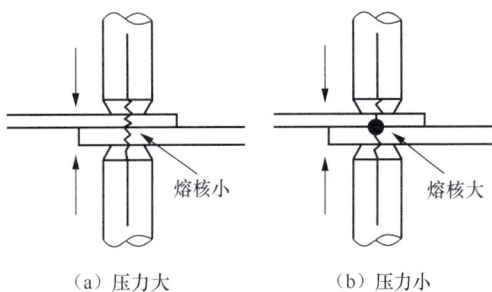

图 3-45 焊接压力对焊点的影响

升。如果电流不断流过，金属板便熔化并熔合在一起，如图 3-46 所示。电流太大或压力太小，将会产生内部溅出物。如果适当减小焊接电流或增加压力，便可使焊接溅出物减少到最小值。焊接电流和施加在点焊部位的压力对焊接质量都有直接的影响。

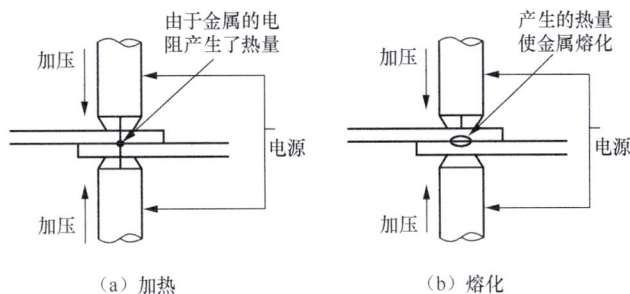

图 3-46 焊接电流对焊点的影响

一般通过对焊点部位的颜色变化就可以判断电流的大小：焊接电流正常时，焊点中间电极头接触部分的颜色不会发生变化，与焊接之前的颜色相同；焊接电流大时，焊点中间电极头接触部分的颜色变深呈蓝色。

4. 加压时间

电流停止后，焊接部位熔化的金属开始冷却，凝固的金属形成了圆而平的焊点，如图 3-47 所示。焊点施加的压力合适会使焊点的结构非常紧密，有很高的机械强度。加压时间是一个非常重要的因素，时间太短会使金属熔合不够紧密，焊接操作时的加压时间一般不少于焊机说明书上的规定值。

5. 试焊

先对与焊件有相同材质、厚度的试板进行试焊，如图 3-48 所示。焊好后再进行破坏性试验检查，一般采用扭曲或撕裂试板的方式破坏焊接焊点，测试焊接强度。

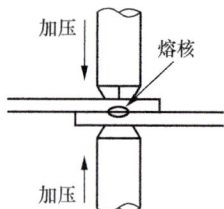

图 3-47　加压时间对焊点的影响

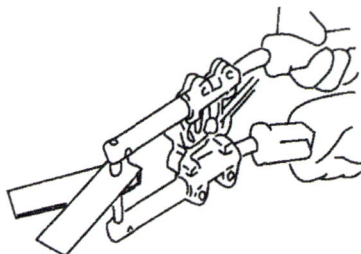

图 3-48　试板焊接

（1）扭曲试验。扭曲后在其中一片焊片上留下一个与焊点直径相同的孔，表示焊接良好，如图 3-49（a）所示。如果孔过小或根本就没有孔，说明焊点的焊接强度太低，需要重新调整焊接参数。

（2）撕裂试验。撕裂后在其中一个焊片上留有一个大于焊点直径的孔，表示焊接良好，如图 3-49（b）所示。如果留下的孔过小或根本没有孔，说明焊点的焊接强度太低，需要重新调整焊接参数。

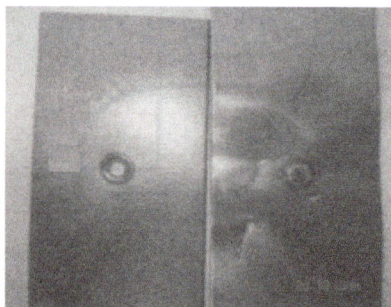

（a）扭曲试验后的效果　　　　　　　　（b）撕裂试验后的效果

图 3-49　焊接强度检测

提示

一部电阻点焊机的参数调好后一般不再需要调整。

三、板件处理

使用电阻点焊机焊接时,除了焊机本身的电流、压力、电极臂等因素影响焊接质量外,还有下列情况在焊接时会影响焊接质量。

1. 板件表面间隙

两个焊接表面之间的任何间隙都会影响电流的通过。不消除这些间隙也可进行焊接,但焊接部位将会变小而降低焊接的强度。因此,焊接前要将两个金属板件表面整平,以消除间隙,还要用一个夹紧装置将两者夹紧,如图 3-50 所示。

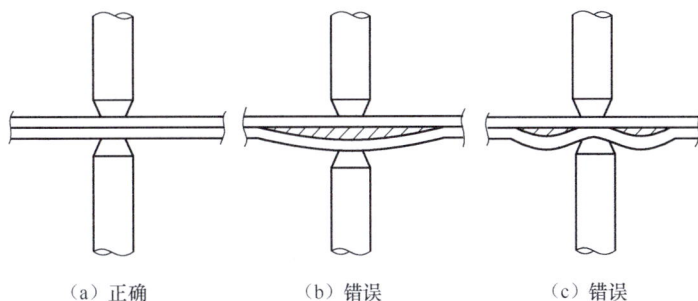

(a) 正确　　　　　　(b) 错误　　　　　　(c) 错误

图 3-50　焊接表面的间隙

2. 板件表面状态

需要焊接的金属板表面上的油漆层、锈斑、灰尘或其他任何污染物都会减小电流而使焊接质量降低,所以要将这些物质从焊接表面上清除掉,如图 3-51 所示。

在需要焊接的金属板表面上涂一层导电系数较高的防锈底漆,必须将防锈底漆均匀地涂在所有裸露金属板上(包括金属板的端面上),如图 3-52 所示。

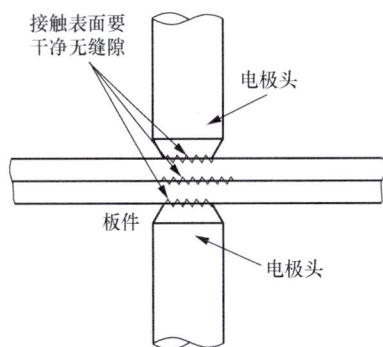

图 3-51　板件表面的处理

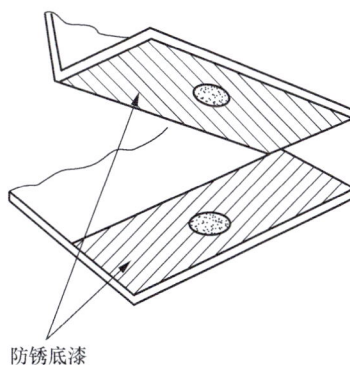

图 3-52　板件表面的防锈处理

提示

板件内外表面有油漆或杂物时会使焊接部位绝缘不导电,导致焊接失败。所以在焊接前要将板件内外表面处理干净,涂敷导电防锈底漆后再焊接。

四、点焊施工

1. 确定焊点位置

（1）焊点的数量。维修用的电阻点焊机功率一般小于制造厂的点焊机功率。因此，和制造厂的点焊相比，修理中进行点焊时，应将焊点数量增加30%，如图3-53所示。

图 3-53　焊点数量

（2）焊点的间距。两层金属板之间的结合力随着焊接间距的缩小而增大。但如果再进一步缩小间距，金属板间结合力将不再增大。这是因为焊接电流将流向已焊接过的焊点而被分流，焊接部位流过的电流变小，焊接强度下降。随着焊点数量的增加，这种往复的分流电流也增加。而这种分流的电流并不会使原先焊接处的温度升高。电阻点焊时焊接间距的选取标准见表3-5。

表 3-5　　　　　　　　　　　　　　　焊接的最小间距

板材厚度t/mm	焊点间距S/mm	
0.4	≥11	
0.8	≥14	
1.0	≥17	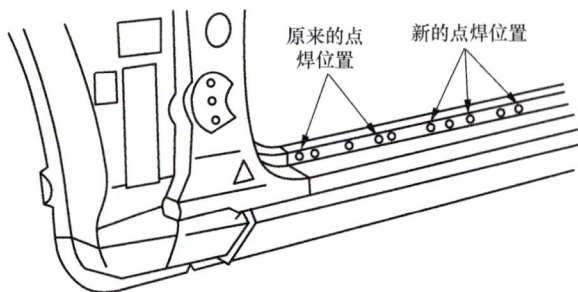
1.2	≥22	
1.6	≥30	

（3）边缘距离。焊点到金属板边缘的距离是由电极头的位置决定的。即使焊接的情况正常，如果焊点到金属板边缘的距离不够大，也会降低焊点的强度。在靠近金属板端部的地方进行焊接时，焊点到金属板边缘的距离应符合规定值（见表3-6）。如果距离过小，将会降低焊接强度并引起金属板变形。

2. 点焊顺序

点焊作业时，不要只沿一个方向连续进行点焊，这种方法会使电流产生分流而降低焊接质量。应按正确的顺序进行焊接，如图3-54所示。如果电极头过热而改变颜色，应停下来使之冷却。

表3-6　　　　　　　　　　　　　　焊点到金属板的边缘和端部的最小距离

板材厚度l/mm	最小距离l/mm	
0.4	≥11	
0.8	≥11	
1.0	≥12	
1.2	≥24	
1.6	≥16	
2.0	≥16	

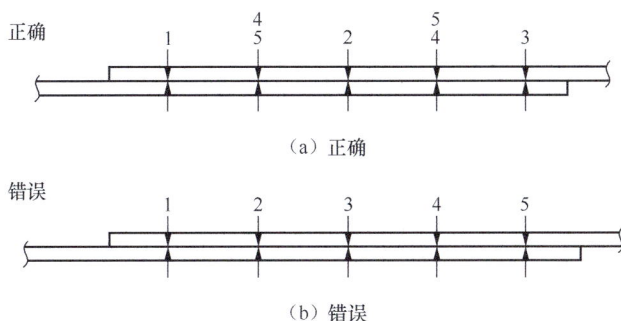

图 3-54　点焊顺序

3．转角部位焊接

不要在转角部位进行点焊（见图3-55），否则会因为焊接时产生应力集中而导致板件开裂。如前支柱和中心支柱的上部顶角，后顶侧板的前上方角落，前、后窗框的转角部位等需特别注意。

4．多层板件点焊

当3层或更多层的金属板重叠在一起时，应进行两次点焊或加大焊接电流，如图3-56所示。

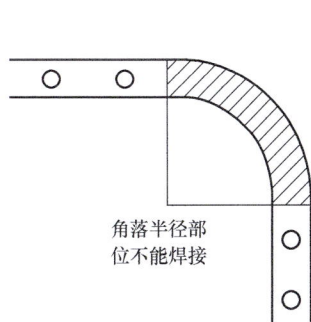

图 3-55　转角处的焊接

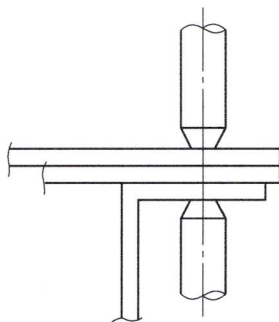

图 3-56　多层金属板的点焊

五、品质检验

1. 外观要求

（1）焊点的位置。焊点的位置应在板件边缘的中心，不可超过边缘，另外，还要避免在原有焊点位置进行焊接。

（2）焊点的数量。焊点的数量应大于原焊点数量的 1.3 倍。例如，原来在制造厂点焊的焊点数量为 4 个，那么新的维修焊点数量大约为 5 个。

（3）焊点间距。修理时的焊接间距应略小于原焊接间距，焊点应均匀分布。焊点间距的最小值，以不产生分流电流为原则，可参照表 3-5。

（4）压痕（电极头压痕）。焊接表面的压痕深度不能超过金属板厚度的一半，不能产生电极头焊孔。

（5）气孔。不能有肉眼可以看见的气孔。

（6）溅出物。用手套在焊接表面擦过时，应平滑、顺畅。

2. 非破坏性检查

（1）将撬棒插入两焊件的中间，用锤子轻轻敲击撬棒的端部，直到两金属板之间形成 2～3mm 的间隙，如图 3-57 所示。在金属板的厚度约为 1mm 时，如果此时的焊点位置仍然保持正常没有分开，则说明所进行的焊接合格。

（2）检验完毕后，一定要把被撬的变形金属板修复好，如图 3-58 所示。

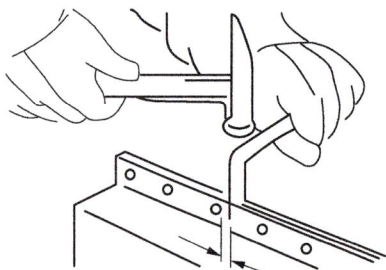

图 3-57 非破坏性检验

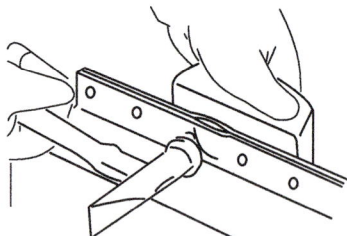

图 3-58 修复被撬开部位

□ 知识拓展 □

1. 汽车制造中电阻点焊应用的部位。

2. 电阻点焊和其他焊接相比的优势和不足。常见的电阻点焊机的焊接功能及其他功能。

3. 首先要对板件进行除漆打磨处理，然后涂导电防锈的锌喷剂，定位后进行电阻点焊，最后打密封胶、防锈处理等。但高端车如保时捷等，在点焊前不需要喷防锈锌喷剂，而是在涂点焊密封胶后进行焊接。

□ 任务总结 □

1. 基础知识

（1）在汽车车身的生产中，除了在前立柱部位少量采用气体保护焊外，95% 以上的焊接都是采用电阻点焊，一辆车大约有 4 000 个电阻点焊焊点。在汽车车身维修中修复点焊部位要采用电阻点焊或者惰性气体保护焊塞焊方式。

微课

电阻点焊

电阻点焊

（2）电阻点焊机的部件包括焊接变压器、控制器及带有可以更换的电极臂和电极头的焊枪。

（3）电阻点焊的主要参数包括电极臂型号、电极压力、焊接电流和加压时间。为使点焊部位有足够的强度，在进行操作前，应对电阻点焊机进行检查和调整。

2．基础技能

（1）根据需要焊接的部位来选择电极臂，选择的原则是多个电极臂都可以焊接某一个部位时，尽量选择最短的电极臂。

（2）两个金属件之间的焊接机械强度与焊枪电极施加在金属板上的压力有直接的关系，可以通过试焊调整到合适的电极压力。

（3）一般通过对焊点部位的颜色变化就可以判断电流的大小。焊接电流正常时，焊点中间电极头接触部分的颜色不会发生变化，与焊接之前的颜色相同；焊接电流大时，焊点中间电极头接触部分的颜色变深呈蓝色。

（4）加压时间太短会使金属件熔合不够紧密，焊接操作时的加压时间一般不少于焊机说明书上的规定值。

（5）和制造厂的电阻点焊相比，维修中进行点焊时，应将焊点数量增加30%。

3．焊接操作

（1）使用电阻点焊机焊接时，除了焊机本身的电流、压力、电极臂等因素影响焊接质量外，板件的间隙和表面状态也会影响焊接质量。

（2）点焊作业时，不要只沿一个方向连续进行点焊，这种方法会使电流产生分流而降低焊接质量。

（3）不要在转角部位进行点焊。3层或更多层的金属板重叠在一起时，应进行两次点焊或加大焊接电流。

（4）焊接完成后要进行外观检查和非破坏性检查，以检验焊接质量。

（5）维修时一定要记得佩戴安全防护装备，主要有口罩、护目镜、耳塞、焊接手套、工作服及安全鞋等。

4．综述

（1）车身制造中点焊的数量最多，在车身维修时尽量恢复车身原有的制作工艺，所以车身中制造时使用点焊的部位最好维修时同样使用点焊的方式焊接。

（2）通过本任务的学习，应该掌握点焊焊接设备的组成，掌握电极臂、电流、电压、加压时间的调整要求和方法，了解影响点焊的因素，掌握点焊的操作方法和焊接质量要求。同时，能够认识点焊设备，并能够正确地使用点焊机。

·················· □ 问题思考 □ ··················

1. 进行不同车身零件焊接时，如何正确选择电极臂？
2. 点焊焊接调整参数有哪些？焊接参数不正常的危害有哪些？
3. 在车身维修中，如何确定点焊焊点的数量？
4. 在薄板上进行点焊操作时，要按何种顺序焊接？
5. 点焊焊接后的质量要求有哪些？

学习任务五 热切割工艺

·················· □ 学习目标 □ ··················

1. 掌握等离子切割设备组成以及等离子切割机的使用要求。
2. 掌握气割设备组成和气割施工方法。
3. 能够利用等离子切割机按要求进行车身板件切割操作。
4. 能够利用气割设备按要求进行车身板件切割操作。
5. 培养追求质量品质和匠心铸魂的精神。

·················· □ 相关知识 □ ··················

切割是利用工具将板件按需要的形状进行裁切下料的工艺。在车身修复中，板件的损伤部位经常需要利用切割工艺进行更换。例如，后翼子板、纵梁等部位的维修。切割分为冷切割和热切割两类：冷切割是使用锯、剪或切割砂轮等操作，切割时不需对板件分割部位进行加热；热切割是利用火焰、电弧等对切割部位进行加热，使板件需要切割的部位熔化或燃烧，从而分离板件。热切割主要包括等离子切割和气割。

一、等离子切割

离子体是物质存在的第4种状态。如冰随着温度的升高由固态转为液态（水），再加热转为气态，继续加热至一定温度，则转变成等离子态（即等离子体）。等离子体中带负电荷的电子与带正电荷的离子处于平衡状态，它可以通过很大的电流，因而具有很高的能量密度和极高的温度。控制等离子弧的能量密度、温度和运行速度等，可以对金属进行切割、焊接和喷涂。等离子切割是利用等离子弧将被切割的金属加热至熔化状态，然后再利用辅助气体将熔化的金属吹开，达到切割目的。

切割厚度为20mm以下的薄板时，等离子切割工艺具有速度快、变形小、精度高、断面光洁度高等优点。等离子切割板件较厚且在板厚方向温度分布不均匀，容易造成切口上方熔化下方挂渣、上宽下窄的缺陷，随着切割厚度的增加这种现象越加严重，并且切割速度和切割质量也急剧下降。所以等离子弧切割法比较适用于薄板切割，但可以切割的材质相当广泛，几乎包括所有导电的金属材料，如高合金钢、铜、铝等。

1. 等离子切割机

切割车身板件用的等离子切割机是以压缩空气为工作气体，以高温高速的等离子弧为热源，将被切割的金属件局部熔化，并同时用高速气流将已熔化的金属吹走，形成狭窄切缝。等离子切割机可进行板件的切断、开孔、挖补、开坡口等切割加工。

等离子切割机由主机、等离子切割枪和附件组成（见图 3-59），较复杂的等离子切割设备还包括一个安装在内部的空气压缩机、可调节的输出控制装置以及机载的冷却剂和其他装置。等离子切割机由机内或机外空气压缩机供应压缩空气，也可以采用压缩空气气瓶供气。空气要求干燥、清洁，为了减少污染，在气路上应安装过滤器。空气压力一般应在 0.3 ～ 0.5MPa，气压过高或过低都将降低切割质量、损坏电极或喷嘴，并降低切割机的切割能力。

2. 等离子切割枪

切割汽车车身零部件的小型等离子切割枪，是能在零部件比较密集的部位工作的切割设备。切割枪上的两个关键部件是喷嘴和电极，是等离子切割机中的易损件，如图 3-60 所示。现在车身维修中用的电极一般是锆电极。喷嘴和电极的损坏都将影响切割的质量，它们在每次切割中都略有损耗，而且如果压缩空气中有水分或切割过厚的材料或操作人员水平太低都将使它们过早损坏。

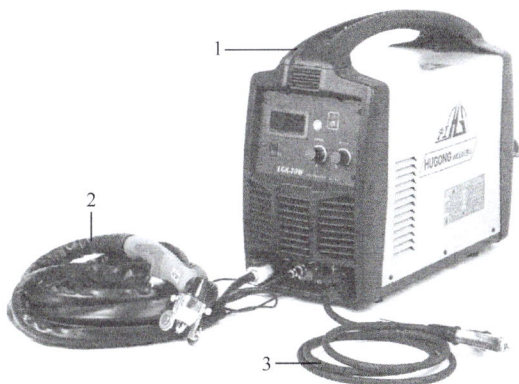

图 3-59　某品牌等离子切割机（型号 LGK-70W）
1—主机；2—等离子切割枪；3—接地线缆

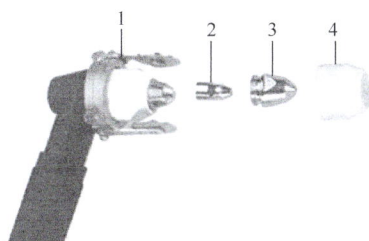

图 3-60　等离子切割枪
1—等离子枪；2—电极；3—喷嘴；4—护罩

电极的使用极限为 1.5mm，如图 3-61 所示。喷嘴的中心孔容易发生变形，如图 3-62 所示。电极和喷嘴任意一个损坏后，都要及时更换。

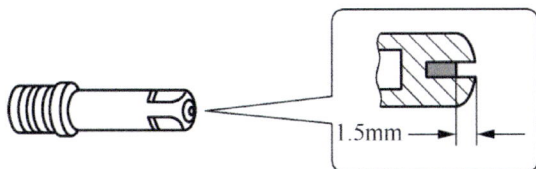

图 3-61　电极的使用极限

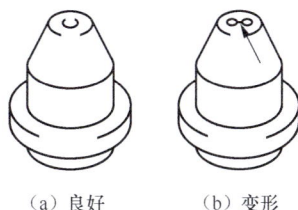

（a）良好　　（b）变形
图 3-62　喷嘴中心孔

3. 等离子切割机的使用

（1）使用前的准备。

① 将等离子切割机连接到车身维修车间压缩空气管路上，通过空气过滤器保证压缩空气的清洁和干燥。

② 将切割枪和搭铁的电线连接到切割机上。将切割机电源插头插到符合规定的电源，然后将搭铁夹钳连接到清洁并裸露的金属车身表面上，连接处应尽量靠近切割部位。

③ 等离子切割下部应放置水槽，避免在切割过程中产生大量的烟雾。

（2）切割操作。

① 在等离子弧被触发之前，应先将切割喷嘴与板件上一个导电部分相接触。一旦等离子弧被触发以后，切割机将很容易切入涂有油漆的表面。

② 切割薄板时（厚度3mm以下），使切割喷嘴与板件表面垂直，向下推动切割枪，直到电极与板件相接触，等离子弧被触发，按切割方向移动切割枪即可进行切割操作。不需要切割喷嘴与板件一直保持接触也可进行切割。不过，两者保持接触会使切割更容易进行。此时，施加在等离子枪上向下的力非常小。

③ 当切割厚度在3mm以上钢板时，最好使等离子切割枪与板件在切割方向上成45°角。如果在切割较厚的钢板时，等离子切割枪与板件保持垂直，火花将被射回到气体喷射器中，会堵塞气孔并极大地缩短气体喷射器的寿命。

④ 切割厚度在6mm以上的钢板时，最好先从钢板的边缘开始切割。

⑤ 在金属板需要切割的部位移动切割枪，切割速度由金属板的厚度决定。如果切割枪移动过快，它将不能切透板件；如果切割枪移动太慢，将会有太多的热量传入板件，而且还可能熄灭等离子弧，如图3-63所示。实际切割速度可以通过试验板件来确定。

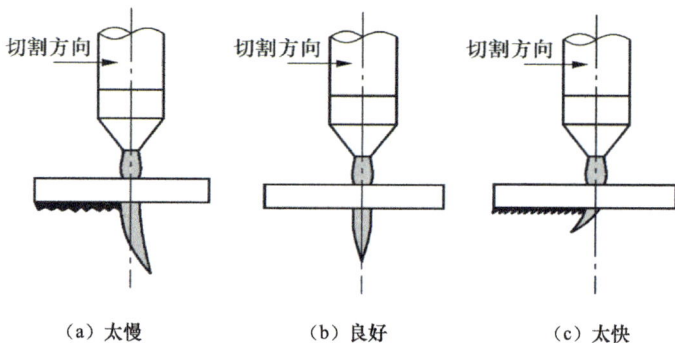

图 3-63　切割速度与切割火焰

（3）使用注意事项。

① 切割枪的冷却对延长电极和喷嘴的寿命非常重要。在完成一次切割开始下一次切割前，应关闭切割枪开关，让空气连续几秒流过，以防止喷嘴和电极过热。

② 在进行长距离的直线切割时，使用一个金属靠尺会更加方便。只需将靠尺夹到板件上即可。

③ 切割形状复杂的位置时，可用薄木板做一个样板，让喷嘴沿着样板进行切割。

④ 在等离子弧切割过程中避免直接目视等离子弧，并且需佩戴专业防护眼镜及面罩，

避免弧光对眼睛及皮肤的灼伤。

⑤ 在等离子弧切割过程中会产生大量有害气体，需要操作场地通风且操作人员佩戴多层过滤的防尘口罩。

⑥ 在等离子弧切割过程中需佩戴围巾、手套、脚护套等劳护用具，防止四溅的火星对皮肤的灼伤。

⑦ 在等离子弧切割过程中高频振荡器产生的高频以及电磁辐射，会对人体造成损伤，必须做好防护工作。

提示

等离子切割由于切割效率高，板件切割部位效果好，容易实现自动化生产，大量应用在现代工业生产中。近年也逐步应用到车身修复技术之中。

二、气割

气割是利用氧乙炔火焰的高温，使金属材料在纯氧中燃烧而进行的。气割时，先用火焰将金属材料预热到燃点，再用高压氧气流使金属材料燃烧，并将燃烧所生成的氧化物熔渣吹走，形成切口，如图 3-64 所示。金属材料燃烧时放出大量的热，又预热待切割的部分。所以切割的过程实际上就是重复进行预热、燃烧、去渣的过程。

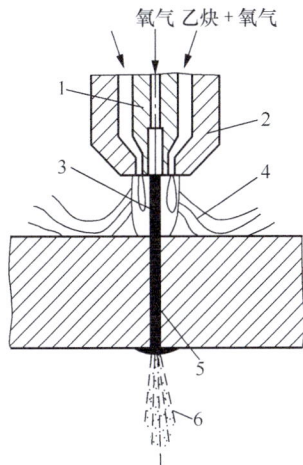

（a）原理示意图　　　　　　　　（b）气割演示图

图 3-64　气割

1—切割嘴；2—预热嘴；3—气割氧气；4—预热焰；5—割缝；6—熔渣

1. 气割要求

根据气割原理，被切割的金属应具备下列条件。

（1）金属的燃点应低于其熔点，否则在切割前金属已熔化，不能形成整齐的切口而使切口凹凸不平。钢的熔点随碳的质量分数的增加而降低，当碳的质量分数等于 0.7% 时，钢的熔点接近于其燃点，故高碳钢和铸铁难以进行气割。

（2）燃烧生成的金属氧化物的熔点应低于金属本身的熔点，且流动性要好，以便氧化物能及时熔化并被吹掉。铝的熔点（660℃）低于其氧化物的熔点（2 050℃），故铝合金和不锈钢不具备气割条件。

（3）金属燃烧时能放出足够的热量，而且金属本身的热导性低，这就保证了下层金属有足够的预热温度，有利于切割过程不间断进行。铜及其合金燃烧时释放出的热量较小，且热导性又好，因而不能进行气割。

能满足上述条件的金属材料有低碳钢、中碳钢和部分低合金钢。

2. 割炬

气割时，用割炬代替焊枪，其余设备与气焊相同。割炬的构造如图3-65所示。割炬与焊枪相比，增加了输送切割氧气的管道和阀门，其割嘴的结构与焊嘴也不相同。割嘴的出口有两条通道，其周围的一圈是乙炔与氧气的混合气体出口，中间的通道为切割氧气的出口，两者互不相通。

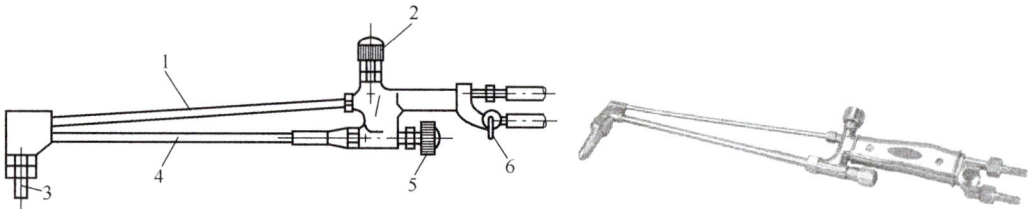

（a）原理示意图　　　　　　　　　　　　（b）实物图

图3-65　割炬

1—切割氧气管；2—切割氧气阀；3—割嘴；4—混合气管；5—混合气阀；6—乙炔阀

3. 气割参数调整

气割参数的选择正确与否，直接影响到切口表面质量的好坏，而气割参数的选择又主要取决于割件的厚度。

（1）气割时的切割速度和氧气压力与切割板件厚度的关系见表3-7。

表3-7　　　　　　　　　钢板的厚度与切割速度 / 氧气压力的关系

钢板厚度/mm	切割速度/（mm/min）	氧气压力/MPa	钢板厚度/mm	切割速度/（mm/min）	氧气压力/MPa
4	450～500	0.2	30	210～250	0.45
5	400～500	0.3	40	180～230	0.45
10	340～450	0.35	60	160～200	0.5
15	300～375	0.375	80	150～180	0.6
20	260～350	0.4	100	130～165	0.7
25	240～270	0.425			

（2）割嘴与割件的倾斜角。当割嘴沿气割相反方向倾斜一定角度时，能使氧化燃烧产生

的熔渣吹向切割线的前缘，从而减小后拖量，提高切割速度，如图 3-66 所示。进行直线切割时，应充分利用这一特性。割嘴与割件的倾斜角度，主要根据割件厚度来确定。具体倾斜角度可在切割前通过试验法确定，先从垂直开始逐渐调整倾斜角，直到找到最佳的倾斜角。

（3）割嘴与工件表面之间的距离。在通常情况下，割嘴与板件表面之间的距离主要与割件厚度有关，见表 3-8。

表 3-8　　　　　　　　　　割嘴与工件表面之间的距离

板件厚度/mm	3～5	6～12	12～40
割嘴与工件表面之间的距离/mm	4～5	5～7	7～9

4．气割操作方法

（1）放稳工件，清除污物。

（2）连接设备及工具（如气瓶、割炬等）。

（3）调试火焰，设定气割工艺参数。

（4）气割时，要使割嘴与切口两侧工件保持垂直（见图 3-67），以保证切割面的垂直。

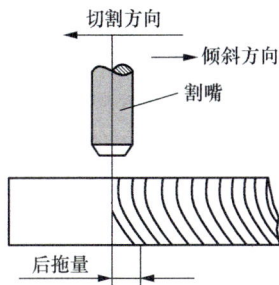

图 3-66　割嘴沿气割相反方向倾斜　　　图 3-67　割嘴垂直于工件切口两侧

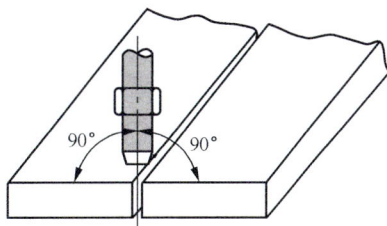

（5）在气割长直线缝时，随着气割过程的进行，操作人员的身体不要弯得太低，沿气割方向不要倾斜太大，每次移动距离和位置要适中。

（6）在气割过程中，操作人员要始终注视割嘴和切割线的相对位置，注意是否割透及后拖量的大小。如果后拖量大或割不透，应放慢切割速度或提高切割氧的压力。

（7）注意在切割操作前要做好个人安全防护工作。

□ 知识拓展 □

1．工业用热切割分类与应用。

2．气割与气焊设备的区别及不同操作方法。

3．除了常用的等离子切割和气割外，工业生产中还会使用水切割，有的特殊作业中还会进行水下切割作业。

4．等离子切割效果好，效率高且应用范围广泛。相对而言，气割应用范围具有一定的局限性。

········· ◻ 任务总结 ◻ ·········

微课

热切割工艺

热切割工艺

1. 等离子切割

等离子切割机是用等离子弧来切割金属板的，能够满足现代车身板件的切割要求。等离子切割机由主机、等离子切割枪和附件组成。

（1）等离子切割枪上的喷嘴和电极是关键部件，是等离子切割机中的易损件。

（2）等离子切割机连接到清洁、干燥的压缩空气源上。搭铁夹钳连接到清洁板件表面，连接处应尽量靠近切割部位。

（3）切割薄板时，喷嘴与板件表面垂直，切割速度由金属板的厚度决定。

（4）当切割厚度在 3mm 以上钢板时，最好使等离子切割枪与板件成 45°角。切割厚度在 6mm 以上的板件时，最好先从板件的边缘开始切割。

2. 气割

气割是利用氧乙炔火焰的高温，使金属板在纯氧中燃烧而进行的。切割的过程是重复进行预热、燃烧、去渣的过程。

（1）能用气割的金属材料有低碳钢、中碳钢和部分低合金钢。

（2）割炬与焊枪相比，增加了输送切割氧气的管道和阀门，其割嘴的结构与焊嘴也不相同。

（3）气割参数的选择正确与否，直接影响到切口表面质量的好坏，而气割参数的选择又主要取决于割件的厚度。

3. 综述

热切割广泛用于工业部门中金属材料下料、零部件的加工、废品废料解体以及安装和拆除等。热切割在车身修复中的应用不多，原因如下。

（1）现在车身大量使用高强度钢，热切割会使钢板强度降低，影响车身安全。

（2）车身大多是多层结构，一般是单层更换，在切割损坏件时会把车身未变形件切伤，降低车身强度。

········· ◻ 问题思考 ◻ ·········

1. 等离子切割机的使用注意事项有哪些？

2. 气割时，对割炬的角度有何要求？

学习任务六　铝焊接工艺

□ 学习目标 □

1. 掌握铝焊接对保护气体和焊丝的要求。
2. 掌握铝焊接工艺和焊接质量的要求。
3. 能够按要求进行车身铝件的焊接操作。
4. 加强职业创新意识，实践自主创新的大国工匠精神。

□ 相关知识 □

铝合金根据其在车身中功能不同，制造工艺不同，可分为铸造件、冲压件、压铸件。车身板件大部分使用冲压件。冲压件有非常高的强度，它们能够加强车身的强度和刚性，使车身能够在剧烈的碰撞中保持结构的完整性。压铸件用来制能够承载大载荷的部件，明显减轻自身重量，但同时还具有高强度。这些板件外形复杂，通常采用真空压铸的方式生产，使之具有高强度。压铸件还具有高的延展性、良好的焊接性能、较高的塑性，保证它在碰撞时有很高的安全性。这些压铸件采用的铝合金类型是铝硅、铝镁系列铝合金，合金中主要合金元素是镁、硅，还有的加入铜。

一、铝合金维修要求

1. 铝合金优点

（1）经济性。虽然铝合金车身的强度、刚性较传统的钢铁车身有一定差距（所以在防撞梁等超高强度用材中仍选用钢质材料），但它大大减轻了车身重量，重要的是减少了燃油消耗，改善了车辆的操纵性。铝合金的密度大约是钢铁的1/3，在车身制造中铝合金的应用可以使车辆减小20%～30%质量，可以减少10%的燃油消耗，这意味着汽车每行驶100km大约节省0.5L燃油。

（2）环保性。铝合金车身的环保性能优于钢铁车身，不仅可以减少燃油的消耗，而且减少在生产制造过程中污染物的排放。因为99%的铝可以被循环利用，在一定程度上补偿了从铝矿石冶炼铝产生的成本和高消耗。

（3）防腐蚀性。铝暴露在空气中很快在表面形成一层致密的氧化物（Al_2O_3），这层氧化物使金属铝和空气隔绝开来，防止氧气对金属铝的进一步腐蚀。正是这种可以迅速形成铝氧化物以抵抗外部氧化腐蚀的性能，使铝成为一种优良的防腐性能材料。铝金属外层的氧化铝具有高熔点的特性，这层氧化物的熔点高达2 050℃，在焊接操作时需要去除这层氧化物。如果不去除这层氧化物，焊缝会存在气孔和杂质等缺陷。

> **提示**
>
> 在对铝合金件进行焊接之前，一定要用钢丝刷对焊接表面进行处理，就是为了去除表面氧化层，并且去除后要及时进行焊接，防止再次被氧化。

（4）可加工性。铝有良好的塑性和刚性，一定厚度的板材可以制造整车和部分板件。铝材的一致性要比钢材好，它能够很好地通过冲压或挤压加工成形。

（5）安全性。铝材具有高的能量吸收性能，使它成为一种制造车身变形区的理想材料，以增加车身的被动安全性。

正是由于铝合金所具有的这些优异性能被人们所看中，因此在车身生产中被大量应用。

2. 铝合金件一般维修要求

维修铝合金件时，要使用木锤、铝锤或塑料锤等专用的工具。受到钢微粒污染的工具，应进行彻底清洁，否则会产生严重的表面腐蚀。

3. 铝合金焊接要求

铝合金焊接多使用熔化极惰性气体保护焊设备，需要使用专用的保护气体和焊丝。

（1）保护气体。由于铝合金具有独特的物理性能和化学性能，在焊接时要使用铝焊丝和100%的氩气。氩气是一种无色、无味的惰性气体。焊接用氩气用钢瓶装，涂有灰色漆以示标记，并写有"氩气"字样。氩气不像还原性气体或氧化性气体那样有脱氧或去氢作用，所以焊前对板件的除油、去锈、去水等准备工作要求严格，否则会影响焊缝质量。

（2）焊丝。铝及铝合金焊丝用作铝合金惰性气体保护焊和气焊时的填充金属，焊丝直径要与板件厚度对应。

提示

熔化极惰性气体保护焊的铝焊机可用较粗的焊丝焊较薄的板件。而采用二氧化碳气体保护焊焊接薄板时则要使用对应的细焊丝。

二、焊接操作

1. 焊前准备

（1）准备好焊接铝合金件需要的设备和工具，并设定焊接工艺参数。若铝合金板厚度相同且接头形式不同，工艺参数应加以调整。搭接接头、T形接头时的电压、电流可稍提高一些。和焊接钢板相比，焊接铝合金板时的送丝速度较快。

（2）磨除焊接部位漆膜和氧化膜等杂质。焊接坡口及其附近的表面可用装有 80 号砂轮的砂轮机除去周围的油漆涂层。在打磨过程中，注意不要打磨过度，以磨除漆膜为目的，尽量不要打磨到铝合金板。

当去除油漆后要尽快焊接，因为铝合金板暴露于空气中时，很快就会生成一层氧化膜。氧化膜密度高、硬度大，会阻止底材金属焊接在一起。

（3）清除打磨粉尘及表面油污等。先用空气枪吹除粉尘等杂质，再用丙酮或四氯化碳等有机溶剂除去表面油污。清理好的焊件和焊丝不得有水迹、碱迹等污物。

2. 焊接施工

（1）引弧及试焊。熔化极惰性气体保护焊一般采用接触短路法引弧。引弧时首先送进焊丝，并逐渐接近母材。一旦与母材接触，电源将提供较大的短路电流，产生电弧。如果开始焊接前焊丝头部黏附有焊接材料，则会导致电弧生成不良。将焊丝端部切至一个合适的长度（通常是焊丝直径的 10 倍）。

以同样材质和厚度的试板进行试焊，如图 3-68 所示。进行钢质车身焊接时，电压和送丝速度调整到正常值，焊接部位会发出平稳清脆的"嘶嘶"声（而铝材焊接时会发出平稳沉闷的"嗡嗡"声）。焊后观察焊缝的成形情况（见图 3-69），再进行适当调整。

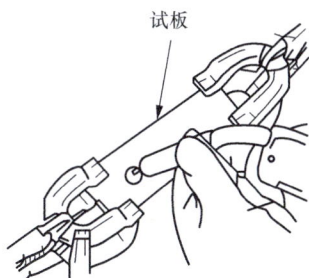

图 3-68　试焊

（a）合格　　　（b）不合格

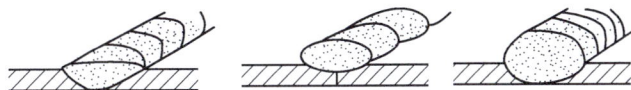

图 3-69　焊缝的成形情况

（2）板件定位。使用大力夹钳定位焊接板件。将板件接缝对准，对焊接板件实施定点焊接。实施定点焊接可使两片铝板先定位，并且可以减少主焊接产生的热变形。焊点间距是板厚的 15～30 倍，如图 3-70 所示。

（3）焊接。焊枪与焊接部位应接近垂直，用手稳定地支撑焊枪（见图 3-71），电弧对准目标中心点。将焊枪喷嘴末端靠近板件。使焊枪开关置于"ON"，将焊丝末端接触板件以产生电弧。

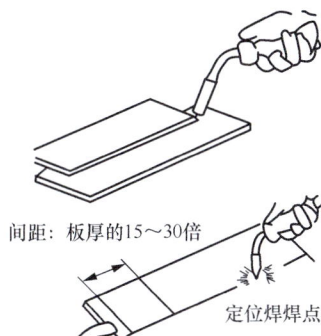

间距：板厚的15～30倍

定位焊焊点

图 3-70　定位焊

图 3-71　焊枪的稳定支撑

使用焊枪时，间歇性地打开和关闭（见图 3-72），以防止出现热蓄积，并减少焊接烧穿表面的可能。具体间歇时间以不焊穿板件为宜。

提示

焊接结束后，不要立即将焊枪拿开，要在结束部位保持 3s 左右，待保护气体喷射结束后再拿开，防止刚焊接完成的部位被空气氧化。

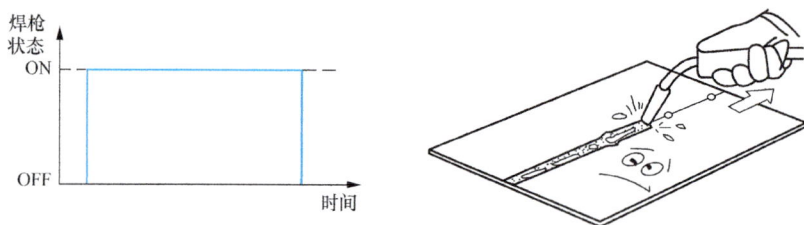

（a）连续焊接

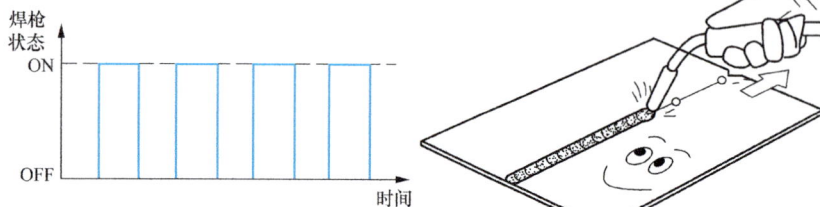

（b）间歇焊接（正确的焊枪操作）

图 3-72　间歇操作

（4）焊接结束后，关闭电源和气源。

3. 质量检验

以肉眼观察为主，观察焊缝外观，评估焊接的完整性。有条件的也可以使用超声检测检验。超声波可以检验任何焊件材料、任何部位的缺陷，并且能较灵敏地发现缺陷位置，但对缺陷的性质、形状和大小较难确定，所以超声检测常与射线检验（如 X 射线）配合使用。

用研磨机研磨去除焊珠和清理焊珠周围的区域时，不要过度研磨，否则可能会减弱铝合金板的强度。

▫ 知识拓展 ▫

1. 全铝车身的发展与应用。
2. 铝及铝合金的特点与应用场合。
3. 铝焊接与二氧化碳气体保护焊的异同点。

▫ 任务总结 ▫

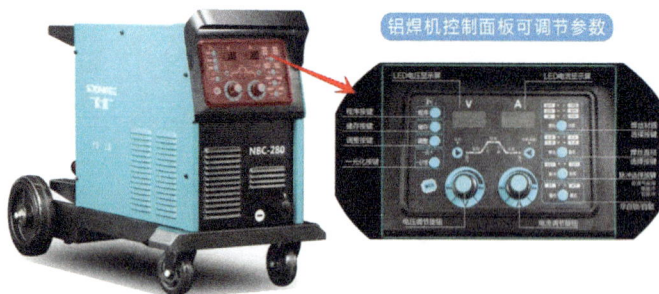

微课

铝焊接技术

铝焊机控制面板可调节参数

铝焊接技术

1. 基础知识

（1）由于铝合金具有独特的物理性能和化学性能，在焊接时要使用铝焊丝和100%的氩气。

（2）和焊接钢板相比，焊接铝板时的送丝速度较快。

2. 基本技能

（1）焊接时，使焊枪间歇性地打开和关闭（间歇操作），以防止出现热蓄积，以及减少焊接烧穿表面的可能。

（2）铝焊接特别要求铝合金板件的清洁情况，如果板件有杂质就会导致焊接失败，焊缝质量降低。

（3）铝焊接焊枪到板件的距离必须保持一定，不能忽高忽低，所以铝焊需双手操作。

（4）车身铝合金板对接焊时，可在焊接部位做一个同材料的衬垫，提高焊接质量，降低焊接难度。

（5）焊接较宽或较厚的焊缝时，可通过在焊缝处以边划三角或圆、边前进的方式焊接，使焊缝美观，焊接质量好。

（6）用研磨机研磨去除焊珠和清理焊珠周围的区域时，不要过度研磨，否则可能会减弱铝合金板的强度。

3. 综述

（1）随着铝材料在车身上的大量应用，铝焊接工艺的应用也越来越广泛。铝焊接工艺是维修人员应掌握的基本技能，学习铝焊时要注意其与钢车身焊接的异同点。

（2）铝焊接影响人体健康的因素较多，施工操作前一定要做好个人防护工作，如戴好口罩、穿好焊接服等。

□ 问题思考 □

1. 焊接铝合金件时，要使用何种保护气体和焊丝？
2. 铝合金件焊接前，要做何处理？
3. 铝车身中铝合金的分类有哪些？在车身中如何区分？
4. 铝车身焊接工艺流程是什么？
5. 铝车身焊接与钢车身焊接的异同点有哪些？

学习任务七　钨极氩弧焊工艺

□ 学习目标 □

1. 熟悉钨极氩弧焊工艺在车身维修中的应用。
2. 掌握焊接设备使用要求。
3. 掌握影响气体保护效果的因素和提高保护效果的方式。
4. 掌握焊接参数的调整要求。

5. 掌握焊接工艺操作方法。

6. 能够按要求进行车身板件的焊接操作。

5. 培养全方位思考、辩证思维，综合分析问题、解决问题能力。

□ 相关知识 □

非熔化极惰性气体保护焊（TIG 焊）常用钨极作为电极。焊接过程中钨极不熔化，由焊枪的喷嘴送进氩气或氦气作保护（常用氩气保护）。焊接时，需要另外添加焊丝。TIG 焊几乎能焊接所有金属，特别是一些难熔金属、易氧化金属，如镁、钛、钼、锆、铝等及其合金，但是对低熔点和易蒸发的金属（如铅、锡、锌）焊接较困难。车身上不锈钢件（如排气系统用不锈钢、燃油箱用不锈钢、车架用不锈钢等）通常使用非熔化极惰性气体保护焊来进行焊接，如图 3-73 所示。

图 3-73　焊接不锈钢件

一、焊接设备

非熔化极惰性气体保护焊以高熔点的纯钨或钨合金作电极，在惰性气体的保护下，利用钨极和工件之间产生的焊接电弧熔化母材及焊丝，如图 3-74 所示。焊接时，惰性气体从焊枪的喷嘴中喷出，把电弧周围一定范围的空气排出焊接区，从而为形成优质焊接接头提供了保障。焊丝根据焊件设计要求，可以添加或不添加。如果添加焊丝，一般从电弧的前端加入或直接预置在接头的间隙中。

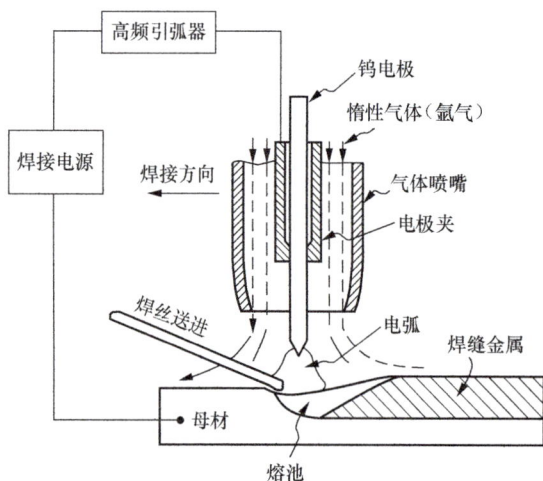

图 3-74　TIG 焊示意图

TIG 焊设备一般由焊机、焊枪、供气系统、冷却系统等部分组成。焊机包括电源、引弧及稳弧装置、控制系统等。供气系统包括氩气瓶、减压器、流量计和电磁气阀等。图 3-75 所示为手工 TIG 焊设备示意图。

1. 焊机

（1）焊接电源。TIG 焊焊接电源有直流、交流或交直流两用 3 种形式，一般根据被焊材料的特点来选择焊接电源。

根据电源极性的接法不同，可分为正极性和反极性两种。一般金属（除铝、镁及其合金外）选用直流正极性焊接为好，交流焊接次之。铝、镁及其合金的薄件优先选用交流焊接，其次选用直流反极性焊接。不同电流 TIG 焊的特点见表 3-9。

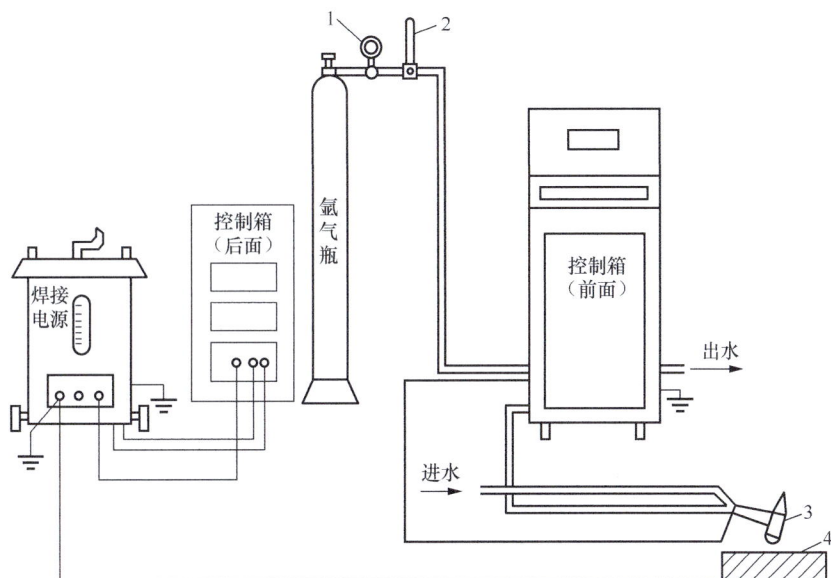

图 3-75　手工 TIG 焊设备示意图

1—减压器；2—流量计；3—焊枪；4—工件

表 3-9　　　　　　　　　　　　　　　不同电流 TIG 焊的特点

电流种类	直流		交流（对称的）
	正极性	反极性	
示意图			
两极热量比例（近似）	工件70% 钨极30%	工件30% 钨极70%	工件50% 钨极50%
熔深特点	深，窄	浅，宽	中等
钨极许用电流	最大 如3.2mm/400A	小 如6.4mm/120A	较大 如3.2mm/225A
阴极破碎作用	无	有	有（工件为负的半周）
适用材料	氩弧焊：除铝、镁合金及铝青铜以外其余金属 氦弧焊：几乎所有金属	铝、镁及其合金	铝合金、镁合金、铝青铜等

（2）引弧及稳弧装置。TIG 焊常用的引弧方法有接触引弧、非接触引弧（高频振荡引弧和高压脉冲引弧）两种。接触引弧是指钨极与引弧板或焊件接触引燃电弧的方法。接触引弧的缺点是钨极易磨损，并可能在焊缝中产生夹钨现象。高频振荡引弧利用高频振荡器产生的

高频高压击穿钨极与焊件之间的气体间隙（约 3mm）而引燃电弧。高频振荡器一般用于焊接开始时的引弧。交流钨极氩弧焊时，引弧后继续接通，可在焊接过程中起到稳弧的作用。高压脉冲引弧是在钨极与焊件之间加一个高压脉冲，使两极间气体介质电离而引燃电弧。交流钨极氩弧焊时，往往既用高压脉冲引弧，又用高压脉冲稳弧。

电弧一旦引燃，即产生稳弧脉冲，而引弧脉冲自动消失。

（3）控制系统。控制系统由速度控制器、程序控制器、电磁气阀和水压开关等构成。控制系统能够控制电源的通断；焊前提前供气 1.5 ～ 4s，焊后滞后停气 5 ～ 15s，以保护钨极和引弧、熄弧处的焊缝；自动控制引弧器、稳弧器的启动和停止。

2. 冷却系统

冷却系统主要用来在焊接电流大于 150A 时冷却焊接电缆、焊枪和钨极。冷却系统可大大提高焊接电缆承载电流的能力，减轻电缆重量，使焊枪更轻便。冷却方式一般分为气冷式和水冷式两种。

3. 焊枪

（1）焊枪结构。焊枪由喷嘴、电极夹头、枪体、电极帽、手柄及控制开关等组成，如图 3-76 所示。

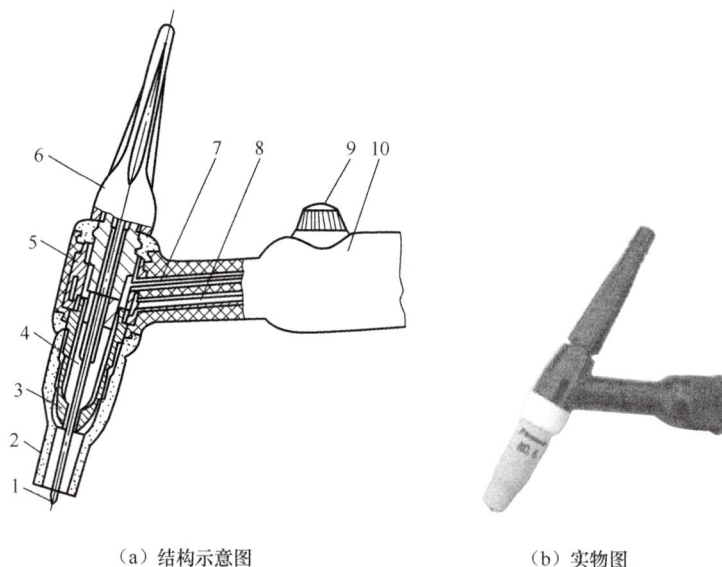

（a）结构示意图　　　　　　　　（b）实物图

图 3-76　焊枪

1—电极；2—陶瓷喷嘴；3—导气套筒；4—电极夹头；5—枪体；6—电极帽；

7—导气管；8—冷却管；9—控制开关；10—手柄

（2）喷嘴。喷嘴的结构形式与尺寸对喷出气体的流态及保护效果影响很大。图 3-77 所示为常见的喷嘴形式。其中，圆柱形喷嘴保护效果最好，它喷出的气流具有较长的层流区和较大的保护范围；收敛形喷嘴次之，但其电弧可见度好，应用也较广泛；而扩散形喷嘴由于易形成紊流或减薄近壁层流层，所以很少采用。

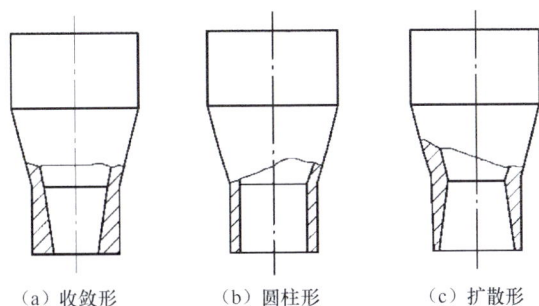

（a）收敛形　　　（b）圆柱形　　　（c）扩散形

图 3-77　焊枪喷嘴形式示意图

　　喷嘴的内壁要光滑，与电极要同心。电极或电极夹头与导气套筒间的间隙不能太大，且喷嘴与电极要同心。否则，会严重降低气体对熔池的保护效果。

　　在焊枪结构中，喷嘴为易损件。对不同直径的电极，要选配不同规格的电极夹头及喷嘴。电极夹头要有弹性，通常用青铜制成。喷嘴材料一般为陶瓷材料，高温陶瓷喷嘴使用的电流不能超过 300A。

> **提示**
>
> 　　喷嘴也有用金属材料制成的，金属喷嘴一般用不锈钢、黄铜等材料制成，其使用电流虽可高达 500A，但在使用中要做好绝缘处理。

　　（3）焊枪标识。焊枪的标识由类型及主要参数组成，如图 3-78 所示。类型指冷却方式，分为气冷（QQ）和水冷（QS）。QQ 类型的焊枪适用的焊接电流范围为 10 ～ 150A，QS 类型的焊枪适用的焊接电流范围为 150 ～ 500A。焊枪类型符号后面的数字表示焊枪参数：第一个参数表示喷嘴中心线与手柄轴线之间的夹角，第二个参数表示额定焊接电流（在角度和电流值之间用斜杠分开）。如果后面还有横杠和字母，则表示是用某种材料制成的焊枪。

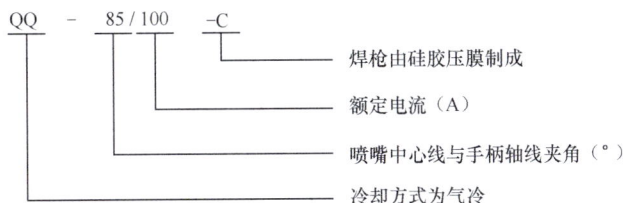

图 3-78　焊枪标识

4. 供气系统

　　供气系统主要由氩气瓶、减压器、流量计和电磁气阀组成，如图 3-79 所示。

　　（1）氩气瓶。氩气瓶外表涂为灰色，并标有"氩气"字样。氩气在钢瓶中呈气态，使用时不需预热和干燥。氩气瓶的最大压力为 14.7MPa，容积为 40L。纯氩的化学成分要求（体积分数）为 Ar ≥ 99.99%，He ≤ 0.01%，O_2 ≤ 0.0015%，H_2 ≤ 0.0005%，总碳量 ≤ 0.001%，水分的质量分数小于或等于 $30mg/m^3$。氩气是一种比较理想的保护气体，其密度比空气的大25%，在平焊时有利于对焊接电弧进行保护，降低了保护气体的消耗。氩气的化学性质非常不活泼，即使在高温下也不和金属发生化学反应，从而没有了合金元素氧化烧损及由此带来的一系列问题。氩气不溶于液态的金属，因而不会引起气孔。氩气的比热容和热传导能力小，即本身吸收量小，向外传热也少，电弧中的热量不易散失，使焊接电弧燃烧稳定，热量集中，有利于焊接的进行。氩气的缺点是电离势较高。当电弧空间充满氩气时，电弧的引燃较为困难，但电弧一旦引燃后就非常稳定。

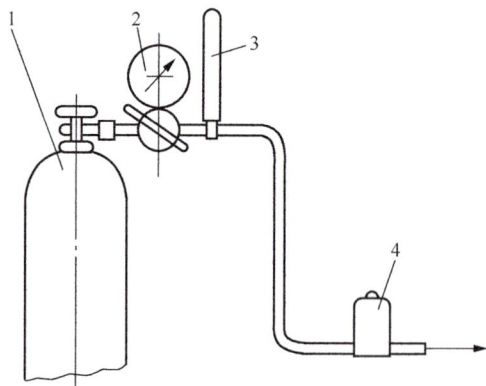

图 3-79　TIG 焊气路系统

1—氩气瓶；2—减压器；3—流量计；4—电磁气阀

（2）减压器。它的作用是将高压气瓶中的气体压力降至焊接所要求的压力。有时把减压器和流量计做成一体。

（3）流量计。流量计是用来测量和调节气体流量的装置。

（4）电磁气阀。电磁气阀是控制保护气体通断的一种电磁开关。它受控于控制系统（以电信号控制电磁气阀的通断），其控制精度较高。

提示

氩弧焊可焊接的材料较多，焊接不同的材料时只需选择不同的焊条及电源种类即可。

二、气体保护效果控制

1. 影响保护效果的主要因素

（1）气体种类。TIG 焊时采用的保护气体有氩气、氦气或它们的混合气体等。它们虽都属于惰性气体，但氩气比氦气的密度大，且比空气重 1/4，作保护气体时不易飘散，保护效果好。为了获得同样的保护效果，氦气流量必须比氩气大 1～2 倍。

（2）气体流量和喷嘴直径。只有气体流量和喷嘴直径获得良好的匹配关系（也就是说，对于一定直径的喷嘴，有一个获得最佳保护效果的气体流量），才能获得最好的保护效果。气体流量过小，从喷嘴中喷出气体排除周围气体的能力减弱，抗干扰能力差，保护效果不好；气体流量过大，易使保护层减薄，空气易混入，保护效果降低。

（3）喷嘴端面到焊件表面的距离。在电极外伸长度不变的情况下，喷嘴到焊件表面的距离越小，其喷出的气体浓度越大，抗外界干扰的能力越强，有效保护直径越大；但距离太小，易影响焊接操作的进行并造成飞溅堵塞喷嘴的现象。因此，在不产生不良影响的前提下应尽量采用短弧焊。

（4）焊接速度。焊接时，焊接速度对保护效果影响不大。在高速焊时，由于受到空气的阻碍，保护气层偏离，就有可能使电极末端、部分电弧和熔池暴露在空气中（见图 3-80），从而使保护条件恶化。所以在 TIG 焊时，一般采用较低的焊接速度，特别是焊接不锈钢、耐热合金和钛及钛合金。

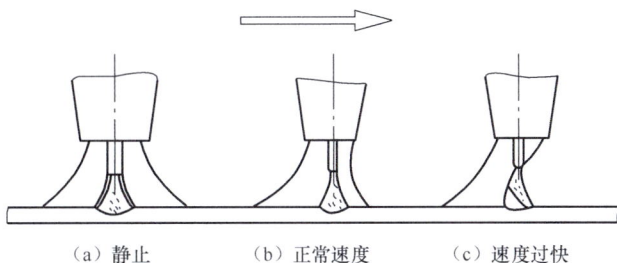

（a）静止　　　　　（b）正常速度　　　　　（c）速度过快

图 3-80　焊接速度对气体保护效果的影响

（5）焊接接头形式。对于不同的接头形式来说，即使采用同样的喷嘴和保护气体流量来进行焊接，其保护效果也不同。TIG 焊常采用的接头形式有对接、搭接、角接、T 形接和端接 5 种基本形式，如图 3-81 所示。通常进行对接接头和内角接接头焊接时，保护效果好；外角接和端接接头焊接时，保护效果差，必须采取一定的措施。

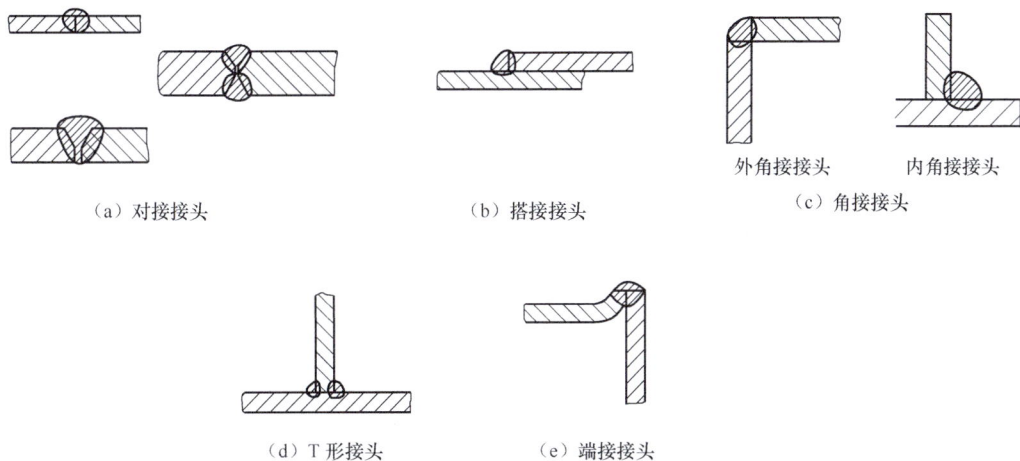

（a）对接接头　　　　　（b）搭接接头　　　　　　外角接接头　　内角接接头
（c）角接接头

（d）T 形接头　　　　　（e）端接接头

图 3-81　基本接头形式

思考

遇到外角接接头和端接接头焊接时该采取怎样的措施？

另外，焊接电流、电弧电压等因素对保护效果也有影响。通常焊接电流、电弧电压增大时，应该相应增大气体流量和喷嘴直径，以保持良好的保护效果。

2.　气体保护效果评定

TIG 焊时，评定气体保护效果的方法有焊点试验法、焊缝表面色泽比较法和激光纹法，

用得最多的是焊点试验法和焊缝表面色泽比较法。前者是在铝板上引弧并固定焊距不动保持
5 ～ 10s，然后熄弧。如果铝板上有明显的光亮圆圈，则氩气保护效果好；否则为不好。后
者是根据焊缝表面颜色来判断气体的保护效果。表 3-10 所示为在不锈钢和钛合金上焊接时
保护效果的判断方法。

表 3-10　　　　　　　　　　　　　　　　氩气保护效果的判断方法

材料＼表面颜色＼效果	最好	良好	较好	不良	最坏
不锈钢	银白、金黄	蓝	红灰	灰色	黑色
钛合金	亮银白色	橙黄色	蓝紫	青灰	白色粉末

3. 加强气体保护效果措施

因为 TIG 焊的焊接对象往往是一些对氧化性较敏感的金属及其合金，或者是一些散热
慢、高温停留时间长的高合金材料。因此，有必要加强气体保护作用，具体措施如下。

（1）加挡板。如图 3-82 所示，这种方法主要用于焊接端接接头和外角接接头的情况。

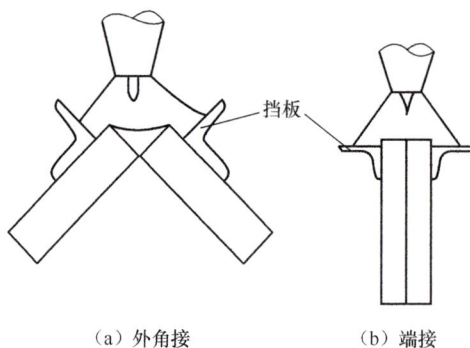

（a）外角接　　　　　　　　　（b）端接

图 3-82　加临时挡板时的保护效果

（2）扩大正面保护区。在焊接喷嘴后面安装附加喷嘴，又称拖斗。附加喷嘴可以另外供
气，也可以不另外供气，如图 3-83 所示。

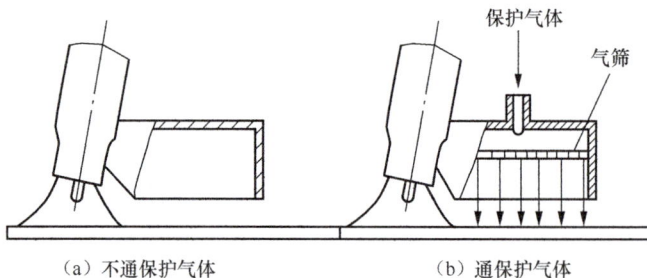

（a）不通保护气体　　　　　　　　　（b）通保护气体

图 3-83　附加喷嘴（拖斗）的结构示意图

（3）反面保护。在焊缝背面采用可通氩气的垫板、反面充气罩等，以达到在焊接过程中对焊缝背面保护的目的，如图 3-84 所示。

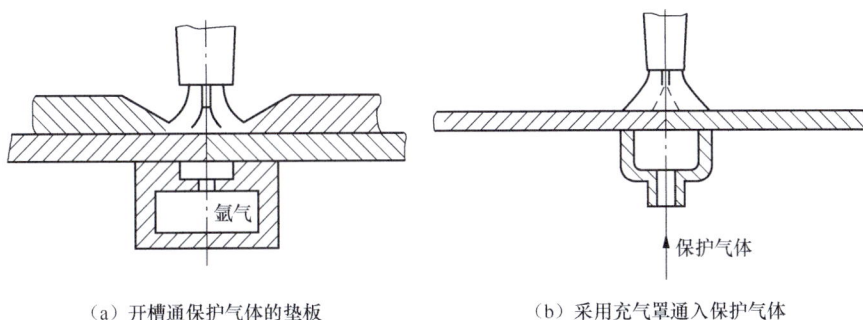

（a）开槽通保护气体的垫板　　　　　　（b）采用充气罩通入保护气体

图 3-84　反面保护

三、焊接前准备

1. 劳动安全与卫生

操作前，除穿戴必需的防护用品，还要牢记以下劳动安全事项。

（1）TIG 焊时弧光较强，所以焊接时必须戴焊接面罩。

（2）TIG 焊会产生对人体健康有影响的紫外线、氩气、臭氧、二氧化氮等。氩气自身无毒，但在密室中作业会驱散大气中的氧气，引起呼吸不畅，因此应注意狭小工作场所的通风除尘。

（3）钨极具有一定的放射性，尽管其指标在安全范围内对人体的影响可忽略，但是在使用中仍要注意防止修磨钨极时粉尘的吸入和钨极尖端对人体的刺伤。

（4）焊接前要提醒周围的人员，防止弧光误伤他人。刚焊好的焊件不能直接用手接触，要待焊件冷却后再接触，防止烫伤。

（5）安装焊枪、更换钨极或检修焊机前先关掉焊接电源开关或切断配电柜的供电。焊枪应注意保持干燥，焊枪电缆及焊机的输入、输出电缆不得有破损，保持良好的绝缘状态。

（6）焊接完成后，要及时清理场地。

2. 板件准备

（1）焊前必须对焊丝、焊件坡口及坡口两侧至少 20mm 范围内的油污、水分等进行彻底清理。如果使用工艺垫板，也应该进行清理。这是保证焊缝质量的前提条件。可用汽油、丙酮等有机溶剂浸泡和擦洗焊件与焊丝表面油污。可用砂布打磨或抛光法去除不锈钢表面的氧化膜。铝及铝合金材质比较软，常用细丝刷（用直径小于 0.15mm 或 0.1mm 的非铁质丝制成）或用刮刀将焊件接头两侧一定范围的氧化膜除掉。

（2）接头及坡口准备。接头和坡口形式一般是根据被焊材料、板厚及工艺要求等来确定的。

一般薄板（板厚＜4mm）对接接头常用卷边焊接的形式，不加填充金属一次焊透；板厚 6～25mm 对接时，建议采用 Y 形坡口；板厚大于 12mm 时，则可采用双 Y 形坡口的双面焊接。对接接头的坡口形式如图 3-85 所示。

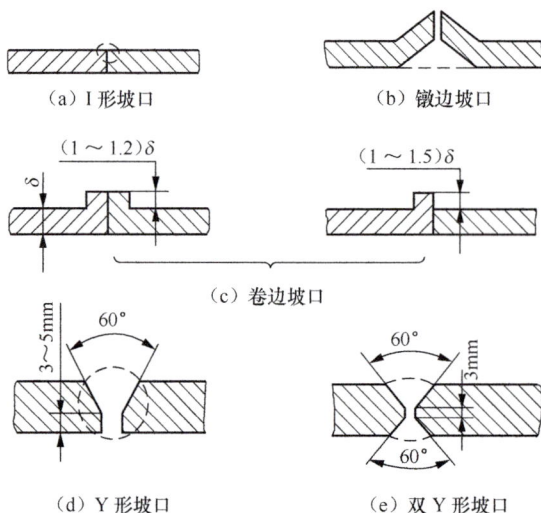

（a）I 形坡口　　　　　　　　　　（b）镦边坡口

$(1 \sim 1.2)\delta$　　　　　　　　$(1 \sim 1.5)\delta$

（c）卷边坡口

$3 \sim 5$mm　　60°　　　　60°　　3mm　　60°

（d）Y 形坡口　　　　　　　　　　（e）双 Y 形坡口

图 3-85　TIG 焊对接接头的坡口形式

四、TIG 焊工艺参数确定

TIG 焊的工艺参数有焊接电流、电弧电压（电弧长度）、焊接速度、钨极直径及端部形状、填丝速度与焊丝直径、保护气体流量及喷嘴孔径等。TIG 焊时可采用填充焊丝或不填充焊丝的方法形成焊缝，其焊缝截面形状分别如图 3-86 所示。一般不填充焊丝法主要适用于薄板卷边接头焊接。

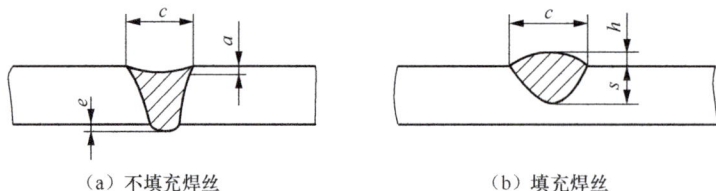

（a）不填充焊丝　　　　　　　　　（b）填充焊丝

图 3-86　TIG 焊焊缝截面形状

e—焊漏高度；a—凹陷深度；c—焊缝熔宽；h—焊缝余高；s—熔透深度

1. 焊接电流确定

焊接电流是决定焊缝熔深的最主要工艺参数。焊接电流太大，易造成焊缝咬边、焊漏等缺陷；反之，焊接电流太小，易造成未焊透。在选择焊接电流时应考虑母材、厚度、接头形式和焊接位置等因素，可通过试焊来确定合适的焊接电流。

2. 电弧电压确定

电弧电压是随着弧长的变化而变化的。电弧拉长，则电弧电压增大，焊缝熔宽和加热面积都略有增大。但电弧长度增大到一定值以后，会因电弧热量的分散而造成熔宽和熔化面积减小。同时，考虑到电弧长度过长，气体保护效果会变差的因素，一般在不短接的情况下，尽量采用较短电弧进行焊接。不填充焊丝焊接时，弧长一般控制在 $1 \sim 3$mm；填充焊丝焊接时，弧长控制在 3 ～ 6mm。

3．焊接速度确定（根据熔池变化灵活控制熔池形状、大小、颜色、流动性）

在其他焊接参数不变的情况下，焊接速度的大小决定了单位长度焊缝热输入量的大小（焊接线能量）。焊接速度越快，焊缝可能会出现未焊透、气孔、夹渣和裂纹等缺陷，同时气体保护效果可能会变差；反之，焊接速度越小，焊缝易出现咬边和焊穿的缺陷。

4．钨极直径确定

钨极直径的选择取决于焊件厚度、焊接电流、电源种类和极性。表 3-11 所示为不同钨极直径所允许的焊接电流使用范围。通常焊件厚度越大、焊接电流越高，所采用的钨极直径越大。此外，对相同直径的钨极，采用不同的电源种类或极性时，所允许的焊接电流范围也不同。其中直流正极性时电流值最大，交流时电流值次之，直流反极性时电流值最小。焊接时，钨极直径一定要选择适当，否则会影响焊缝质量。

表 3-11　　　　　　　　　　不同钨极直径所允许的焊接电流范围

钨极直径/mm	直流/A		交流/A
	正极性	反极性	
1～2	65～150	10～20	20～100
3	140～180	20～40	100～160
4	250～340	30～50	140～220
5	300～400	40～80	200～280
6	350～500	60～100	250～300

钨极端部的形状对电弧的稳定性和焊缝成形也有很大影响。一般在焊接薄板和焊接电流较小时，可采用小直径的钨极并将其末端磨成尖锥角（约 20°），这样电弧容易引燃和稳定。但在焊接电流较大时若仍采用尖锥角电极，则会因电流密度过大而使电极末端过热熔化、加剧烧损，同时电弧斑点也会扩展到钨极末端的锥面上（见图 3-87），使弧柱明显地扩散飘荡，而影响焊缝成形。所以大电流焊接时要求钨极末端磨成钝角（大于 90°）或带有平顶的锥角形，这样可使电弧燃烧稳定，焊缝成形均匀，并减小钨极烧损。图 3-88 所示为常见的电极端部形状图。

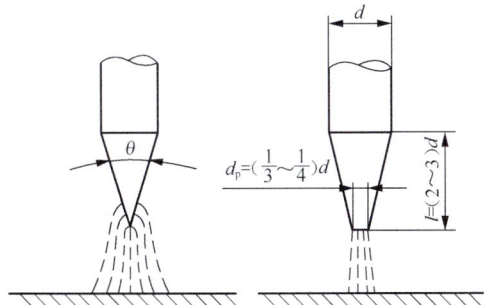

图 3-87　大电流焊接时钨极端部形状对弧态的影响　　　图 3-88　常用的电极端部形状

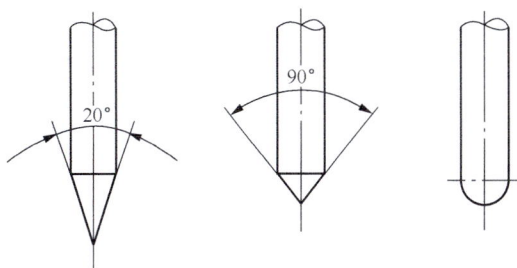

另外，钨极尖锥角度的大小对焊缝熔深和熔宽也有一定影响。一般减小锥角，焊缝熔深减小，熔宽增大；反之，熔深增大，熔宽减小。

5. 填丝速度与焊丝直径确定

焊丝的填丝速度受焊丝直径、焊接电流、焊接速度和接头间隙等因素的影响。通常焊接电流、焊接速度和接头间隙大时，填丝速度要快；焊丝越粗，填丝速度要越慢。如果填丝速度选择不合理，就可能造成焊缝出现未焊透、烧穿、凹陷、堆高过大以及成形不光滑等缺陷。焊丝直径的选择与母材的板厚、间隙有关。当板厚、间隙大时，可选粗一点的焊丝；反之，则选细一点的焊丝。若焊丝选择不当，就有可能造成焊缝成形不好等缺陷。

6. 保护气体流量和喷嘴孔径确定

保护气体流量和喷嘴之间的选择主要考虑气体保护效果，同时也要考虑焊接电流和电弧长度的影响。

不同材料的对接接头焊接工艺见表 3-12 ～表 3-14。

表 3-12　　　　铝合金对接接头手工钨极氩弧焊焊接工艺

板厚/mm	坡口形式	焊接位置	焊道层数	焊接电流/A	焊接速度/(mm/min)	钨极直径/mm	焊丝直径/mm	氩气流量/(L/min)	喷嘴内径/mm
1	b=0～8mm	平	1	65～80	300～450	1.6或2.4	1.6或2.4	5～8	8～9.5
		立、横	1	50～70	200～300				
2	b=0～1mm	平	1	110～140	280～380	2.4	2.4	5～8	8～9.5
		立、横、仰	1	90～120	200～340			5～10	
3	b=0～2mm	平	1	150～180	280～380	2.4或3.2	3.2	7～10	9.5～11
		立、横、仰	1	130～160	200～320			2～11	
4	b=0～2mm	平	1	200～230	150～250	3.2或4.0	3.2或4.0	7～11	11～13
		立、横	1	180～210	100～200				
	b=0～2mm	平	12（背）	180～210	200～300	3.2或4.0	3.2或4.0	7～11	11～13
		立、横、仰	12（背）	160～210	150～250				
5	b=0～2mm p=0～2mm α=60°～110°	平	1	270～300	150～200	5.0	5.0	8～11	13～16
	b=0～2mm p=0～2mm α=60°～110°	平	1 2	230～270	200～300	4.0或5.0	4.0或5.0	8～11	13～16
		立、横、仰	1 2	200～240	100～200				

表 3-13　　　　　　　　不锈钢对接接头手工钨极氩弧焊焊接工艺

板厚/mm	坡口形式	焊接位置	焊道层数	焊接电流/A	焊接速度/(mm/min)	钨极直径/mm	焊丝直径/mm	氩气流量/(L/min)
1	I形 b=0	平 立	1 1	50~80 50~80	100~120 80~100	1.6	1	4~6
2.4	I形 b=0~1mm	平 立	1	80~120 80~120	100~120 80~100	1.6	1~2	6~10
3.2	I形 b=0~2mm	平 立	2	105~150	100~120 80~120	2.4	2~3.2	6~10
4	I形 b=0~2mm	平 立	2	150~200	100~150 80~120	2.4	3.2~4	6~10
6	Y形 b=0~2mm p=0~2mm	平 立	3 2	150~200	100~150 80~120	2.4	3.2~4	6~10

表 3-14　　　　　　　　普通钢对接接头手工钨极氩弧焊焊接工艺

板厚/mm	焊接电流/A（直流正接）	焊丝直径/mm	焊接速度/(mm/min)	氩气流量/(L/min)
0.9	100	1.6	300~370	4~5
1.2	100~125	1.6	300~450	4~5
1.5	100~140	1.6	300~450	4~5
2.3	140~170	2.4	300~450	4~5
3.2	150~200	3.2	250~300	4~5

五、板件焊接施工

1. 引弧及试焊

钨极氩弧焊一般采用高频非接触引弧，在引弧前对准钨极与起弧点，并保持 2～3mm 间距，按下开关，高频器将自动启动，待电弧燃起并加热熔化金属形成熔池后，再根据需要添加焊丝或移动焊枪。

2. 板件定位

装配质量是保证焊接质量的重要环节。装配间隙不当时，易产生烧穿、焊缝成形不好和未焊透等缺陷。表 3-15 列出了间隙的要求（手工 TIG 焊时可适当放宽）。

表 3-15　　　　　　　　TIG 焊允许的局部间隙

焊接方法	工件厚度/mm	允许局部间隙/mm
填充焊丝	0.5~0.6	0.10
	0.8~1.0	0.30
	1.2~2.0	0.40
	2.5~3.0	0.50

续表

焊接方法	工件厚度/mm	允许局部间隙/mm
不填充焊丝	0.5～0.6	0.05
	0.8～1.0	0.20
	1.2～2.0	0.30
	2.5～3.0	0.40

3. 焊接操作

（1）焊接时，焊枪与焊接部位接近，稳定地支撑焊枪，电弧对准目标中心点；将焊枪喷嘴末端靠近板件；按下开关，使用非接触引弧的方式引燃电弧。

（2）在不妨碍焊工视线的情况下尽量采用短弧，增强保护效果，同时减小热影响区宽度和减小变形。操作时焊枪与板件之间成70°～80°夹角，焊丝沿板件表面成10°～15°方向伸入，如图3-89所示。焊接时焊枪和板件表面距离一般不超过10mm，最大不得超过14mm。填充焊丝时，必须待母材熔化后才能加入，以免造成金属不熔合。

当进行如管子和筒形构件等的环形焊缝焊接时，焊枪与填充焊丝和焊件之间的相对位置如图3-90所示。

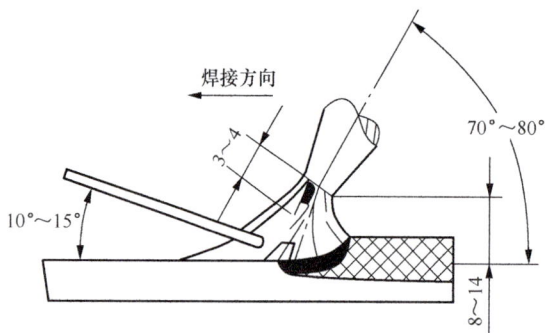

图3-89　平焊时焊枪的位置

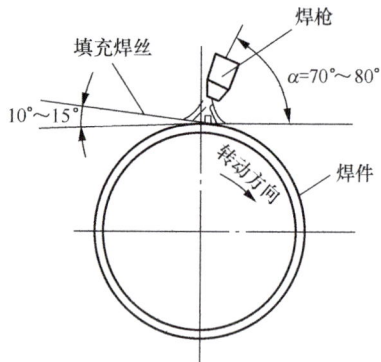

图3-90　环形焊缝焊接时焊枪的位置

（3）焊丝加入方法。按照手夹持方式不同，焊丝加入方法分为指续法和手动法两种。

① 指续法（持续送丝）。此法应用于500mm以上较长焊缝。其操作方法是用大拇指和食指捏住焊丝，中指和无名指撑托焊丝并起导轨的作用，大拇指捻动焊丝向前移动，同时食指往后移动，然后大拇指迅速地沿焊丝表面往后移动到食指的地方，大拇指再捻动焊丝向前移动，如此反复动作，将焊丝不断加入熔池中。用指续法送丝时最好加一个焊丝架，将焊丝支撑住。

② 手动法（往返送丝）。手动法使用较普遍，其操作要点是用大拇指、食指和中指捏住焊丝，手指不动，只起夹持焊丝作用，靠手或小臂沿焊缝前后移动和手腕上下的反复动作，将焊丝加入熔池。手动法按焊丝加入熔池的方式分为4种（见图3-91），其中点移法和点滴法较常应用。

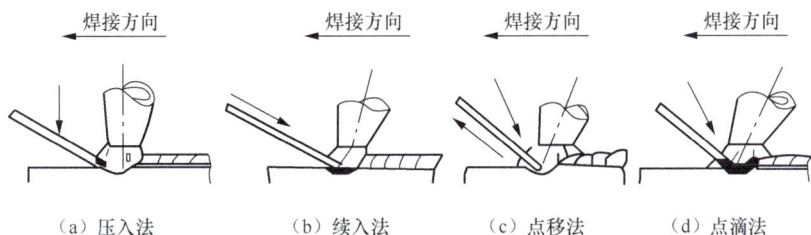

（a）压入法　　　（b）续入法　　　（c）点移法　　　（d）点滴法

图 3-91　焊丝加入方法

（4）焊接方向。焊接方向可采用左向焊，也可采用右向焊，如图 3-92 所示。左向焊应用较普遍，焊枪从右向左移动，电弧指向未焊部分，焊丝位于电弧前面，焊丝以点移法和点滴法加入，操作容易掌握。右向焊时焊枪从左向右移动，电弧指向已焊部分，焊丝位于电弧后面，焊丝加入方法是伸向熔池中，操作人员观察熔池方向不如左向焊清楚，控制熔池温度较困难。右向焊比左向焊熔透深、焊道宽，适合用于较厚材料的焊接。

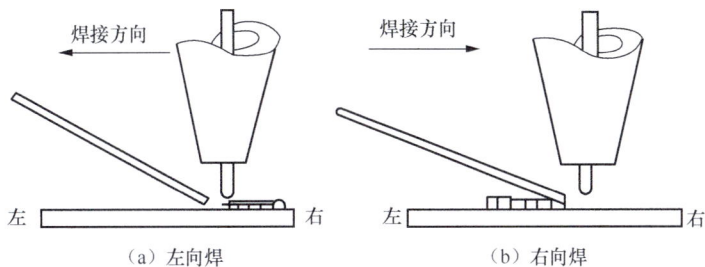

（a）左向焊　　　　　　　　（b）右向焊

图 3-92　焊接手法

（5）熄弧。焊接完毕应首先立即切断电源，不应立刻将焊枪抬起，必须在 3 ～ 5s 内继续输送保护气体，直到钨极及熔池区域稍稍冷却后，停止送气并抬起焊枪。环形焊缝的收弧是稍拉长弧，重叠焊接 20 ～ 40mm，不加或加少许焊丝。

4. 焊后处理

（1）焊接质量检查。以眼睛观察为主，观察焊缝外观，看是否有气孔、裂纹等缺陷。

（2）用研磨机研磨去除焊珠和焊珠周围的区域时，不要过度研磨，否则可能会减弱不锈钢板的强度。

▫ 知识拓展 ▫

1. 氩弧焊在工业生产中的应用。

2. 氩弧焊与前面所学的二氧化碳气体保护焊或铝焊接的区别。

3. 钨极氩弧焊包括脉冲式，主要用于薄板焊接，其主要参数有基值电流、脉冲电流、占空比，焊接时需要 3 个参数匹配才能够获得好的焊缝。

微课　　　　　　微课

焊接新技术——　　焊接新技术——
摩擦焊（1）　　　　摩擦焊（2）

▫ 任务总结 ▫

1. 基础知识

非熔化极气体保护焊（TIG 焊）常用钨极作为电极。焊接过程中钨极不熔化，由焊枪的喷嘴送进氩气或氦气作保护（常用氩气保护）。焊接时，需要另外添加焊丝。

非熔化极惰性气体保护焊技术

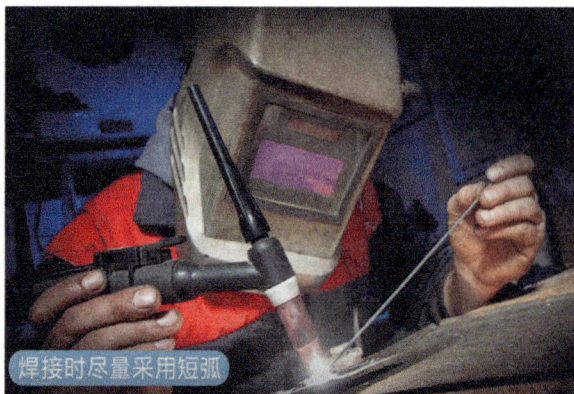

（1）TIG焊几乎能焊接所有金属，特别是一些难熔金属、易氧化金属，但是对低熔点和易蒸发的金属（如铅、锡、锌）焊接较困难。

（2）TIG焊设备一般由焊机、焊枪、供气系统、冷却系统等部分组成。

（3）影响气体保护效果的主要因素有气体种类、气体流量和喷嘴直径、喷嘴端面到焊件表面的距离、焊接速度、焊接接头形式等。

2. 安全防护

TIG焊时弧光较强，所以焊接时必须戴焊接面罩。焊接时会产生对人体有害的紫外线、氩气、臭氧、二氧化氮等，应注意狭小工作场所的通风除尘。钨极具有一定的放射性，使用中要注意防止修磨钨极时粉尘的吸入和钨极尖端对人体的刺伤。

3. 基本技能

（1）焊接时，可以采取在焊接端接接头和外角接接头时在待焊接处两侧加挡板，扩大正面保护区和反面保护等措施，加强气体保护效果。

（2）TIG焊的工艺参数有焊接电流、电弧电压（电弧长度）、焊接速度、钨极直径及端部形状、填丝速度与焊丝直径、保护气体流量及喷嘴孔径等，可通过试焊来确定。

（3）焊接时可采用填充焊丝或不填充焊丝的方法形成焊缝，一般不填充焊丝法主要适用于薄板焊接（卷边接头）。

（4）焊接时，在不妨碍视线的情况下尽量采用短弧。操作时焊枪与板件之间成70°～80°夹角，焊丝沿板件表面成10°～15°方向伸入。

（5）焊接时焊枪和板件表面距离一般不超过10mm，最大不得超过14mm。

（6）填充焊丝时，必须待母材熔化后才能加入，以免造成金属不熔合。

4. 综述

（1）在进行氩弧焊操作时要注重双手的配合，右手操作焊枪左手加焊条，并根据熔池的变化情况移动焊枪。

（2）氩弧焊的电流密度大，发出的光比较强烈，在焊接时产生的臭氧含量较高。因此，尽量在空气流通较好的地方施工，否则，会对人体健康有较大影响。在车身维修时很少使用氩弧焊。

□ 问题思考 □

1. 非熔化极惰性气体保护焊为何需要冷却系统？
2. 车身哪些零件适合用非熔化极惰性气体保护焊？
3. 焊枪的易损部件有哪些？如何正确使用和修整？
4. 焊接车身薄板时，为了防止焊穿常采用哪些措施？

在车身修复过程中常常需要将两个部件（可能都是金属，也可能是金属与非金属）结合在一起，常规的做法是焊接。但如果是两种不同的材料或一些焊接性能较差的材料无法焊接，就需采用铆接或粘接的工艺。利用铆钉将两个或两个以上零件连接在一起的工艺方法称为铆接，用胶黏剂将相关材料粘在一起的操作称为粘接，铆接与粘接配合使用的工艺方法称为胶粘铆接。由于材料性能的发展，使得胶粘铆接技术得到良好的应用，其结合强度已经达到焊接工艺水平，完全达到了实用的程度。在未来的汽车车身修复过程中会较多地采用该种技术和工艺。

学习任务一　胶粘铆接新工艺及材料认知

▫ 学习目标 ▫

1. 掌握铆接工艺的种类、形式以及铆接设备和材料。
2. 掌握粘接工艺流程以及粘接材料。
3. 掌握胶粘铆接工艺特点及应用。
4. 养成诚信、科学、严谨的工作态度和精益求精的精神。

▫ 相关知识 ▫

一、铆接

铆接结构的弹塑性和韧性较好，特别是在承受冲击载荷和振动载荷方面有其独有的特点。另外，对于异种金属之间的连接、焊接性能较差的金属连接，铆接更是一种有效的连接手段。例如，在航空制造中常用到铆接工艺。在车身损伤修复中也常采取铆接与粘接配合使用。

提示

飞机和汽车等交通工具的制作中都用到铆接工艺，可见其连接是非常可靠的。

1. 铆接种类

（1）根据结构件的工作要求和应用范围的不同，铆接可以分为强固铆接、紧密铆接和密固铆接 3 类。

① 强固铆接。要求铆钉能承受较大的作用力，保护结构件有足够的强度，而对焊接构件的致密性无特别要求。这类结构件有屋架、桥梁、车辆、立柱和横梁等。例如，宝马5系前纵梁与中部车身之间的铆接。

② 紧密铆接。铆钉不承受较大的作用力，但对结构件的致密性要求较高，以防止漏水或漏气。紧密铆接一般常用于储藏液体或气体的结构件的连接，这类结构件有水箱、气箱和储藏容器等。

③ 密固铆接。既要求铆钉能承受较大的作用力，又要求结构件有一定的致密性，这类结构件有压力容器等。

（2）根据铆接时是否对铆钉加热，又将铆接分为冷铆和热铆。

① 冷铆。铆钉在常温状态下进行的铆接称为冷铆。冷铆前，为消除硬化、提高材料的弹塑性，铆钉必须进行退火处理。铆钉直径小于8mm时，常采用手工冷铆。

② 热铆。铆钉被加热后进行的铆接称为热铆。热铆时，在形成封闭的铆钉头的同时，铆钉杆被镦粗而充满钉孔。冷却后，铆钉长度收缩，使被铆接的板件间产生应力而造成很大的摩擦力，从而产生足够的连接强度。

2. 铆接形式

铆接的形式分为搭接、对接和角接3种。

（1）搭接是将一块板搭在另一块板上进行铆接，如图4-1所示。

（2）对接是将两块板置于同一平面，利用复板连接。复板有单面复板和双面复板两种形式，如图4-2所示。

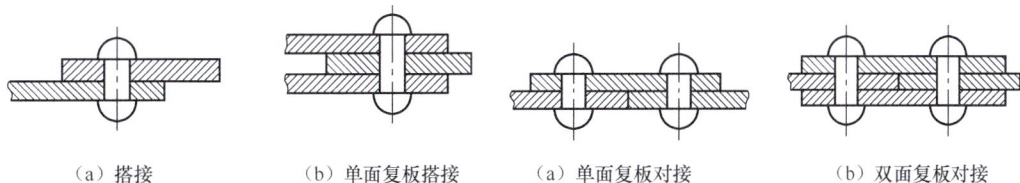

（a）搭接　　（b）单面复板搭接　　（a）单面复板对接　　（b）双面复板对接

图4-1　搭接　　　　　　　　图4-2　对接

（3）角接用于两块板互相垂直或成一定角度的连接，连接时要在角接处用板材弯制相同角度作复板。同样，角接也有单面复板和双面复板两种形式，如图4-3所示。

3. 铆钉

按铆钉的结构和功能分类，常用的有R型铆钉、风扇铆钉、抽芯铆钉（击芯铆钉）、树形铆钉、半圆头铆钉、平头铆钉、半空心铆钉、实心铆钉、沉头铆钉、抽芯铆钉、空心铆钉、圆头铆钉、半埋头铆钉和埋头铆钉等。一般铆钉直径小于8mm的用冷铆，大于8mm的用热铆。圆头铆钉、半埋头铆钉和埋头铆钉如图4-4所示。

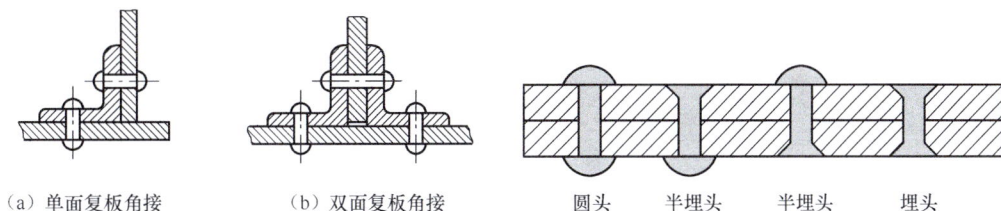

（a）单面复板角接　　（b）双面复板角接　　圆头　半埋头　半埋头　埋头

图4-3　角接　　　　图4-4　圆头铆钉、半埋头铆钉和埋头铆钉的区别

按铆钉的材料分类，有钢铆钉、铝铆钉、铜铆钉、塑料铆钉等，这些通常是利用自身形变连接被铆接件。例如，全铝抽芯铆钉（见图4-5）铆接后美观耐用，永远不会出现生锈现象。与普通抽芯铆钉相比，铝钉铆接强度较低，适用于材料比较柔软的连接件。

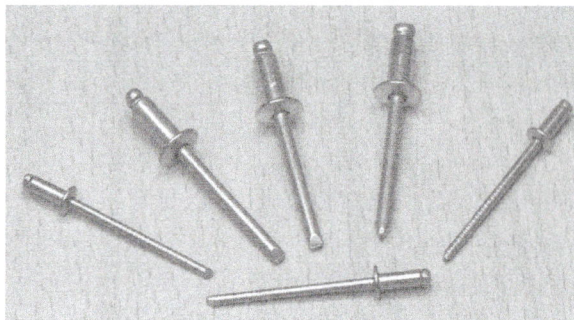

图 4-5　全铝抽芯铆钉

环槽铆钉的钉杆上加工有外环槽，与之配合的锁套上加工有内环槽，铆钉拉紧后靠内外环槽的配合锁紧，如图4-6所示。

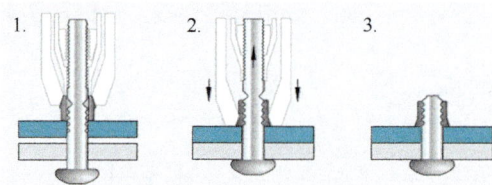

图 4-6　环槽铆钉铆接

4. 铆枪

铆枪按驱动力不同分为手动铆枪和动力铆枪，动力铆枪又分为电动铆枪和气动铆枪两种，如图4-7所示。

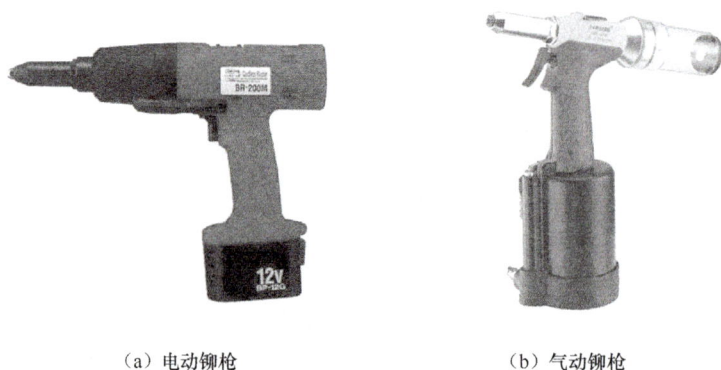

（a）电动铆枪　　　　　　　　　（b）气动铆枪

图 4-7　动力铆枪

气动铆枪主要由手柄、枪体、扳机和管接头等组成，如图4-8所示。铆枪利用压缩空气作动力，推动枪体气缸内的活塞，使活塞产生往复运动，传至罩模或冲头而起到重复锤击的作用。枪体顶端孔内可安装各种罩模或冲头，以便进行铆接或冲钉工作。

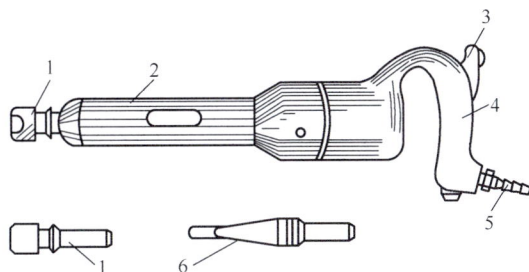

图 4-8 气动铆枪结构

1—罩模；2—枪体；3—扳机；4—手柄；5—风管接头；6—冲头

5. 铆接机

铆接机利用液压或气压传动压力使钉杆变形，并形成铆钉头。铆接机在工作时无噪声或噪声很小，由于铆接机产生的压力较大而均匀，所以铆接质量较高。铆接机有固定式和移动式两种。

> **提示**
>
> 在车身维修中我们常见的是抽芯铆钉，因其铆接方便快捷，应用广泛。在铝合金车身板件的连接中用的是埋头铆钉。

二、粘接

粘接是将胶黏剂涂于两板之间，靠胶黏剂内部的黏合力及与板材间的黏附力，将两板材牢固地连接在一起，如图 4-9 所示。

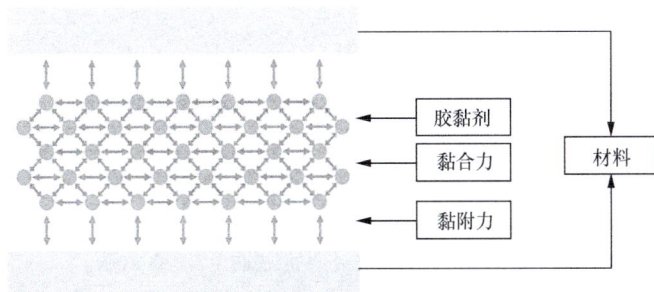

图 4-9 粘接原理

粘接强度的大小取决于胶黏剂本身的黏合力及胶黏剂与板材间的黏附力。黏附力的大小除与板材材质有关外，还主要取决于板材表面的清洁；而黏合力的大小则取决于胶黏剂的种类。

1. 安全与防护

粘接中常常使用一些有腐蚀性的材料、可燃液体、有毒物质等，因而应仔细检查各个工序，确保使用正确的操作安全规程、防护装置、防护服装等。

所有可燃材料（如溶剂等）应当储存在密封的容器中，并放在有适当标签的安全罐中，以防止在储存和使用中起火。溶剂和可燃液体不应在通风不良、狭窄的地方使用。当溶剂盛在盘中使用时应该有安全罩。正在使用可燃材料的区域不得有火焰、火花或会产生火花的设备。灭火器应处于备用状态。

与酚醛树脂和环氧树脂以及催化剂和加速剂的直接接触、吸入和摄取都会导致严重的过敏反应。所以，维修人员在进行粘接操作前，一定要做好安全防护，使用防护设备或防护脂膏，或两者兼用以避免皮肤与之接触。

2. 常用胶黏剂

（1）环氧树脂胶黏剂。环氧树脂胶黏剂是一种人工合成的高分子树脂状化合物，它能与多种材料的表面产生较大的黏附力。因此用它配成的胶用途很广，能粘接各种金属材料，也能粘接许多非金属材料。在汽车钣金修理作业中，使用环氧树脂粘接，可有效地代替钣金件的焊接、铆接，而环氧树脂既保证了较高的黏接强度，也简化了修理工艺。环氧树脂胶黏剂的优点是黏附力强、固化收缩小、耐腐蚀、耐油、绝缘性好和使用方便，其缺点是韧性差。

（2）酚醛树脂胶黏剂。酚醛树脂胶黏剂是以酚醛树脂为主要成分合成的，可以单独使用，也可以与环氧树脂及橡胶混合使用。由于酚醛树脂胶黏剂具有较高的黏接强度，而且耐热性好，因而常用来修补气缸盖、发动机油底壳、水箱等工作温度较高的壳体部件。其主要缺点是脆性大、耐冲击性差。

（3）氧化铜胶黏剂。氧化铜胶黏剂以氧化铜为主要成分。其主要特点是耐高温。一般环氧树脂胶黏剂超过100℃就开始软化，而氧化铜胶黏剂耐高温达600℃，故可用于工作温度较高的部件的粘接，如气缸体上平面及节气门附近裂纹的修补等。在车身维修中，氧化铜胶黏剂可用于镶螺塞及管子接头的防渗漏处理。

3. 粘接的特点

（1）粘接的优点。

① 能连接异种材料。如果胶黏剂层在两种金属之间是电绝缘的，则有可能将这两种金属连接起来，同时还能保证使用中的产生电化学腐蚀作用最小。

② 应力分布均匀。可以将接头设计成使载荷分布在较大的粘接区域的形式，以减小应力集中。例如，在双层板件总成结构中，可以将外金属蒙皮板粘接于金属的网状结构、聚苯乙烯泡沫板或其他内板上。

③ 柔性的胶黏剂能吸收冲击和振动，延长金属零件的疲劳寿命。

④ 易于采用较轻的材料，常常可以省去增强元件。

⑤ 粘接接头具有平滑的外观，可使修复后的板件更美观。

⑥ 可把材料连接到非常薄的金属零件上，而这往往是其他连接方法所办不到的。

⑦ 连接构件的胶黏剂也可以起密封剂和覆层的作用，以保证构件不受油、化学品、水

汽等物质的腐蚀。

⑧ 粘接可以大大减轻产品最后的重量。

⑨ 粘接常可使维修过程简化，并减少修整工作。

（2）粘接的缺点。

① 胶黏剂在120℃以上不能承受高的剥离载荷，甚至在150℃时仍有高剪切强度的弹性体胶黏剂也承受不了这种剥离载荷。对于需要有高剥离强度的场合，可能要用机械连接方法加强。

② 当需要粘接的面积很大，并且零件有特殊使用要求时，为粘接零件所需设备和工装的投资可能会较高。

③ 很多粘接产品的质量，由于接头承受高应力并暴露于热而潮湿的环境而迅速下降。

④ 粘接接头一旦组装好就很难检验粘接质量。

⑤ 必须采用一定的办法把在固化过程中产生的有毒和有害化合物排除掉。

4. 接头设计

（1）搭接与对接。粘接接头应该设计成使粘接面积在它的最大强度方向上承受应力，图4-10给出了几种搭接接头和对接接头。

① 单面搭接特别适合用于小截面材料的粘接，弯边搭接有助于把应力降至最小。

② 双面搭接有很好的抗弯曲性能，斜削搭接有助于应力均匀分布。

③ 单面搭板连接是经常采用的，但是要求接头的一侧必须是平的；双面搭板连接强度高，但要求接头的两侧都必须是平的。

④ 对接接头不适合用于传递应力，因为粘接面积相当小，楔面斜接接头强度高。

⑤ 双面斜式搭板连接使应力分布均匀，且强度高，但是需专门机械加工，费用高。

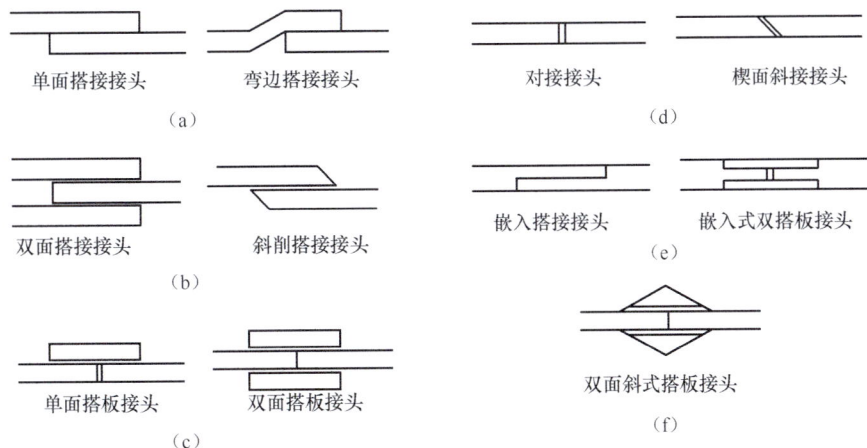

图 4-10　粘接接头形式

为了形成应力分布比较均匀的搭接接头，可以采用如下一些实用的方法。

① 在给定载荷下，加强粘接件的刚度来减小接头的弯曲。

② 在给定载荷下，通过减薄粘接件的厚度（特别是靠近接头端部处的厚度），使接头更

容易产生弯曲。

③ 增加胶黏剂的韧性。

④ 减小搭接长度。

（2）角接。角接接头或交叉接头都应遵守增加粘接面积这一原则，如图 4-11 所示。图 4-11（a）所示的接头在 1 的方向受力时接头强度高，但是在 2 的方向受力时发生断裂。对于角接接头，图 4-11（b）所示的接头仅适合用于低应力的情况，用图 4-11（c）所示的接头补强方法会得到相当高的强度。如果两块板必须成直角相连，推荐的接头设计如图 4-11（d）和图 4-11（e）所示。

图 4-12 所示的角接接头和 T 形接头，采用斜面加强板时，需要进行成本分析，以确定改善的接头性能在经济上是否合理。要求机械加工开槽的或要求复杂角配件的接头在钣金设计中是没有价值的。

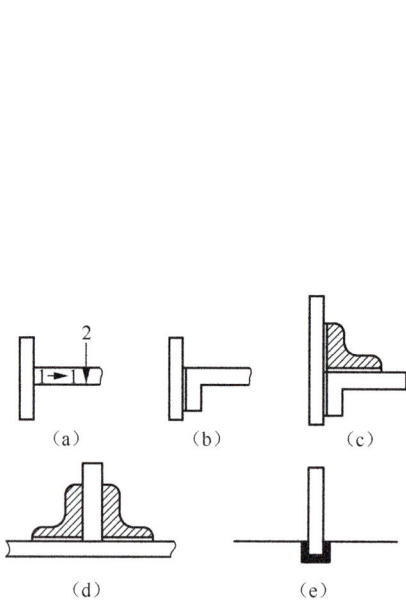

图 4-11　角接接头

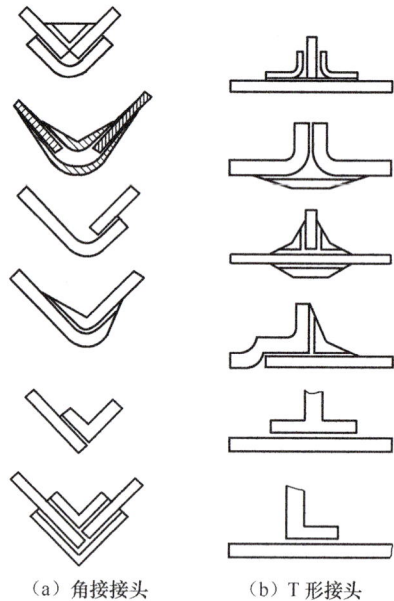

（a）角接接头　　（b）T 形接头

图 4-12　粘接的接头设计

提示

在现代汽车车身制造中，不管是钢车身还是铝合金车身，都已大量采用粘接工艺。粘接工艺一般不单独使用，常与电阻点焊、铆接、折边等配合使用。

5. 表面准备

为了使粘接强度高、耐久性好，粘接件的表面必须进行处理。若金属或非金属表面吸附水分、尘埃及其他污物，粘接强度将下降 20% ～ 60%。尤其是在沾上石蜡油、硬脂酸和润滑油后，将会丧失粘接强度。实践证明，粘接件表面具有一定的粗糙度，能提高粘接强度。此外，粘接件材料的化学性质（主要是粘接件表面的离子、氧化物及其极性基团）对粘接强度影响也极大。如钢铁材料与天然橡胶的粘接强度不高，若在钢铁材料上镀一层黄铜，则能大大提高其粘接强度。不同金属的氧化膜对粘接强度也具有不同的影响，如钢铁上的铁锈很疏松，只要少量存在，就会明显降低粘接强度。而铝合金表面的氧化膜结构紧密，与内层结合牢固，既具有极性的氧化膜，又有利于与胶黏剂的吸附，所以化学氧化处理已成为铝合金粘接工艺中不可缺少的步骤。总之，对粘接件表面处理的目的：获得清洁、较粗糙的表面和合适的表面化学结构，以促使粘接件表面物理性质和化学性质的改变，增强黏合力。

一般表面处理要经过机械打磨、脱脂、化学处理 3 个步骤。对粘接强度要求不高的部件或易粘材料，可不必进行化学处理。机械打磨的目的：清除表面的锈皮，并使表面粗糙。打磨可用砂纸、锉刀、钢丝刷或喷砂等方法进行。打磨后的表面应经脱脂处理，采用丙酮、甲乙酮、甲苯、三氯乙烯、四氯化碳、香蕉水等清洗，一般清洗 2～3 次，每次间隔 10min，以溶剂挥发为宜。脱脂后的表面，禁止用手摸并防止被其他物质污染，应及时进行粘接或化学处理。

6. 胶黏剂调配、涂敷与固化

（1）胶黏剂的调配。在配制双组分或多组分的胶黏剂时，应注意比例和称量的准确，否则将直接影响到粘接强度。自行配制的胶黏剂采用不同的固化剂，则其配制操作程序也不相同。

（2）胶黏剂的涂敷和固化。胶黏剂的种类很多，原始状态各不相同，故涂敷方法也不相同。一般液态胶黏剂采用刷涂法、喷涂法、滚涂法、刀刮法、丝网印胶法、熔化法。涂敷的关键是保证涂层均匀而无气泡。

各种胶黏剂只有在合适的固化条件下，才能得到理想的粘接强度。目前，大部分胶黏剂需要加热固化，一些高强度的粘接件还需要加热、加压固化。加热温度大都根据胶黏剂的品种而定。为了保证涂层固化完善，必须要有足够的时间。在一定范围内，提高温度、缩短时间或降低温度、延长时间，往往能起到同样的效果。

加热设备可用恒温箱、红外线、电炉、喷灯等烘烤工件的非粘接部位，以传导热温，切忌用明火直接烘烤。

三、胶粘铆接

粘接可以承受较大的拉力和剥离力，但耐剪切力的能力较弱，如图 4-13 所示。因此，对于受力较大的构件，不能单独使用粘接的方法连接，而普遍采用胶粘铆接的方式。

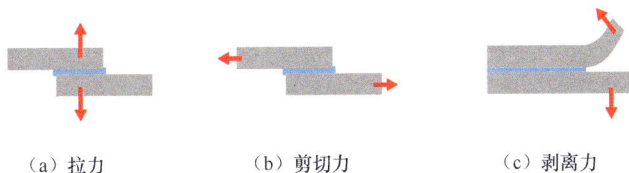

（a）拉力　　（b）剪切力　　（c）剥离力

图 4-13　粘接承受的力

胶粘铆接就是同时采用粘接和铆接的方法连接，如图 4-14 所示。

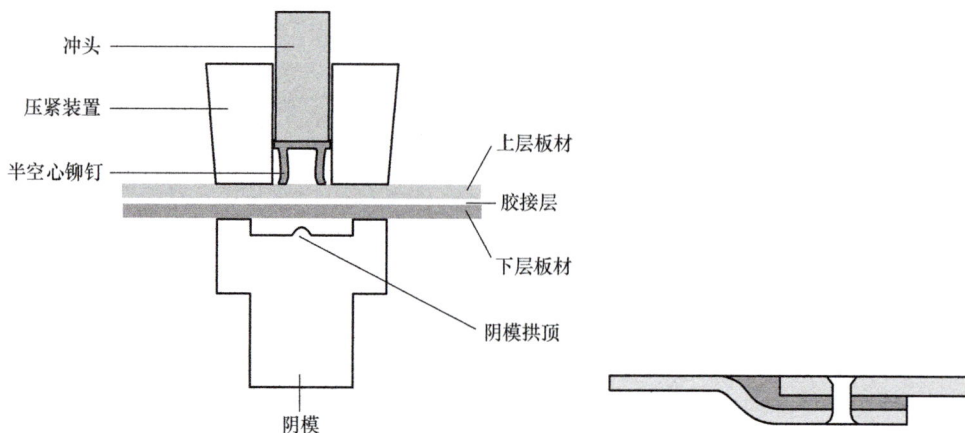

冲头
压紧装置
半空心铆钉
上层板材
胶接层
下层板材
阴模拱顶
阴模

图 4-14　胶粘铆接

胶粘铆接的原理如图 4-15 所示，两板件的接合面经过清洁和涂胶后，用铆枪将空心铆钉铆入即可。

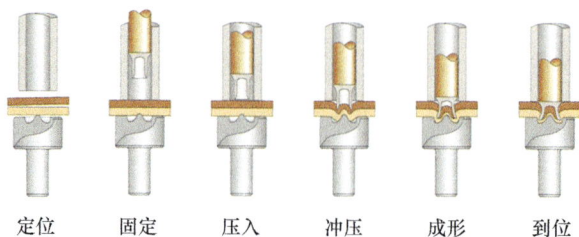

定位　　固定　　压入　　冲压　　成形　　到位

图 4-15　胶粘铆接原理

□ 知识拓展 □

1．了解工业生产、生活中铆接工艺的应用。
2．粘接工艺在钢质车身中的应用。
3．粘接工艺在铝合金车身中的应用。

□ 任务总结 □

微课

胶粘铆接工艺

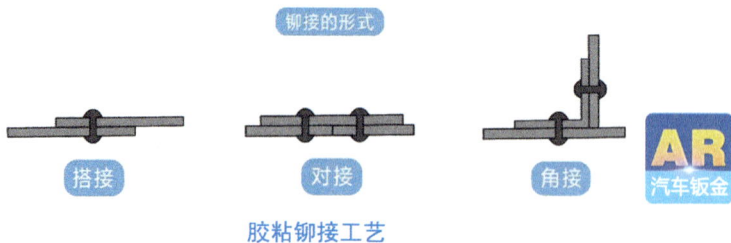

铆接的形式

搭接　　　　对接　　　　角接

AR
汽车钣金

胶粘铆接工艺

1．基础知识

利用铆钉将两个或两个以上零件连接在一起的工艺方法称为铆接，用胶黏剂将相关材料粘在一起的操作称为粘接，铆接与粘接配合使用的工艺方法称为胶粘铆接。对于受力较大的构件，不能单独使用粘接的方法连接，而普遍采用胶粘铆接的方式。

2．粘接作用

车身制造中的粘接除起到连接固定作用外，还起到密封、减振、降噪、防锈等作用。

3．工艺类型

根据结构件的工作要求和应用范围的不同，铆接可以分为强固铆接、紧密铆接和密固铆接 3 类。铆接的形式分为搭接、对接和角接 3 种。

4．安全防护

粘接中常常使用一些有腐蚀性的材料、可燃液体、有毒物质等，确保使用正确的操作安全规程、防护装置、防护服装等。

5．材料

（1）铆钉种类繁多。铆枪按驱动力不同分为手动铆枪和动力铆枪。

（2）常用的胶黏剂有环氧树脂胶黏剂、酚醛树脂胶黏剂、氧化铜胶黏剂。

6．基本技能

（1）为了形成应力分布比较均匀的搭接接头，应加强粘接件的刚度来减小接头的弯曲、减小搭接长度。

（2）为了使粘接强度高、耐久性好，粘接件的表面必须进行处理。

（3）粘接固化加热设备可用恒温箱、红外线、电炉和喷灯等烘烤工件的非粘接部位，以传导热增加温度，切忌用明火直接烘烤。

（4）车身中板件的粘接在维修中不易分离，可用热风枪对需要分离的部位加热，使粘接部位容易分离。

□ 问题思考 □

1．铆接的类型有哪些？
2．连接板件常用的铆接形式有哪些？在车身维修中有何应用？
3．粘接工艺有哪些特点？在车身维修中有何应用？
4．为何粘接和铆接要结合使用？

学习任务二 铆接工艺

□ 学习目标 □

1．掌握铆接工艺过程。
2．掌握铆接操作方法。
3．能够按要求进行铆接操作。
4．能够分析铆接缺陷形成的原因，进行预防和补救。
5．培养积极思考，全方位分析问题、解决问题的能力。

一、铆接工艺流程

1. 划线

在铆接钻孔前，先在钻孔处划线，如图 4-16 所示。

（1）将划线规的宽度张开为铆钉直径的 3 倍，在板的一边划线。

（2）将划线规的宽度张开为铆钉直径的 1.5 倍，在板的另一边划线。

（3）利用直尺和划针在离板边 3 倍铆钉直径处，划第一个铆钉的中心位置。

（4）决定铆距。铆距尺寸可由图中或工件说明上查得，将分规张开铆距的宽度，依次划铆接的中心位置。如板最后一个铆钉的位置至板边的距离不恰当时，即孔中心位置至板距离大于铆距的 1/2 时，可以另加一铆钉，也可以稍微增大或减小铆距，使最后的位置正好合适。

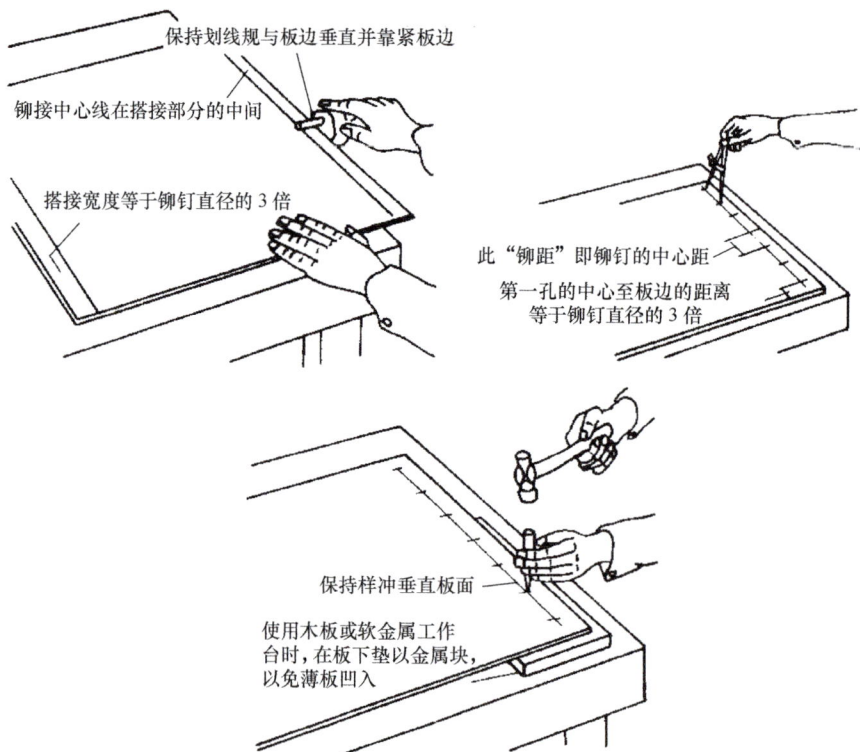

（5）利用铁锤与样冲定铆钉中心位置。

保持划线规与板边垂直并靠紧板边

铆接中心线在搭接部分的中间

搭接宽度等于铆钉直径的 3 倍

此"铆距"即铆钉的中心距
第一孔的中心至板边的距离等于铆钉直径的 3 倍

保持样冲垂直板面

使用木板或软金属工作台时，在板下垫以金属块，以免薄板凹入

图 4-16 铆接的划线

2. 钻孔

划线后开始钻孔，钻孔方法如图 4-17 所示。

（1）选一适当的钻头，钻头的尺寸需使铆钉与孔间稍微留有余隙。在大块薄板上钻孔时，一般用手持式动力钻。若薄板能利用工作台适当地支持工件，或能利用其他方式支持工件，则可用台钻或柱架钻床钻孔。

（2）检查机器，将钻头装于夹头上，注意钻头必须放置正确并夹紧。

（3）在预划的位置上钻所需的铆钉孔。钻孔时使钻头与板保持垂直。

（4）将板换面，操作时双手需远离毛刺以免受伤。

（5）利用锥孔钻头除去毛刺。此操作最好用手工钻进行，以使毛刺的除去量可得到准确的控制。当然也可利用动力钻除去毛刺，但必须非常谨慎地施以轻微的压力，以免钻去过多的材料。

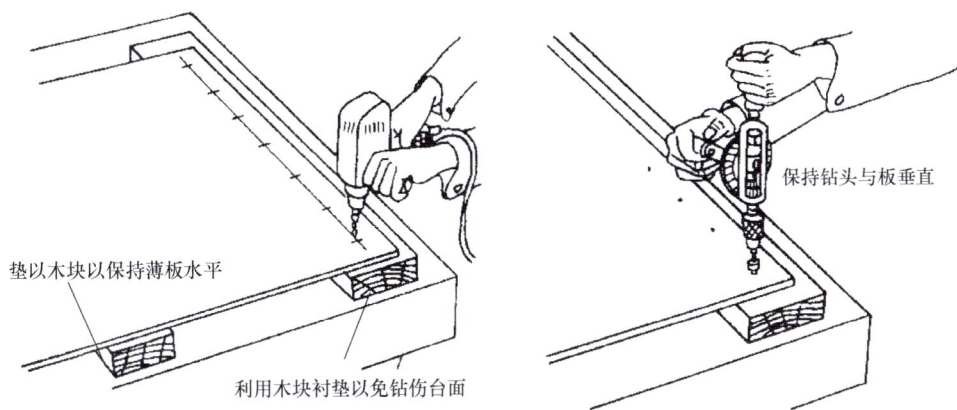

图 4-17　铆接的钻孔

3. 定位

钻孔后检查钻孔位置定位是否正确，如图 4-18 所示。

（1）将已钻孔的边对准搭接记号，并将板夹紧。

（2）对照图样核对尺寸。如需要调整，放松夹具的一端，依说明重新调整工件，再将板夹紧。

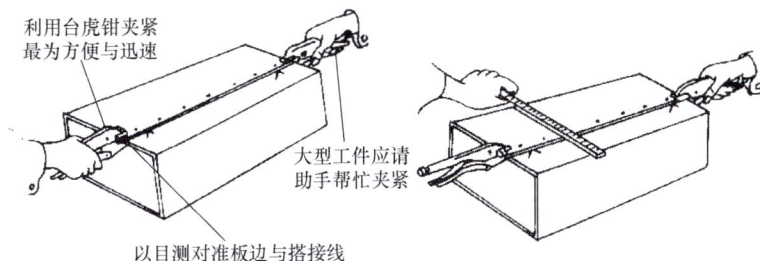

图 4-18　铆接的定位

4. 预接

在铆接前先预接，确定前期操作是否规范，如图 4-19 所示。

（1）取一尺寸等于工件内侧深度的木块。钻孔时施加的压力会使板下陷，导致孔无法对准，并可能使钻头毁损，因此将木块置于钻孔的板下，以阻止板的下陷。

（2）穿过已钻的孔，两端各钻一孔。

（3）利用刮刀除去毛刺，如空间允许，利用锥形钻头除去毛刺。

（4）在两端已钻的孔内装上固定销或螺母与螺栓，并将其固定。再钻足够数目的定位孔，以阻止板的移动（定位孔的数目依接合的长度及材料的厚度而不同）。

（5）移动木块，重复以上顺序钻定位孔。

（6）钻剩余各孔，除去毛刺，取下夹具并钻夹具所遮盖位置的孔。固定销也可作为暂用的夹具。旋松螺母，使销子插入并钩住底板，将螺母顺时针旋转，升起中心销，即可将板夹紧。

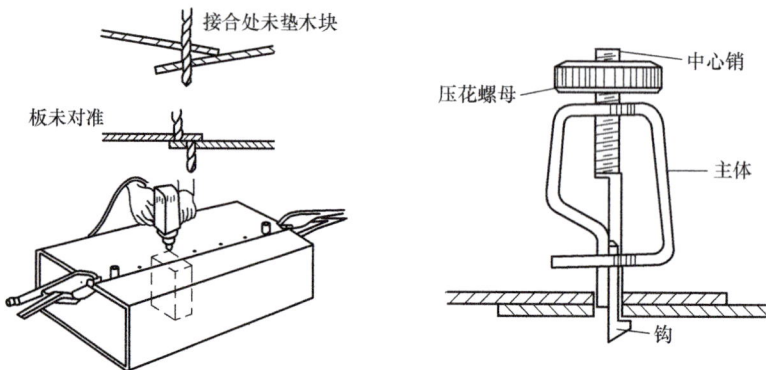

图 4-19　预接

5. 铆接前准备

（1）选择铆钉。选择正确直径、长度和形式的铆钉，如图 4-20 所示。如铆钉的长度（铆钉直径×1.5+板的总厚度）不够，则选择大一号的铆钉。铆钉太长时可用弓锯将多余部分锯去或用锉刀锉去。如大量的铆钉需剪去多余长度，则必须用铆钉截除器。此种截除器是以一小平台或台虎钳装上一剪刀所组成的，上端具有不同深度的埋头孔，将铆钉插入即可剪出所需长度。

（2）铆接处的支持。使用固定销时，支架与固定销间必须衬垫金属板，以免将固定销损伤，如图 4-21 所示。将衬板垫于支架上，支架必须固定，以免在铆接时移动。将工件置于支架上。

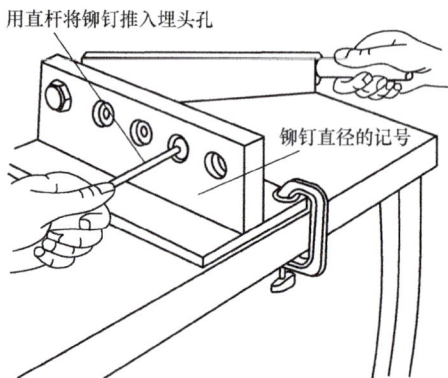

图 4-20　确定铆钉长度

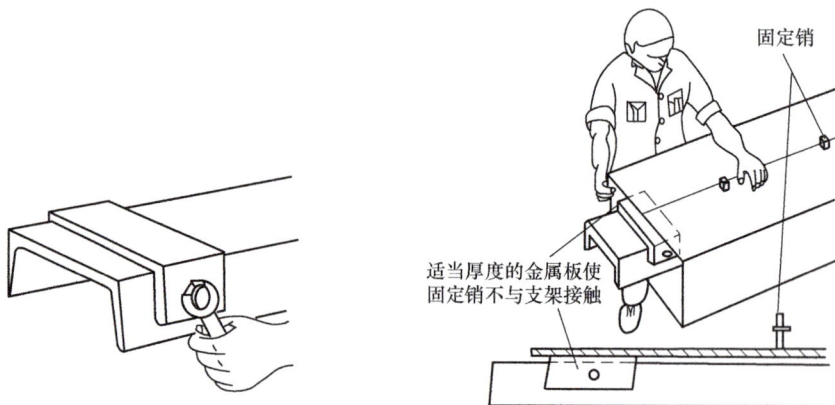

图 4-21　铆接处的支持

6. 铆接操作

（1）压铆铆钉头的成形，如图 4-22 所示。以右手的食指及中指夹着铆钉，将铆钉插入板件的孔中，当铆钉从另一侧伸出时，以左手拇指压住铆钉。将工具套于铆钉，敲打 1 ～ 2 次（注意：过度地敲打将使板变形）。以锤的平面垂直敲打铆钉，需敲打 2 ～ 3 次。选择适当的铆钉模，将铆钉模套入，并以铁锤敲打。每敲一次均将铆钉模取开，以检查所成形的铆钉头。正确的铆钉头应为半球形，此半球形边缘恰好接触板面，由侧面观察，铆钉头对中心应平正。

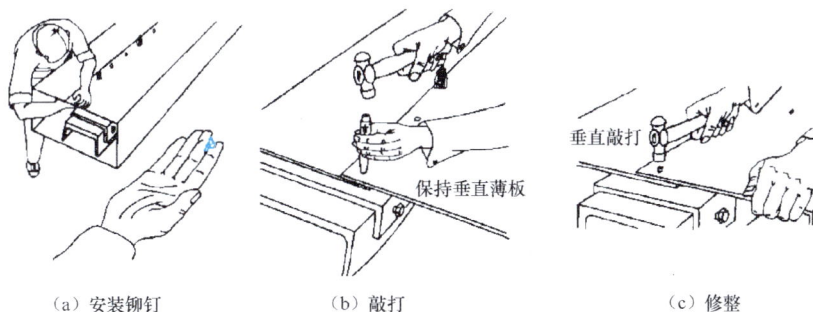

（a）安装铆钉　　　　　　（b）敲打　　　　　　（c）修整

图 4-22　铆钉头的成形操作

（2）铆钉埋头的成形，如图 4-23 所示。钻锥孔时，必须使用手钻或低速钻孔机，以免钻得过深。取一适当的菊花钻或锥形钻头，锥孔必须平整。利用直径相同的埋头铆钉，核对锥孔的深度。取一适当的平头铆接工具，并检查是否有伤痕；此外，应选择一端为圆头、另一端为平头的铁锤。插入铆钉时铆钉需与金属板垂直，利用铁锤的平头敲打，使铆钉头填满锥孔。利用铁锤的圆头再敲打，使铆钉头填满锥形孔。利用锤的平头将铆钉头敲平。

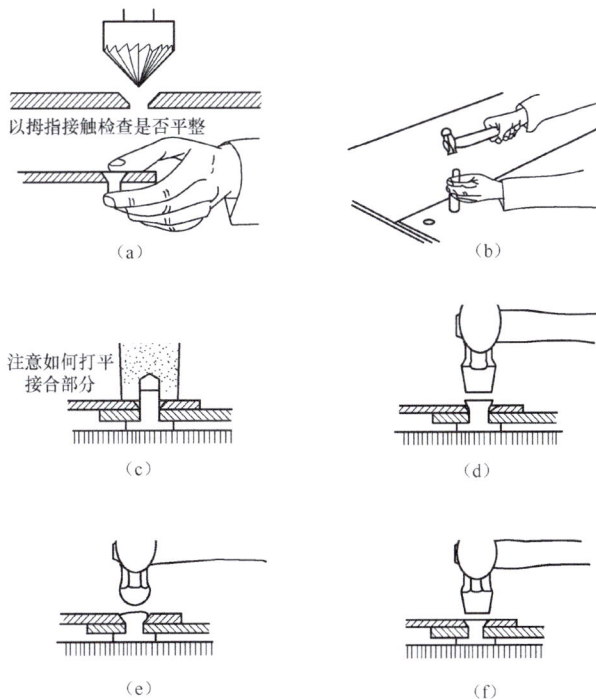

（a）　　　　　　　　　　　　　　（b）

（c）　　　　　　　　　　　　　　（d）

（e）　　　　　　　　　　　　　　（f）

图 4-23　铆钉埋头的成形操作

在车身维修时，板件间连接用的埋头铆钉并不需要用锤子铆接，而是由专用的气动铆枪或电动铆枪来铆接。

二、常用铆接工艺

1. 手工拉铆

（1）在需铆接的两个板件上钻透孔。

（2）双手将铆枪手柄完全张开，将铆钉钉杆插入枪头，使枪头紧贴铆钉帽檐。

（3）将铆钉插入铆接孔，使被铆接板与枪头贴紧无缝隙，然后双手向内用力拉合手柄，重复以上动作多次直至钉杆拉断为止（见图 4-24），完成铆接。

2. 用动力铆枪铆接

（1）在需铆接的两个板件上钻透孔。

（2）将盲铆钉安装进钻好的孔。

（3）铆枪套在钉杆尾部，贴紧钉帽，如图 4-25（a）所示。

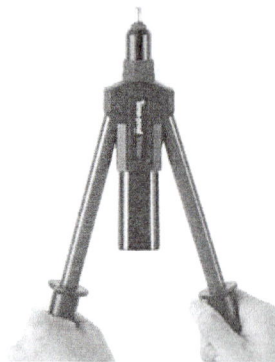

图 4-24　手工拉铆

（4）启动铆枪，紧固件盲端一侧开始变形（见图 4-25（b）），连接处锁紧，内锁环形成（见图 4-25（c））直到钉杆尾部断开，铆接完成（见图 4-25（d））。

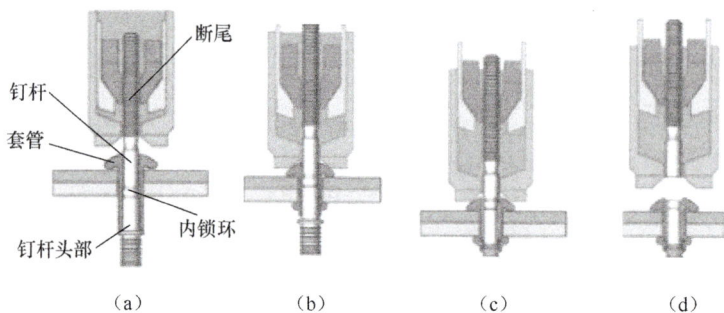

（a）　　　　　　（b）　　　　　　（c）　　　　　　（d）

图 4-25　盲铆钉铆接过程

盲铆钉铆接时铆枪要垂直于板件，否则铆接后铆钉歪斜，铆接质量不合格，达不到要求的铆接强度。

3. 手工热铆接

热铆时，一般至少 3 人共同完成，其中一人负责加热铆钉、传递铆钉和穿钉工作，其余两人分别制作铆钉和操作铆枪，共同协作完成铆接作业。热铆操作步骤如下。

（1）铣孔（也称铰孔）。如果铆接件具备同时钻孔的条件，可一次钻孔，而不必铣孔；若铆接件被分别钻孔，在组装后铆接前，必须先进行铣孔。

（2）加热铆钉。铆钉的加热应在铆钉加热炉中进行。根据燃料的不同，铆钉加热炉有焦炭炉、油炉和电炉等，其中焦炭炉由于具有结构简单、操作简便、燃料价格低等优点而应用最为广泛。

（3）穿钉。穿钉是将加热好的铆钉，迅速插入连接件孔内的操作，以争取在铆钉高温时铆接。穿钉的主要工具是穿钉钳和接钉筒，如图 4-26 所示。穿钉钳用来夹持铆钉，接钉筒用来接出炉铆钉。为便于操作，穿钉钳和接钉筒必须轻巧灵活。

穿钉时，用穿钉钳夹住铆钉，并在硬物上敲击几下，以除去氧化皮，然后将铆钉穿过钉孔。

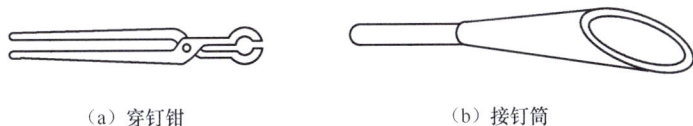

（a）穿钉钳　　　　　　　　　　（b）接钉筒

图 4-26　穿钉工具

（4）顶钉。顶钉是将铆钉穿入孔后，用顶把顶住铆钉头。它是铆钉工作中重要的一环，如果顶钉放好，则铆钉容易铆固、铆正。顶力小会造成铆接缺陷。顶钉的工具分为手顶把和风顶把两种。

（5）铆接（见图 4-27）。首先用顶模将铆钉顶住，然后用铆枪的罩模对准铆钉杆打击，开始时风门要小，待钉杆镦粗后，再加大风门，将钉杆端部打成蘑菇形，然后逐渐打成钉头形状。最后将铆枪的罩模绕着钉头转一周打击，使成形的铆钉头四周与连接面紧密贴合，但不允许过分倾斜，否则铆接工件表面会被打伤。热铆时，注意压缩空气的压力应不低于 0.5MPa，顶模和罩模必须保持清洁，然后装入气缸内。停止铆接时，先关闭风门，随后及时将罩模和顶模卸除。

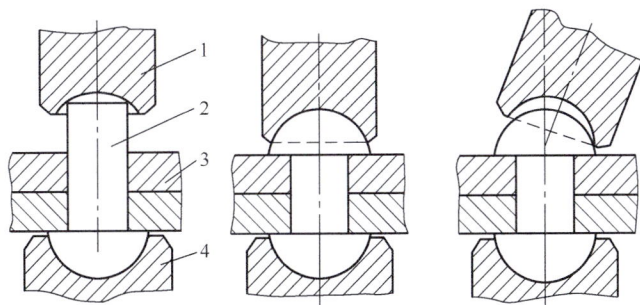

图 4-27　热铆

1—罩模；2—铆钉；3—工件；4—顶模

三、铆接缺陷及防治方法

铆接的缺陷种类、产生原因及防治方法见表4-1。

表 4-1　　　　　　　　　　　　铆接的缺陷种类、产生原因及防治方法

缺陷名称	简图	产生原因	防治方法
铆钉头周围帽缘过大	$a \geqslant 3; b \geqslant 1.5 \sim 3$	(1) 钉杆太长 (2) 罩模直径太小 (3) 铆接时间过长	(1) 正确选择钉杆长度 (2) 更换罩模 (3) 减少打击次数
铆钉头过小，高度不够		(1) 钉杆较短或孔径过大 (2) 罩模直径过大	(1) 加长钉杆 (2) 更换罩模
铆钉形成突头及刻伤板料		(1) 铆枪位置偏斜 (2) 钉杆长度不足 (3) 罩模直径过大	(1) 铆接时铆枪与板件垂直 (2) 计算钉杆长度 (3) 更换罩模
铆钉头上有伤痕		罩模歪在铆钉头上	铆接时紧握铆枪，防止跳动过高
铆钉头偏移或钉杆歪斜		(1) 铆接时铆枪与板面不垂直 (2) 风压过大，使钉杆弯曲 (3) 钉孔歪斜	(1) 铆枪与钉杆应在同一轴线上 (2) 开始铆接时，风门应由小逐渐增大 (3) 钻孔或铰孔时刀具应与板面垂直
铆钉杆在钉孔内弯曲		铆钉杆与钉孔的间隙过大	选择适当直径的铆钉；开始铆接时，风门应小
铆钉头四周未与板件表面贴合		(1) 孔径过小或钉杆有毛刺 (2) 顶钉力不够或未顶严 (3) 压缩空气压力不足	(1) 铆接前先检查孔径 (2) 穿钉前先消除钉杆毛刺和氧化层 (3) 压缩空气压力不足时应停止铆接
铆钉头有部分未与板料表面贴合		(1) 罩模偏斜 (2) 钉杆长度不够	(1) 铆枪应保持垂直 (2) 正确确定铆钉杆长度
板料接合面间有缝隙		(1) 装配时螺栓未紧固或过早地被拆卸 (2) 孔径过小 (3) 板件间相互贴合不严	(1) 拧紧螺母，待铆接后再拆除螺栓 (2) 检查孔径大小 (3) 铆接前检查板件是否贴合
铆钉头有裂纹		(1) 铆钉材料塑性差 (2) 加热温度不适当	(1) 检查铆钉材质，试验铆钉的塑性 (2) 控制好加热温度

四、铆接工艺在汽车车身修复中的应用

在过去，人们常见的汽车大多数为钢制车身。由于钢板具有良好的焊接性能，车身板件通常可通过焊接等工艺连接，形成一个车身整体。随着材料的发展、工艺与设备的进步，以及环保节约理念的形成，胶粘铆接工艺已经可以部分替代焊接工艺。尤其是越来越多的车身开始使用铝合金材料，而铝合金板不具有像钢板一样良好的焊接性能，故取而代之的是铆接。单一的铆接工艺虽有较好的强度，但其密封性较差，不能完全满足车身修复质量标准，因此常与粘接共同应用到车身修复工艺中，以达到良好的修复质量。其金属板件之间的胶粘铆接工艺步骤一般如下。

（1）板件处理。表面用无纺带打磨，并用清洁剂清洁，最后做好火焰涂层并上底漆。

（2）连接前准备。

① 定位试装，做好定位标记。

② 选择铆钉。按规定选择合适的铆钉。

③ 钻孔。在标记位置，选用合适的钻头钻孔。

（3）粘接。在板件接合面均匀涂抹胶黏剂，涂抹胶黏剂时注意不要涂抹到铆钉孔中。

（4）铆接。

① 定位。铆接前通过定位标记调整板件到准确位置，并将其固定。

② 铆接。铆接要在胶黏剂开始固化前进行。

（5）防腐处理。铆接完成待结构胶完全固化后（不同材料、面积的板件胶粘铆接，所需要的固化时间有所差异，事先要了解胶黏剂的化学性能指标），检查胶粘铆接部位是否合格，并做最后的防腐处理。

提示

胶黏铆接工艺已经成为车身修复的新工艺和新技术，其应用范围和场合会逐步增加，读者要予以关注和重视。

知识拓展

1. 车身手动铆接工具种类。
2. 车身维修时有气动铆接工具和电动铆接工具，它们各自的特点。
3. 除以上铆接工具以外，在工业生产中，还常使用压铆机、无铆钉铆接机等。
4. 冷铆接与热铆接工艺不同，应用场合不相同，铆接质量也不相同。

任务总结

1. 基础知识

铆接的工艺流程为划线、钻孔、定位、预接、选择铆钉、铆接操作。

2. 基本工艺

掌握手工拉铆、动力拉铆、手工热铆等不同铆接工艺的操作流程。

微课

铆接工艺

去掉固定销后安装铆钉

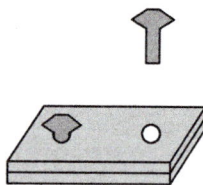

AR 汽车钣金

铆接工艺

3. 操作

能够分析铆接缺陷产生的原因和防治方法。

4. 综述

（1）铆接操作简单，但铆接前要注意铆钉的长度及铆钉是否与铆钉孔相配合。

（2）铆接一般为不可拆连接，但在维修过程中需要拆除铆钉时，可用手电钻或角磨机将铆钉的一侧打磨平后再将旧铆钉取下。

□ 问题思考 □

1. 铆接钻孔前的划线要求有哪些？

2. 如何采用埋头铆钉连接板件？

3. 铆钉头或杆歪斜的原因有哪些？如何避免和校正？

学习任务三 不同材料间胶粘铆接工艺

□ 学习目标 □

1. 掌握异种金属材料间连接要求。

2. 掌握铝合金板的粘接操作方法。

3. 掌握钢铝材料的胶粘铆接操作方法。

4. 培养资料查阅、文献检索的能力，养成自主学习、终生学习的习惯。

□ 相关知识 □

一、异种金属材料间连接要求

在接合不同金属材料时必须注意它们不同的性能，如在化学作用下不同的耐腐蚀性，在机械负荷作用下不同的力学性能，在温度剧烈波动时不同的热膨胀性等。例如，钢、铝混装的方法多采用胶粘铆接，但由于钢和铝存在较多的差异，操作时应在以下几方面采取必要的措施。

1. 腐蚀性

表 4-2 所示为几种常见金属的标准电位。不同的金属接合时，两种金属的标准电位差越

大，则低电位的金属就越容易腐蚀。因为接触的两种金属在电解液（或具有一定导电能力的液体）存在的情况下会形成原电池，如图 4-28 所示。由于铝的标准电位低，所以铝会发生腐蚀，如图 4-29 所示。

表 4-2 几种常见金属的标准电位

金属	标准电位（理论值）/mV
银	+799
铜	+340
铅	-126
锡	-140
镍	-230
镉	-402
铁	-440
锌	-763
铝	-1 660

图 4-28 铝与铁（钢）接触时形成的原电池

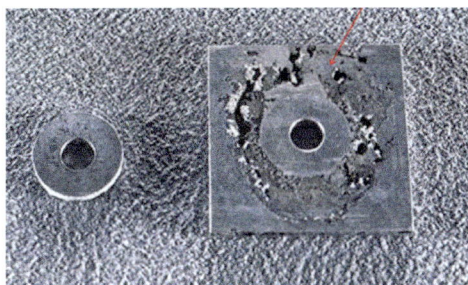

图 4-29 铝与钢接合时铝的腐蚀

如果铝的表面有良好的氧化层，则标准电位将明显升高，其腐蚀的情况会大幅度降低。但铝表面的氧化层也会随与大气接触时间的延长及水分的吸收而产生"风化"现象，使其保护能力大为降低，故仍需要进行预处理。

2. 力学性能

不同材料连接，接合位置的承载能力以较低强度的材料为准。因为铝的弹性模量和抗拉强度比钢低得多，所以如果以等厚的铝板与钢板连接，受力时铝板必然首先损坏，如图 4-30 所示。因为铝的弹性模量和抗拉强度为钢的 1/3 ～ 1/4，所以适合的钢铝连接结构是铝板的厚度在钢板厚度的 1.5 倍以上。

3. 膨胀系数

在同样的加热情况下，铝的膨胀为钢的两倍左右。如果叠加（搭接）时仅采用单板连接，则受热时在连接处将产生弯曲。所以建议采用铝 / 钢 / 铝的连接方式，如图 4-31 所示。

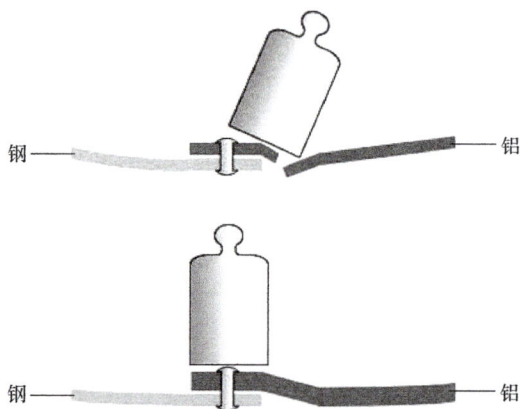

图 4-30　钢铝连接结构

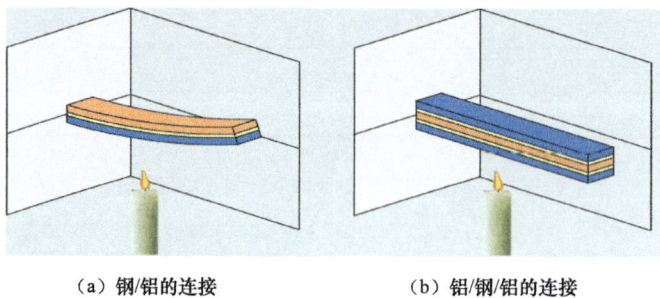

（a）钢/铝的连接　　　　　（b）铝/钢/铝的连接

图 4-31　合适的连接方式

二、铝板粘接

1. 注意事项

（1）在进行板件手动或机器磨削操作时必须使用专用的工具和设备，工作场地要有排风装置。

（2）不能使用含铁的磨削工具（如磨盘、砂皮等）（有腐蚀危险），只能使用不锈钢刷子。加工钢制品时使用过的磨削工具必须更换（有腐蚀危险）。

（3）降低磨削设备的转速，因为转速过高时会产生润滑效应。

（4）不得使用粗的磨削颗粒（只能大于或等于 80 号），材料不得磨出缺口。

（5）用于铝材料的新零件和附件（如螺栓、垫圈、螺母等）均进行了特殊的表面处理，使用中不得以其他常规部件替代。

（6）拆装时需使用专用工具，以防止钢微粒进入铝中而产生腐蚀。受到钢微粒污染的工具必须及时清洁。

2. 板件预处理

（1）打磨板件露出裸露的板材（要接触的两面磨光直到见到光亮的裸金属为止）。

（2）用无纺布对其表面进行清洁，如图 4-32 所示。

（3）以乙醇、丙醇、丙酮与丁酮清洁板件表面，之后不再碰触板件表面，并让板件表面清洁剂挥发干燥。

（4）制作火焰涂层。待清洁剂挥发干燥后，就可以对要粘合的两面进行火焰加热，形成火焰涂层，如图 4-33 所示。要使用火焰的外焰，并用交叉的方式来进行加热。

图 4-32 清洁板面

图 4-33 制作火焰涂层

（5）上底漆。等板材的温度降至 50℃时，需要上底漆，在上底漆的过程中可以看到板材上冒白色的气。

> **提示**
>
> 对铝合金车身维修时，不管是粘接还是焊接，都要对铝板件做好清洁处理，粘接前还要进行涂底漆等处理。

3. 涂胶黏剂与固化

（1）涂胶黏剂。底漆干燥 5min 后，可以涂胶黏剂。涂胶黏剂时要尽可能多些，呈蛇形涂。不用两块板都涂上胶黏剂，只需涂一块板即可。

> **提示**
>
> 胶黏剂的作业温度低于 15℃，胶黏剂不固化。双组分胶黏剂混合使用时，两种组分发生化学反应。作业温度低时反应的时间较长，不利于胶黏剂的凝固；在作业温度高于 120℃时，胶黏剂又要变质，所以要控制好胶黏剂的作业温度。

（2）粘接。在粘接时，一定要注意把两块板件对齐，不要有错位。不要单挤压一侧板件，用力不均会造成板件里的胶不均匀而被挤压到另一侧。对齐板件后，用大力钳夹住两侧。

（3）固化。固定好的板件在常温 20℃时需要 12h 固化后才能组装。也可以在 80℃温度下烘烤 1h，并冷却 1h，如此胶黏剂才能完全固化，然后才能装配。

（4）防腐处理。如果在切割或打磨位置附近存在着空腔，或者在维修作业时产生了新的空腔和裂缝。这些空腔和裂缝必须马上用空腔专用蜡密封，防止接触空气等其他物质被腐蚀，如图 4-34 所示。

图 4-34　防腐处理

三、钢与铝胶粘铆接

铝制部件和钢制部件的接合方法有铆接配合粘接、卷边配合粘接等不同类型，如图 4-35 所示。铆接配合粘接的操作过程如下。

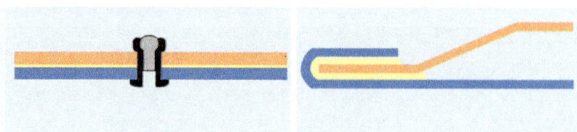
（a）铆接配合粘接　　　　　（b）卷边配合粘接
图 4-35　钢与铝的连接形式

1．板件处理

（1）铝件。表面用无纺带打磨，并用清洁剂清洁，最后做好火焰涂层。

（2）钢件。表面首先用打磨机打磨粗糙，然后用清洁剂清洁。

2．连接前准备

（1）定位试装，做好定位标记。

（2）选择铆钉。按规定选择合适的铆钉。

（3）钻孔。在标记位置，选用合适的钻头钻孔（例如，直径为 4.2mm 的钻头适用于钉体直径为 4mm 的铆钉；直径为 6.7mm 的钻头适用于钉体直径为 6.5mm 的铆钉）。

3．粘接

在板件接合面涂敷胶黏剂，必须保证搭接部位全部被胶黏剂遮盖。

> **提示**
>
> 要蛇形打胶，在接合处多打胶，并且打胶要错开铆接孔，防止铆接时将胶挤出。

4．铆接

装入铆钉，铆接方向遵守"从薄到厚、从硬到软"的原则，逐步完成铆接，如图 4-36 所示。用防腐剂给空腔涂上保护层。

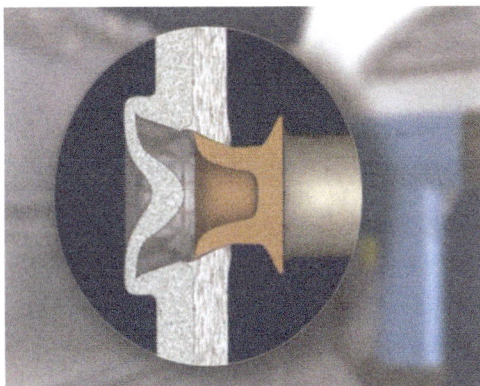

图 4-36 铆接

···················· □ 知识拓展 □ ····················

1. 钢 / 铝混合车身的优势及应用。

2. 钢 / 铝混合车身的维修流程及注意事项。

3. 异种材料不可用焊接方式连接，钢 / 铝混合车身的连接方式多种多样，如折边、粘接、铆接、咬合、摩擦焊等。

···················· □ 任务总结 □ ····················

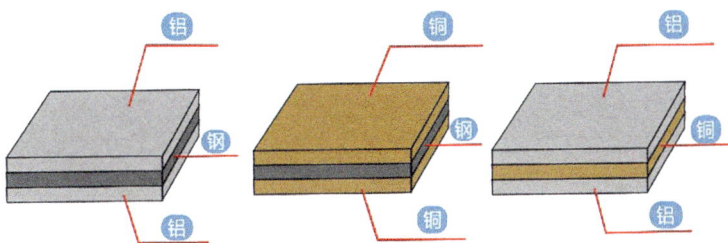

微课

异种材料间胶粘铆接

异种材料间胶粘铆接

1. 基础知识

（1）在接合不同金属材料时必须注意它们不同的性能，如在化学作用下不同的耐腐蚀性，在机械负荷作用下不同的力学性能，在温度剧烈波动时不同的热膨胀性等。

（2）不同的金属接合时，两种金属的标准电位差越大，则低电位的金属就越容易被腐蚀。

（3）不同材料连接，接合位置的承载能力以较低强度的材料为准。

2. 基本技能

（1）铝、钢连接时，采用铝 / 钢 / 铝的连接方式。

（2）铝、钢连接时，板件表面粘接前要经过打磨和清洁，铝板表面还要做火焰涂层处理。

3. 综述

随着高强度钢板的发展，其强度越来越高。由于钢板在某些部位的性能优于铝板，所以越来越多的车身采用钢 / 铝混合车身。钣金技师在维修钢 / 铝混合车身时不仅要考虑车身的损伤变形，还要考虑车身板件的材料、焊接、腐蚀等问题，需要钣金技师掌握钢 / 铝混合车身维修的流程及注意事项等。

□ 问题思考 □

1. 异种金属材料接触时哪种材料腐蚀速度更快？原因是什么？
2. 钢 / 铝胶粘铆接从膨胀系数角度考虑，应该采用何种连接方式？
3. 铝板粘接前需要进行哪些处理？
4. 钢 / 铝混合车身的维修注意事项有哪些？

模块五
汽车钣金加工设备基础

机床是指制造机器的机器，也称工作母机或工具机。在历史上，机床是我国在机械制造和机械加工方面的主要设备。第一辆解放牌卡车正是凭借着工人师傅高超的技艺，通过各种机床制造出来的。

如今车床已被更加先进的数字化设备所替代。然而在汽车车身修复行业中，存在一些高端车型、停产车型及其他特殊情况，需要手工加工和制造某些部件，则有可能用到机床之类的机械加工设备。因此，作为了解性内容，本书也将机床相关知识简要列入。

机床一般分为车床、钻床、刨床和铣床等。机床型号是用来表示机床的类别、特性、组系和主要参数的代号。按照国家标准的规定，机床型号由汉语拼音字母及阿拉伯数字组成（其中带括号的代号或数字，当无内容时则不表示，若有内容时则不带括号）。

例如"CA6140"中"C"表示类代号，即车床类机床；"A"表示通用特性、结构特性代号；"61"表示组系代号，即卧式；"40"表示主参数，机床可加工工件最大的回转直径的1/10，即该机床可加工最大工件直径为400mm。又如"C6136A"，该机床可加工最大工件直径为360mm，"A"为重大改进序号，即第一次重大改进。

学习任务一 车床运用

◻ 学习目标 ◻

1. 熟悉车床的结构和车刀的使用方法。
2. 掌握使用车床加工不同零件的操作方法。
3. 培养精工制造品质和匠心铸魂精神。

◻ 相关知识 ◻

一、车床与车刀

车床是主要用车刀对旋转的工件进行切削加工的设备。

1. 卧式车床的结构

卧式车床的组成部分主要有主轴箱、交换齿轮箱、进给箱、溜板箱、光杠、丝杠、尾座、顶尖、床身及床腿等，如图5-1所示。

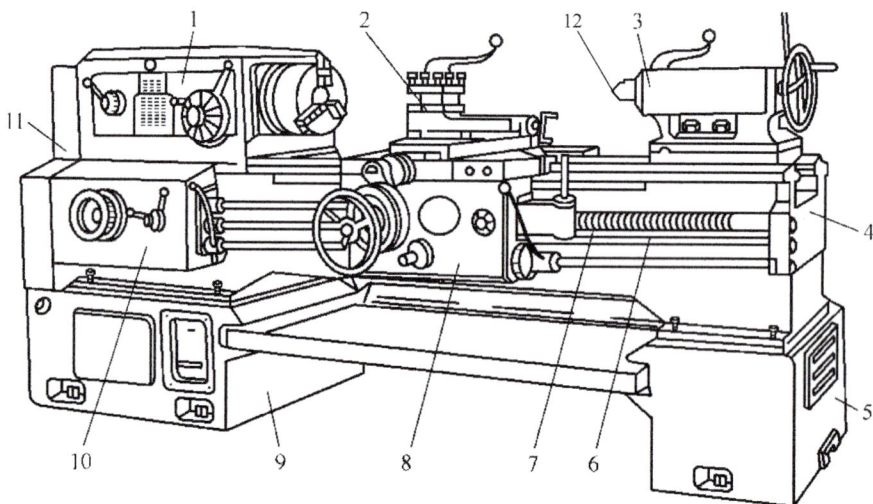

图 5-1　CA6140 型卧式车床

1—主轴箱；2—滑板和刀架；3—尾座；4—床身；5—右床腿；6—光杠；7—丝杠；

8—溜板箱；9—左床腿；10—进给箱；11—交换齿轮箱；12—顶尖

（1）主轴箱。箱内装有主轴和主轴变速机构。电动机的运动经普通 V 带传给主轴箱，再经过内部主轴变速机构将运动传给主轴。通过变换主轴箱外部手柄的位置来操纵变速机构，使主轴获得不同的转速。

主轴为空心结构，前部外锥面用于安装卡盘和其他夹具来装夹工件，内锥面用于安装顶尖来装夹轴类工件，内孔可穿入长棒料。

（2）交换齿轮箱。箱内装有交换齿轮机构。主轴的旋转运动通过交换齿轮传给进给箱，改变交换齿轮不同的啮合状态，可使机床获得不同的进给量或螺距。

（3）进给箱。箱内装有进给运动的变速机构，通过调整外部手柄的位置，可获得所需的各种不同的进给量或螺距（单线螺纹为螺距，多线螺纹为导程）。

（4）光杠和丝杠。它们可将进给箱内的运动传给溜板箱。光杠传动用于回转体表面的机动进给车削，丝杠传动用于螺纹车削。光杠和丝杠转动的变换可通过进给箱外部的光杠和丝杠变换手柄来控制。

（5）溜板箱。溜板箱是车床进给运动的操纵箱。箱内装有进给运动的变向机构，箱外部有纵 / 横向手动进给、机动进给及开合螺母等控制手柄。通过改变不同的手柄位置，可使刀架纵向或横向移动机动进给以车削回转体表面，或将丝杠传来的运动变换成车螺纹的走刀运动，或手动操作纵向、横向进给运动。

（6）滑板和刀架。滑板和刀架用来夹持车刀使其做纵向、横向或斜向进给运动，由移置床鞍、横滑板、转盘、小滑板和方刀架组成。移置床鞍与溜板箱连接，可带动车刀沿床身导轨做纵向移动，到达预定位置后可予以紧固。横滑板带动车刀沿移置床鞍上面的导轨做横向移动。转盘上面刻有刻度，与横滑板用螺栓连接，松开其螺母可在水平面内回转角度。转动小滑板进给手柄，可在转盘导轨面上做短距离移动，如果转盘回转成一定角度，车刀可做斜向运动。方刀架用来装夹和转换车刀，它可同时装夹 4 把车刀。

（7）尾座。尾座底面与床身导轨面接触，可调整并固定在床身导轨面的任意位置上。

（8）顶尖。顶尖可夹持轴类工件，装上钻头或铰刀可用于钻孔或铰削。

（9）床身。床身是车床的基础零件，用于连接各主要部件并保证其相对位置，其导轨用来引导溜板箱和尾座的纵向移动。

（10）床腿。床腿用于支撑床身并与地基连接。

2. 车刀

（1）车刀的种类。车刀的种类很多，分类方法也不同，一般按车刀的用途、形状或刀具的材料等进行分类。车刀按用途不同可分为外圆车刀、内圆车刀、切断或切槽刀、螺纹车刀及成形车刀等。车刀按形状不同可分为直头或弯头车刀、尖头车刀或圆弧车刀、左或右偏刀等。车刀按材料不同可分为高速钢车刀或硬质合金车刀等。车刀按被加工表面精度不同可分为粗车刀和精车刀。车刀按结构不同可分为焊接式和机械夹固式。

（2）车刀的结构。车刀由刀头和刀杆两部分组成。刀头是车刀的切削部分，刀杆是车刀的夹持部分。车刀的切削部分由三面（前面、主后面、副后面）、两刃（主切削刃、副切削刃）和一尖（刀尖）组成，如图 5-2 所示。

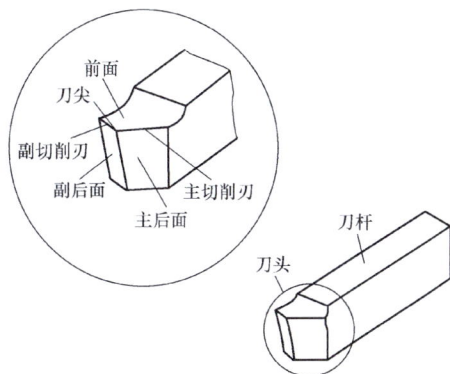

图 5-2 车刀结构

（3）车刀磨刃。车刀用钝后，需重新磨刃才能得到合理的几何形状。通常车刀在砂轮机上用手工进行刃磨。车刀磨刃的操作步骤如图 5-3 所示。磨主后面时，按主偏角大小将刀杆向左偏斜，再将刀头向上翘，使主后面自下而上慢慢地接触砂轮。磨副后面时，按副偏角大小将刀杆向右偏斜，再将刀头向上翘，使副后面自下而上慢慢地接触砂轮。磨前面时，先将刀杆尾部下倾，再按前角大小倾斜前面，使主切削刃与刀杆底部平行或倾斜一定角度，然后使前面自下而上慢慢地接触砂轮。磨刀尖圆弧过渡刃时，刀尖上翘，使过渡刃有后角。为防止圆弧过度刃过大，需轻靠或轻摆刃磨。

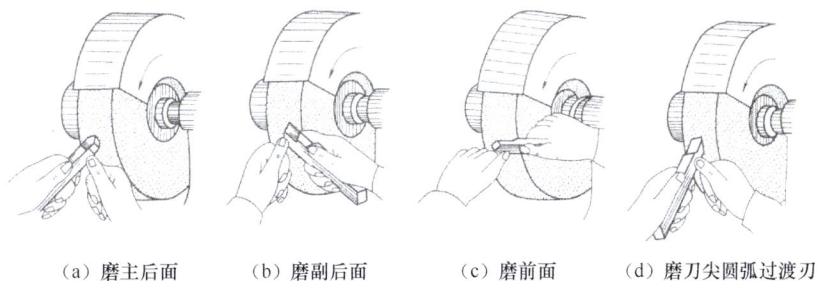

（a）磨主后面　　（b）磨副后面　　（c）磨前面　　（d）磨刀尖圆弧过渡刃

图 5-3 车刀磨刃步骤

二、车床使用

1. 安装车刀

锁紧刀架后，选择不同厚度的刀垫垫在刀杆下面，刀头伸出的长度不能过长，拧紧刀杆紧固螺栓，使刀尖与主轴中心线等高，如图 5-4 所示。

2. 车外圆、端面和台阶

工件外圆与端面的加工是车削中最基本的加工方法，一般采用粗车和精车两个步骤。粗车的目的是尽快地从工件上切去大部分加工余量，使工件接近图样要求的形状和尺寸。精车的目的是切去粗车后剩下的加工余量，以保证零件的尺寸精度和表面粗糙度。

（1）车外圆。将工件车削成圆柱形外表面的方法称为车外圆。为了保证刀具耐用及减少刃磨次数，粗车时首先选用较大的背吃刀量，然后适当地加大进给量，最后选取合适的切削速度。粗车刀一般选用尖头车刀、弯头车刀或 75°偏刀，如图 5-5 所示。

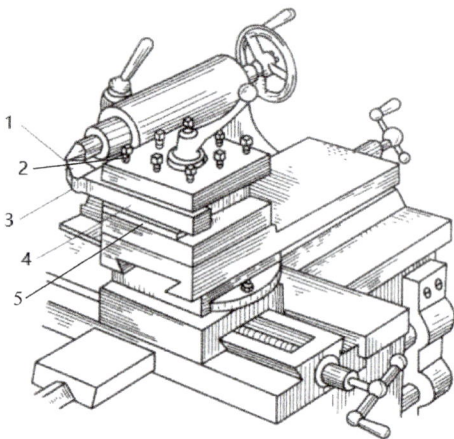

图 5-4　车刀的安装

1—顶尖；2—螺栓；3—刀头；4—刀杆；5—刀垫

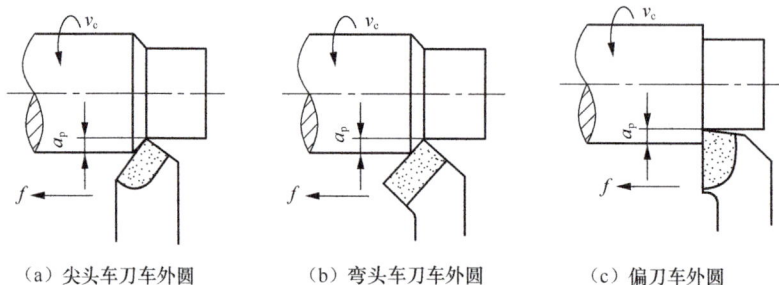

（a）尖头车刀车外圆　　（b）弯头车刀车外圆　　（c）偏刀车外圆

图 5-5　车外圆

在选择精车切削用量时，首先应选取合适的切削速度（高速或低速），然后选取进给量，最后根据工件尺寸来确定背吃刀量。合理地选择精车刀的几何角度及形状，如加大前角可使刃口锋利，减小副偏角和刀尖圆弧使已加工表面残留面积减小，前、后刀面及刀尖圆弧用油石磨光等。合理地选择切削用量，在加工钢等塑性材料时，采用高速或低速切削可防止出现积屑瘤。另外，采用较小的进给量和背吃刀量可减小已加工表面的残留面积。合理地使用切削液，如低速精车钢件时可用乳化液润滑，低速精车铸铁件时可用煤油润滑等。

由于横向刀架丝杠及螺母的螺距与刻度盘的刻线均有一定的制造误差，仅按刻度盘确定背吃刀量难以保证精车的尺寸精度。因此，需要通过试切来准确控制尺寸。通过试切、测量、调整、再试切，至工件尺寸符合要求。

（2）车端面。对工件端面进行车削的方法称为车端面（车端面采用端面车刀）。当工件旋转时，移动滑板控制背吃刀量。端面车削的几种情形如图 5-6 所示。

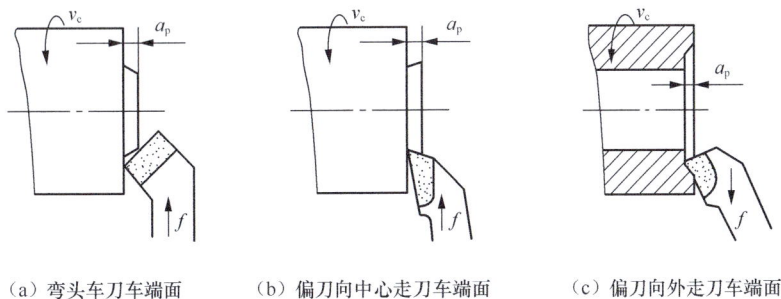

（a）弯头车刀车端面　　　（b）偏刀向中心走刀车端面　　　（c）偏刀向外走刀车端面

图 5-6　车端面

（3）车台阶。车削台阶处外圆和端面的方法称为车台阶。车台阶常用主偏角大于 90° 的偏刀，在车削外圆的同时车出台阶端面。台阶高度小于 5mm 时可一次走刀切出，台阶高度大于 5mm 时可用分层法多次走刀后再横向切出，如图 5-7 所示。

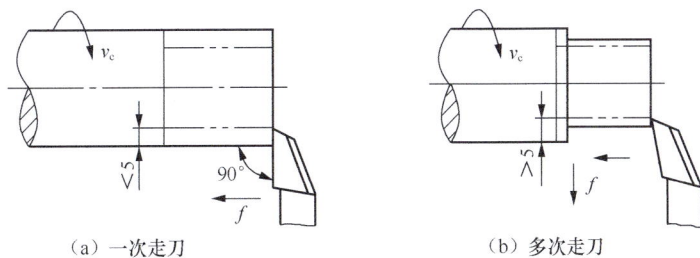

（a）一次走刀　　　　　　　（b）多次走刀

图 5-7　车台阶

3. 车内圆

对工件上的孔进行车削的方法称为车内圆，即车孔。车内圆的方法如图 5-8 所示，分为车通孔和车不通孔两类。

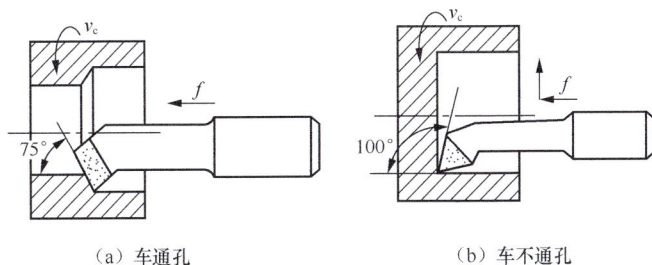

（a）车通孔　　　　　　　　（b）车不通孔

图 5-8　车内圆

车内圆与车外圆的方法基本相同，都是通过工件转动及车刀移动的方法从毛坯上切去一层多余金属。在车内圆的切削过程中也要分粗车和精车，以保证孔的加工质量。在车内圆时需注意以下几点。

（1）内圆车刀的几何角度。通孔内圆车刀的主偏角为 45°～75°，副偏角为 20°～45°。不通孔内圆车刀主偏角大于 90°，其刀尖在刀杆的最前端，刀尖到刀杆背面的距离只能小于孔径的一半，否则将无法车平不通孔的底平面。

（2）内圆车刀的安装。刀尖应对准工件的中心。由于车内圆的吃刀方向与车外圆的相反，故粗车时刀尖略低，使工作前角增大以便于切削；精车时刀尖略高，使其后角增大而避免扎刀。车刀伸出方刀架的长度尽量缩小，以免产生振动，但总长度不得小于工件孔深加上 3～5mm，如图 5-9 所示。刀具轴线应与主轴平行，刀头可略向操作人员方向偏斜。开车前先用车刀在孔内手动试走一遍，确认没有任何障碍妨碍车刀工作后，再开车切削。

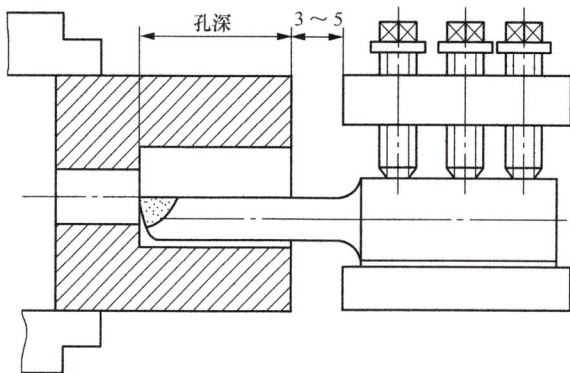

图 5-9　内圆车刀的安装

（3）切削用量的选择。车内圆时，由于刀杆细、刀头散热条件差且排屑困难，以及易产生振动和让刀，故所选择的切削用量要比车外圆时小些，其调整方法与车外圆相同。

（4）试切。试切步骤：开车对刀、纵向退刀、横向吃刀、纵向切削 3～5mm、纵向退刀、停车测量。如果试切已达到尺寸要求，可纵向切削；如果试切未达到尺寸要求，可重新横向吃刀来调整背吃刀量，再试切直至达到尺寸要求为止。与车外圆相比，车内圆时，逆时针转动手柄为横向吃刀，顺时针转动手柄为横向退刀，即与车外圆相反。

（5）控制内圆孔深。可用粉笔在刀杆上画出孔深长度记号控制孔深，也可将铜片夹在刀架上控制孔深，如图 5-10 所示。

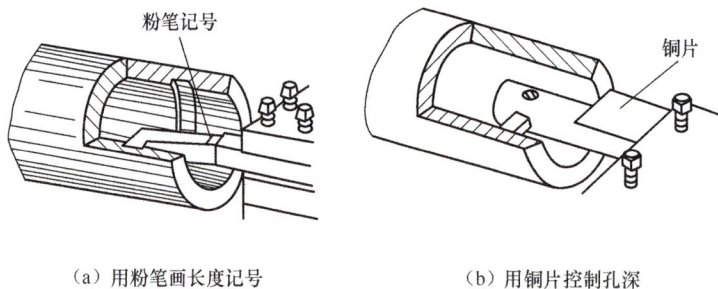

（a）用粉笔画长度记号　　　（b）用铜片控制孔深

图 5-10　控制车内圆孔深度

（6）测量内圆尺寸。内卡钳和钢直尺都可测量内圆直径，但一般用游标卡尺测量内圆直径和孔深。

4. 车螺纹

对于直径较大的螺纹，用丝锥或板牙较难攻出时，可用车床加工。

（1）螺纹车刀的选取。车三角形普通螺纹时，车刀的刀尖角等于螺纹牙型角，即 $\alpha=60°$。车三角形管螺纹时，车刀的刀尖角 $\alpha=55°$，并且其前角 $\gamma=0°$ 才能保证工件螺纹的牙型角，否则牙型角将产生误差。在粗加工或螺纹精度要求不高时，其前角 $\gamma=5°\sim20°$。

（2）螺纹车刀的安装。刀尖对准工件的中心，并用样板对刀，以保证刀尖角的角平分线与工件的轴线相垂直，这样车出的牙型角才不会偏斜。

（3）车外螺纹时，使车刀与工件轻微接触，记下刻度盘读数，向右退出车刀；在工件表面上车出一条螺旋线；横向退出车刀，开反车把车刀退到工件右端，停车；用钢直尺检查螺距是否正确；利用刻度盘调整切削量，进行切削；车刀将至行程终了时，应做好退刀停车准备，首先快速退出车刀，然后开反车退回刀架；再次横向吃刀，继续切削。整个加工过程的路线如图 5-11 所示。

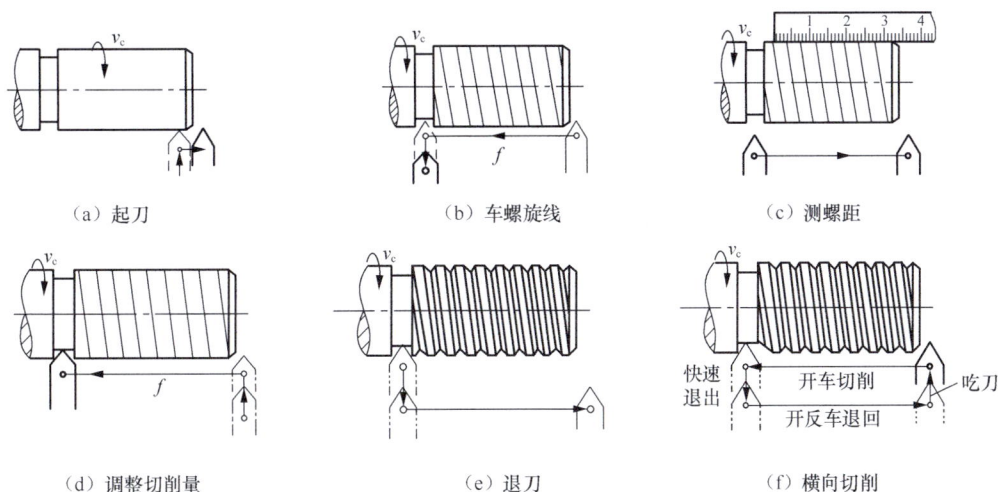

（a）起刀　　　　　　　　（b）车螺旋线　　　　　　　　（c）测螺距

（d）调整切削量　　　　　　（e）退刀　　　　　　　　（f）横向切削

图 5-11　螺纹的车削步骤

车内螺纹的方法与车外螺纹基本相同，只是横向进给手柄的进退刀转向不同。

（4）螺纹的测量。螺纹加工完成后，测量螺距、牙型角和螺纹中径。

提示

车床的特征：由工件做主运动（旋转）、刀具做辅助运动（水平／垂直）。

································□ 知识拓展 □································

1．机床在历史上所起的作用。
2．车床适合加工的部件类型。
3．应用车床技术和工艺的情况。

································□ 任务总结 □································

微课

车床运用

三爪卡盘

AR
汽车钣金

车床运用

1．**基础知识**

（1）车床是常用机床之一。卧式车床的组成部分主要有主轴箱、交换齿轮箱、进给箱、溜板箱、光杠、丝杠、尾座、床身及床腿等。

（2）车刀的种类很多，分类方法也不同，一般按车刀的用途、形状或刀具材料等进行分类。车刀用钝后，需在砂轮机上重新磨刃才能得到合理的几何形状。

2．**基本技能**

掌握用车床加工外圆、内圆和螺纹等的操作方法。

3．**综述**

本任务虽然是了解内容，但是认识车床对维修技术人员仍很有意义。在车身维修过程中碰到一些无法修复但又找不到的配件，有经验的维修技师就可以用车床制作。希望读者能够认真学习和掌握本任务的内容和技术。

································□ 问题思考 □································

1．车刀的种类有哪些？
2．车床能进行哪些加工操作？

学习任务二　钻床运用

□ 学习目标 □

1. 熟悉钻床的类型、结构和钻头的使用方法。
2. 掌握使用钻床加工孔的操作方法。
3. 熟悉相关国家标准和规范，建立质量意识和成本意识。

□ 相关知识 □

钻床是通过钻头在工件上加工圆孔的设备。用钻床钻孔时，工件夹在钻床工作台上固定不动，钻头装在钻床主轴上（或装在与主轴连接的钻夹头上），同时完成两个运动：一是主运动，即刀具绕轴线的旋转运动（切削运动）；二是辅助运动，沿着钻头轴线方向对工件的直线运动（进给运动），如图 5-12 所示。

一、钻床与钻头

1. 钻床类型

常用的钻床有台式钻床、立式钻床、摇臂式钻床 3 种。

（1）台式钻床（见图 5-13）。台式钻床简称台钻，是一种小型钻床。它一般用来加工小型工件上直径不大于 12mm 的小孔。钻孔时必须使主轴做顺时针方向转动，主轴的进给运动（即钻头向下的直线运动）由人工操纵进给手柄实现。

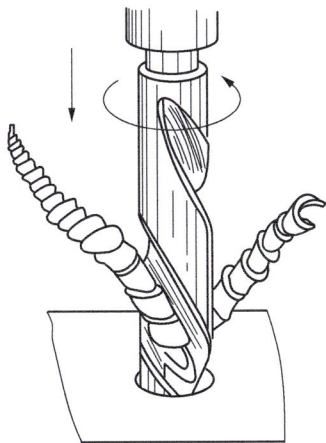

图 5-12　钻头的运动

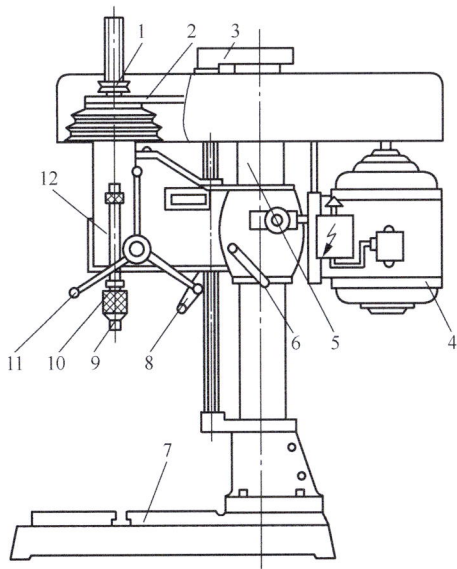

图 5-13　台式钻床

1—塔轮主轴；2—V形带；3—丝杆架；4—电动机；5—立柱；6—锁紧手柄；

7—工作台；8—升降手柄；9—钻夹头；10—主轴；11—进给手柄；12—头架

（2）立式钻床（见图 5-14）。立式钻床简称立钻，其规格用最大钻孔直径表示。常用的立钻规格有 25mm、35mm、40mm 和 50mm 等几种。与台钻相比，立钻刚性好、功率大，因而允许采用较大的切削用量，生产效率较高，加工精度也较高。立钻主轴的转速和走刀量变化范围大，而且可以自动走刀。因此，可使用不同的刀具进行钻孔、扩孔、锪孔、铰孔、攻螺纹等多种加工。

（3）摇臂式钻床（见图 5-15）。这类钻床结构完善，它有一个能绕立柱旋转的摇臂，摇臂带动主轴箱可沿立柱垂直移动，同时主轴箱还能在摇臂上做横向移动。操作时能很方便地调整刀具位置以对准被加工孔的中心，而无须移动工件。此外，主轴转速范围和进给量范围很大，适用于大工件及多孔加工。

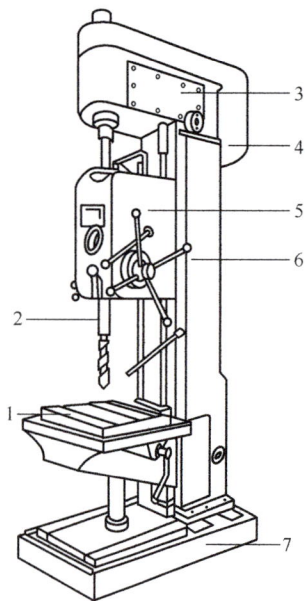

图 5-14　立式钻床

1—工作台；2—主轴；3—主轴变速箱；
4—电动机；5—进给箱；6—立柱；7—基座

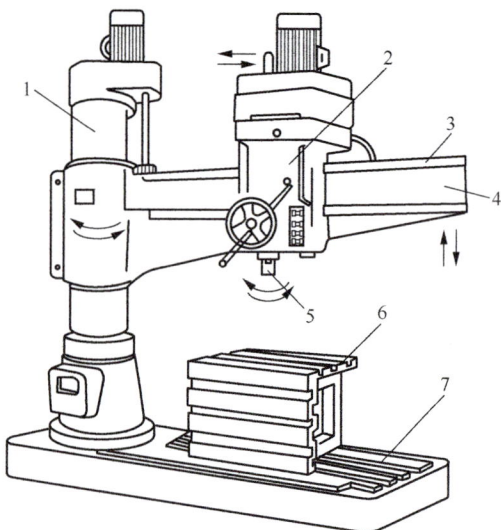

图 5-15　摇臂式钻床

1—立柱；2—主轴箱；3—摇臂轨；4—摇臂；
5—主轴；6—工作台；7—基座

2. 钻头

钻头是钻孔用的主要刀具，用高速钢制造，其工作部分经热处理淬硬。

（1）钻头由柄部、颈部及工作部分组成，如图 5-16 所示。

① 柄部是钻头的夹持部分，起传递动力的作用，有直柄和锥柄两种。直柄传递较小转矩，一般用于直径小于 12mm 的钻头；锥柄可传递较大转矩，用于直径大于 12mm 的钻头。

② 颈部是在制造钻头时起砂轮磨削退刀作用的。钻头直径、材料、厂标一般也刻在颈部。

③ 工作部分包括导向部分与切削部分。导向部分有两条狭长的、螺旋形的、高出齿背的棱边，其直径前大后小，略有倒锥度，可以减小钻头与孔壁的摩擦。同时，整个导向部分也是切削部分的后备部分。切削部分前面和后面相交形成两条主切削刃，起主要切削作用。两后面相交形成的两条棱刃，起修光孔壁的作用；修磨横刃是为了减小钻削轴向力和挤刮，并提高钻头的定心能力和切削稳定性。

（a）锥柄　　　　　　　　　　　　（b）直柄

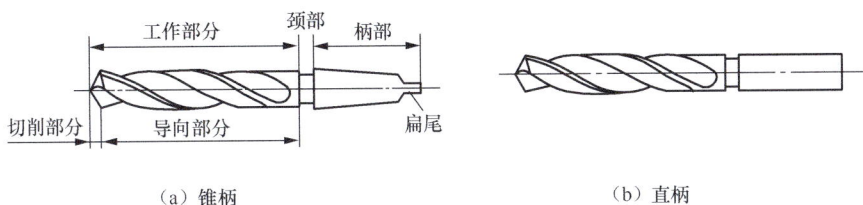

图 5-16　钻头的构造

（2）钻头的磨刃。钻头刃的长度、形状等不正确，在钻孔时都将使钻出的孔扩大或歪斜。同时，由于两主切削刃所受的切削抗力不均衡，造成钻头振摆磨损加剧。

磨刃时，右手握住钻头前部并靠在砂轮支架上作为支点，将主切削刃在略高于水平中心平面处先接触砂轮。缓慢使钻头绕自己的轴线由下向上转动，同时施加适当的刃磨压力。左手配合右手做缓慢的同步下压运动，刃磨压力逐渐加大。这样便于磨出后角，其下压的力度及其幅度随要求的后角大小而变。如此不断反复，两后面经常轮换，直至达到磨刃要求为止，如图 5-17 所示。较小直径（如小于 10mm）的钻头磨损后，不建议磨刃而应直接更换。

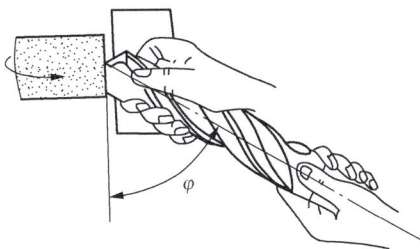

二、钻床的使用

1. 夹持工件

（1）在工件加工部位划线，并打上中心样冲眼。

图 5-17　钻头的磨刃

（2）根据工件的不同形体以及钻削力的大小（或钻孔直径大小）等情况，采用不同的装夹（定位和夹紧）方法，以保证钻孔的质量和安全。如图 5-18 所示，对于薄壁工件和小工件，常用手虎钳夹持；机用虎钳（台虎钳）用于中、小型平整工件的夹持；对于轴或套筒类工件可用 V 形架夹持，并和压板配合使用；对不适于用虎钳夹紧的工件或要钻大直径孔的工件，可用压板、螺栓直接固定在钻床工作台上。

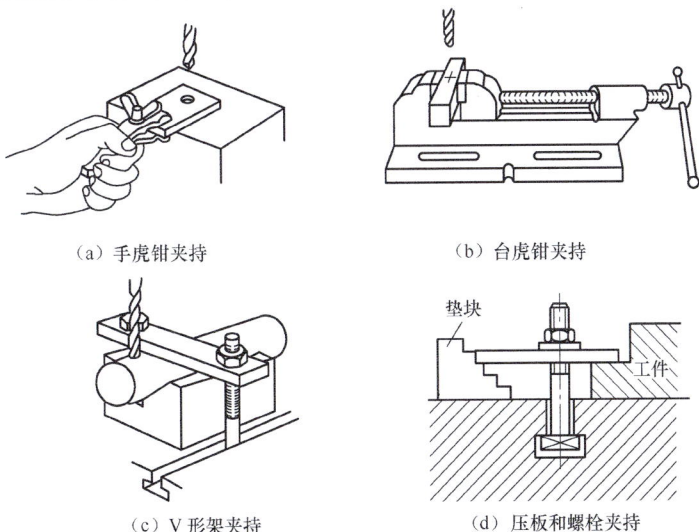

（a）手虎钳夹持　　　　　　　　　　　（b）台虎钳夹持

（c）V 形架夹持　　　　　　　　　　　（d）压板和螺栓夹持

图 5-18　工件夹持

在成批和大量生产中广泛应用钻模夹具，以提高生产效率。用钻模夹具钻模钻孔时，可免去划线作业，提高生产效率。

2. 安装钻头

常用的钻头夹具有钻夹头和钻套。

（1）钻夹头适用于装夹直柄钻头，其柄部的圆锥面与钻床主轴内锥孔配合安装，而其头部的 3 个夹爪可同时张开或合拢，使钻头的装夹与拆卸都很方便，如图 5-19 所示。

（2）钻套又称过渡套筒，用于装夹锥柄钻头。由于锥柄钻头柄部的锥度与钻床主轴端锥孔的锥度不一致，为使其配合安装，用钻套作为锥体过渡件。钻套的一端为锥孔，可内接钻头锥柄，其另一端的外锥面接钻床主轴的内锥孔，如图 5-20 所示。

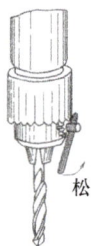

图 5-19　钻夹头安装

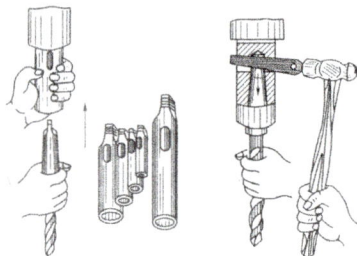

图 5-20　钻套安装

3. 钻孔操作

（1）切削用量的选择。钻孔切削用量是指钻头的切削速度、进给量和切削深度。切削用量越大，单位时间内切除金属越多，生产效率越高。由于切削用量受到钻床功率、钻头强度、钻头耐用度、工件精度等许多因素的限制而不能任意提高，因此，合理选择切削用量就显得十分重要。切削速度和进给量对钻孔生产效率的影响是相同的；切削速度对钻头耐用度的影响比进给量大；进给量对钻孔表面粗糙度的影响比切削速度大。

钻孔时选择切削用量的基本原则：在允许范围内，尽量先选较大的进给量；当进给量受到孔表面粗糙度和钻头刚度的限制时，再考虑较大的切削速度。

（2）钻孔时，先使钻头对准孔中心处钻出一浅坑（也可用样冲冲一浅坑），观察钻孔位置是否正确，并不断校正。如有偏位，应先纠正后再钻。

（3）钻通孔。在孔将被钻透时，进给量要减小，可将自动进给变为手动进给，避免钻头在钻穿的瞬间抖动而出现"啃刀"现象，影响加工质量，损坏钻头，甚至发生事故。

（4）钻盲孔（不通孔）。钻盲孔时要注意掌握钻孔深度，以免将孔钻深出现质量事故。为了控制钻孔深度，可以在钻头上标记出钻孔深度记号，当钻到标记处时停止钻削。

（5）钻深孔。当孔深超过孔径 3 倍时，即为深孔。钻深孔时要经常退出钻头及时排屑和冷却，否则容易造成切屑堵塞或钻头切削部分过热，导致过度磨损甚至折断，影响孔的加工质量。

提示

在钻床操作时一定不能戴手套，以防止钻头在高速运转时缠绕手套，产生危险。

4. 钻床维护和保养

在使用过程中，工作台面必须保持清洁。钻通孔时必须使钻头能通过工作台面上的让刀孔，或在工件下面垫上垫铁，以免钻坏工作台面。用毕后必须将机床外露的滑动面及工作台面擦净，并对各滑动面及各注油孔加注润滑油。

-------------------- □ 知识拓展 □ --------------------

1. 钻床在车身修复中的应用。
2. 钻床与手持式电钻的差异。
3. 手持式电钻或钻床的操作方法。

-------------------- □ 任务总结 □ --------------------

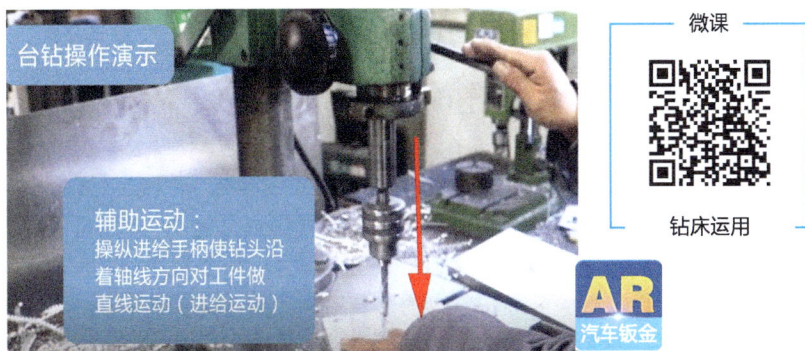

钻床运用

1. 基础知识

（1）钻床是钻孔用的机床。常用的钻床有台式钻床、立式钻床、摇臂式钻床 3 种。

（2）钻头是钻孔用的主要刀具，用高速钢制造，其工作部分经热处理淬硬。钻头由柄部、颈部及工作部分组成。钻头用钝后，需在砂轮机上重新磨刃才能得到合理的几何形状。

2. 基本技能

了解用钻床进行钻孔加工时钻头的夹持和操作方法。

3. 综述

钻床和其他机床不同，在车身修复过程中，常常需要钻孔。尽管手持式电钻也能起到相应的作用，但无论是加工精度和加工效果，钻床都是手持式电钻所无法比拟的。两者差异主要在于，钻床仅能够对可移动部件进行加工，而对于固定部件（如车身件）就没有手持式电钻方便了。

-------------------- □ 问题思考 □ --------------------

1. 钻床的种类有哪些？分别适合进行的钻哪类孔？
2. 如何进行钻头的磨刃操作？
3. 钻孔有哪 3 种形式？各自的特点和操作注意事项是什么？

学习任务三　刨床运用

1. 熟悉刨床的结构和刨刀的使用方法。
2. 掌握使用刨床加工不同零件的操作方法。
3. 培养学习、工作精细化的态度。

在刨床上用刨刀加工工件的方法称为刨削，它是金属切削加工中常用的方法之一。刨刀的直线往复运动是主运动，工件的横向间歇移动是进给运动。刨削主要用于加工平面、槽类零件等。另外，牛头刨床装上夹具后还可以加工齿轮、齿条等成形表面。

一、刨床与刨刀

1. 牛头刨床结构

牛头刨床主要由床身、滑枕、刀架、工作台等部分组成，如图 5-21 所示。床身用来支撑和连接刨床的各个部件，其顶面导轨供滑枕做往复运动，其侧面导轨供工作台升降。滑枕主要用来带动刨刀做直线往复运动（即主运动）。刀架装在滑枕前端，用以夹持刨刀。工作台用来安装工件，可随横梁在床身的垂直导轨上做上下调整，同时也可在横梁的水平导轨上做水平方向移动或间歇的进给运动。

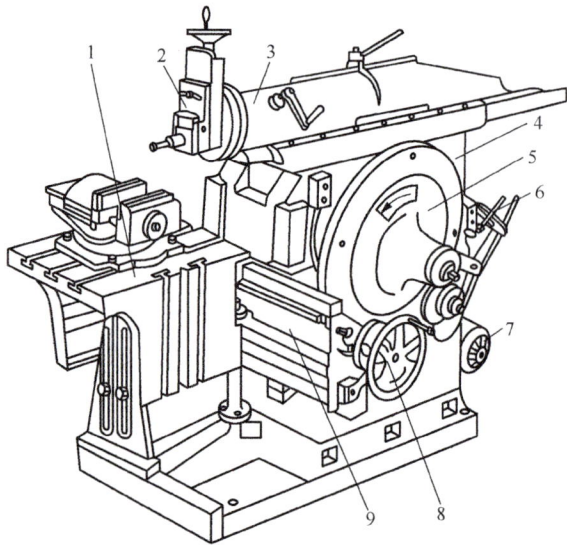

图 5-21　B6065 型牛头刨床

1—工作台；2—刀架；3—滑枕；4—床身；5—摆杆机构；6—变速机构；

7—电动机；8—进给机构；9—横梁

2. 刨刀

刨刀的几何参数与车刀相似。由于刨刀切入时受到较大冲击力，所以一般刨刀刀体的横截面比车刀大。刨刀一般做成弯头，这是刨刀的一个显著特点。

刨刀的种类很多，按其用途不同，可分为平面刨刀、偏刀、角度偏刀、切刀及弯切刀等，如图 5-22 所示。平面刨刀用来加工水平面。偏刀用来加工垂直面或斜面。角度偏刀用来加工具有一定角度的表面。切刀用来加工各种沟槽或用于切断。成形刀用来加工成形面。

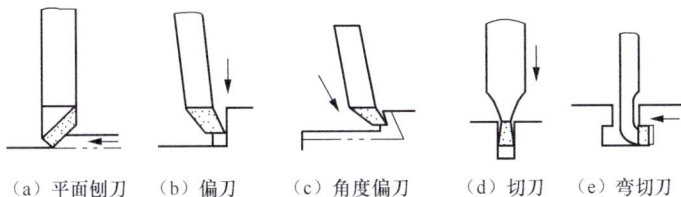

（a）平面刨刀　（b）偏刀　（c）角度偏刀　（d）切刀　（e）弯切刀

图 5-22　常见刨刀

提示

刨床的特征：由刀具做主运动（往复）、工件做辅助运动（水平 / 垂直）。

二、刨床使用

1. 刨刀安装

在安装刨刀前，首先应松开转盘螺钉，调整转盘使其刻度线对准零线，以便准确地控制背吃刀量。然后转动刀架进给手柄，使刀架下端面与转盘底侧基本相对。最后将刨刀插入刀夹内，其刀头伸出量不要太长，拧紧刀夹螺钉固定刨刀，如图 5-23 所示。

2. 刨平面

刨垂直面是用刀架做垂直进给运动来加工平面的，其常用于加工台阶面和长工件的端面。加工前，要调整刀架转盘使其刻度线对准零线，以保证加工面与工件基准面垂直，如图 5-24 所示。

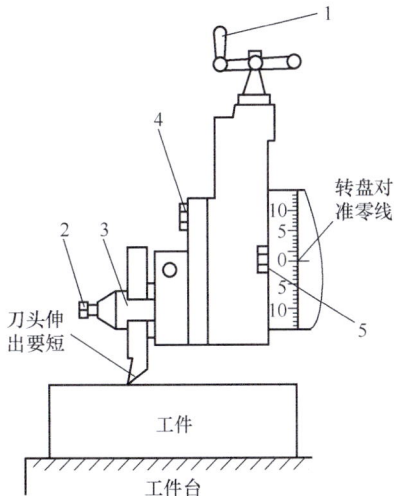

图 5-23　刨刀的安装

1—刀架进给手柄；2—刀夹螺钉；3—刀夹；

4—刀座锁紧螺钉；5—转盘锁紧螺钉

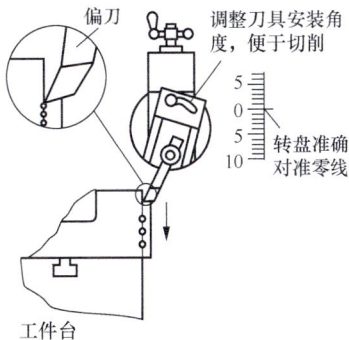

图 5-24　刨平面

3. 刨沟槽

槽类零件很多，如直角槽、T形槽、V形槽、燕尾槽等，其作用也各不相同。刨削T形槽的方法如图5-25所示。用切刀刨直角槽，使其宽度等于T形槽槽口的宽度，深度等于T形槽的深度；用右弯头切刀刨削右侧凹槽；用左弯头切刀刨削左侧凹槽；用45°刨刀倒角。

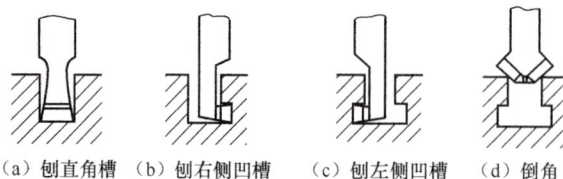

（a）刨直角槽　（b）刨右侧凹槽　（c）刨左侧凹槽　（d）倒角

图5-25　刨T形槽

□ 知识拓展 □

1. 车、钳、刨、铣，相互的关系和加工类别。
2. 刨床在车身修复中的应用。
3. 刨床的加工特点。

□ 任务总结 □

微课

刨床运用

刨床运用

1. 刨削基础知识

在刨床上用刨刀加工工件的方法称为刨削，它是金属切削加工中常用的方法之一。刨削主要用于加工平面、槽类零件等。

2. 刨床

牛头刨床主要由床身、滑枕、刀架、工作台等部分组成。

3. 刨刀

刨刀的种类很多，按其用途不同，可分为平面刨刀、偏刀、角度偏刀、切刀、弯切刀及成形刀等。平面刨刀用来加工水平面，偏刀用来加工垂直面或斜面，角度偏刀用来加工具有一定角度的表面，切刀用来加工各种沟槽或用于切断，成形刀用来加工成形面。

4. 基本技能

了解用刨床加工平面和沟槽的基本操作方法。

5. 综述

注意刨床和车床的差异性。其主要差异在于车床是旋转式加工形式，而刨床则是往复式加工形式，正是由于加工进程的形式不同，则所加工的部件也是不同的。通过本任务的学习，读者应了解何种部件需要使用刨床进行加工。

1．刨刀的种类有哪些？分别可加工何种类型的工件？
2．如何安装刨刀？

学习任务四　铣床运用

1．熟悉铣床的结构和铣刀的使用方法。
2．掌握使用铣床加工不同零件的操作方法。
3．培养精工制造品质和匠心铸魂精神。

在铣床上用旋转的铣刀切削工件的各种表面或沟槽的方法称为铣削，铣削是金属切削加工中常用的方法之一。铣刀的旋转是主运动，工件的移动是进给运动。铣削主要用于加工平面，如水平面、垂直面、台阶面及各种沟槽表面和成形面等。另外，也可以利用万能分度头进行分度件的铣削加工，还可以对工件上的孔进行钻削或镗削加工。

一、铣床与铣刀

1．铣床结构

铣床的种类很多，最常用的是卧式升降台铣床和立式升降台铣床。卧式与立式以铣床主轴装置方式区分，主轴以水平方式装置的为卧式，主轴以垂直方式装置的为立式。此外，还有龙门铣床、工具铣床、键槽铣床等各种专用铣床，以及各种类型的数控铣床。带转台的铣床称为万能升降台铣床，不带转台即不能扳转角度的铣床称为卧式升降台铣床。万能升降台铣床是铣床中应用最广的一种，如图 5-26 所示。

（1）床身用来固定和支撑铣床上所有的部件，电动机、主轴变速机构、主轴等安装在其内部。

（2）横梁上面装有吊架用以支撑刀杆外伸，以增加刀杆的刚性。横梁可沿床身的水平导轨移动，以调整其伸出的长度。

（3）主轴是空心轴，前端有精密锥孔，用以安装铣刀刀杆并带动铣刀旋转。

（4）纵向工作台上面有 T 形槽用以装夹工件或夹具；其下面通过螺母与丝杠连接，可在转台的导轨上纵向移动；其侧面有固定挡铁，以控制机床的纵向移动范围。

（5）转台上面有水平导轨，供工作台纵向移动；其下面与横向工作台用螺栓连接，如松开螺栓可使纵向工作台在水平平面内旋转一个角度，使工件获得斜向移动。

（6）横向工作台位于升降台上面的水平导轨上，可带动纵向工作台做横向移动，用以调整工件与铣刀之间的横向位置或获得横向进给。

（7）升降台可使整个工作台沿床身的垂直导轨上下移动，用以调整工作台面到铣刀的距离，还可做垂直进给。

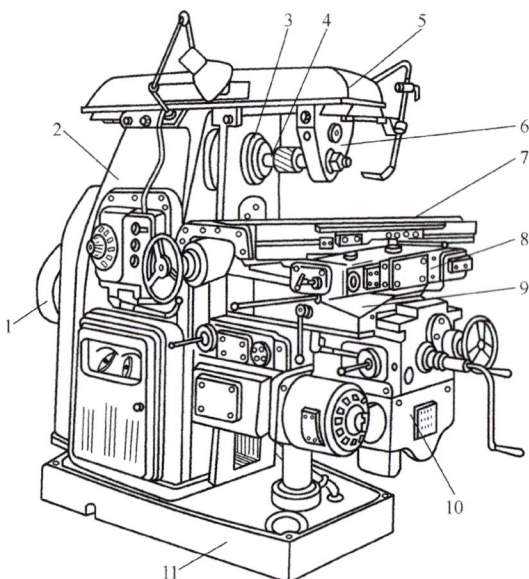

图 5-26　X6132 型万能升降台铣床

1—电动机；2—床身；3—主轴；4—刀杆；5—横梁；6—吊架；7—纵向工作台；

8—转台；9—横向工作台；10—升降台；11—底座

2. 铣刀种类

铣刀的种类很多。按材料不同，铣刀分为高速钢和硬质合金两大类；按刀齿和刀体是否一体，铣刀分为整体式和镶齿式两类；按铣刀的安装方法不同，铣刀分为带孔铣刀和带柄铣刀两类。另外，按铣刀的用途和形状又可分为如下几类。

（1）圆柱铣刀（见图 5-27）。由于圆柱铣刀仅在圆柱表面上有切削刃，故用于卧式升降台铣床上加工平面。

（2）端铣刀（见图 5-28）。由于端铣刀的刀齿分布在铣刀的端面和圆柱面上，故多用于立式升降台铣床上加工平面，也可用于卧式升降台铣床上加工平面。

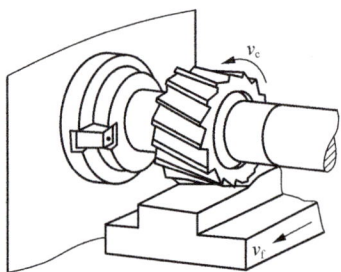

图 5-27　圆柱铣刀

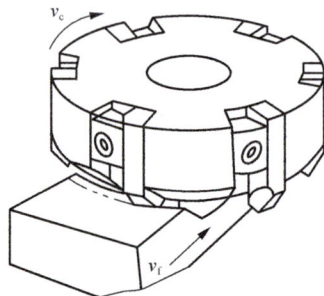

图 5-28　端铣刀

提示

v_c 为机床的切削速度，v_f 为机床的进给速度。

（3）立铣刀（见图 5-29）。立铣刀是一种带柄铣刀，有直柄和锥柄两种，适用于铣削端面、斜面、沟槽和台阶面等。

（4）燕尾槽铣刀和 T 形槽铣刀（见图 5-30）。燕尾槽铣刀和 T 形槽铣刀专门加工燕尾槽和 T 形槽。

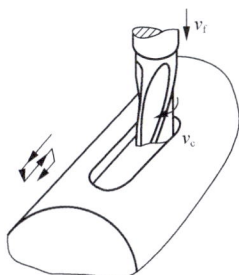
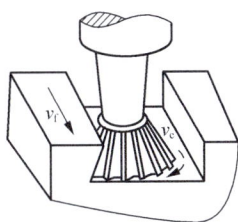
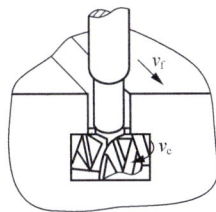

（a）燕尾槽铣刀　　　　　　（b）T 形槽铣刀

图 5-29　立铣刀　　　　　　　　　　图 5-30　键槽铣刀

（5）三面刃铣刀（见图 5-31）。三面刃铣刀一般用于卧式升降台铣床上加工直角槽，也可加工台阶面和较窄的侧面等。

（6）锯片铣刀（见图 5-32）。锯片铣刀主要用于切断工件或铣削窄槽。

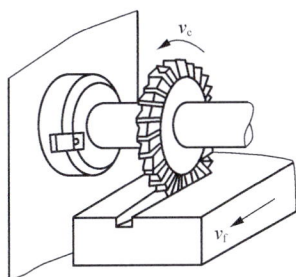
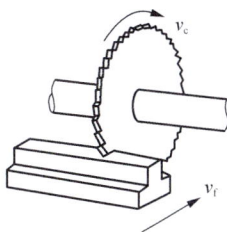

图 5-31　三面刃铣刀　　　　　　　　图 5-32　锯片铣刀

（7）角度铣刀（见图 5-33）。角度铣刀主要用于卧式升降台铣床上加工各种角度的沟槽。角度铣刀分为单角铣刀和双角铣刀，其中双角铣刀又分为对称双角铣刀和不对称双角铣刀。

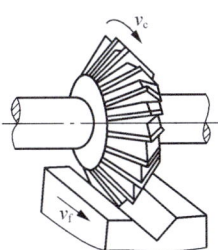
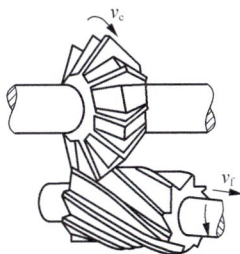

(a)铣 V 形槽　　　　　　　　　　(b)铣螺旋槽

图 5-33　角度铣刀

（8）成形铣刀（见图 5-34）。成形铣刀主要用于卧式升降台铣床上加工各种成形面。

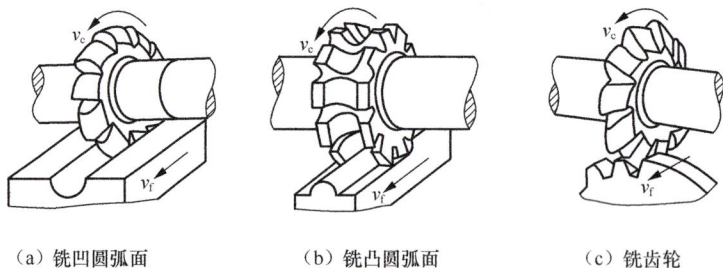

（a）铣凹圆弧面　　　　　（b）铣凸圆弧面　　　　　（c）铣齿轮

图 5-34　成形铣刀

> **提示**
>
> 铣床的特征：由刀具做主运动（旋转）、工件做辅助运动（水平和垂直）。

二、铣床使用

1. 铣刀安装

首先安装刀杆，确定铣刀在铣刀杆的轴向位置，将套筒和铣刀装入铣刀杆，旋入压紧螺母，安装挂架，紧固挂架，紧固铣刀，如图 5-35 所示。

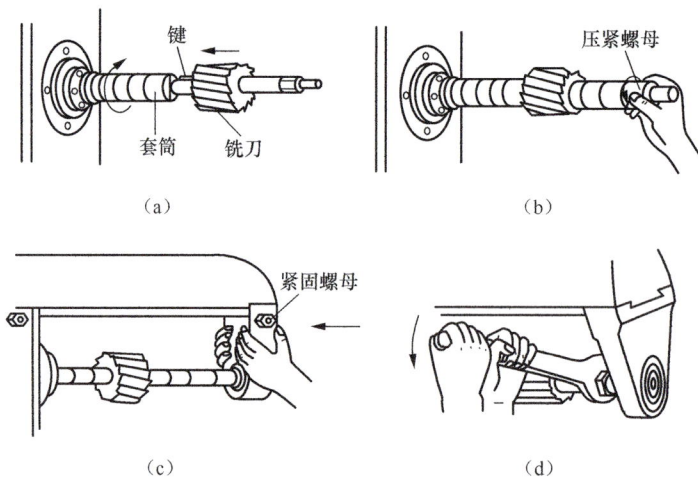

（a）　　　　　　　　　　　　　（b）

（c）　　　　　　　　　　　　　（d）

图 5-35　安装铣刀

2. 顺铣与逆铣

（1）顺铣。在铣刀与工件已加工面的切点处，铣刀切削刃的旋转运动方向与工件进给方向相同的铣削称为顺铣，如图 5-36（a）所示。

顺铣时，刀齿切下的材料由厚逐渐变薄，易切入工件。切削时不易产生振动，铣削平稳。但是在水平分力的作用下，工作台会因受力变化而产生消除传动丝杠间隙的现象，从而突然窜动，使工作台出现爬行或产生啃刀现象，引起刀杆弯曲、刀头折断。

（2）逆铣。在铣刀与工件已加工面的切点处，铣刀切削刃的旋转运动方向与工件进给方向相反的铣削称为逆铣，如图 5-36（b）所示。

逆铣时，刀齿切下的材料由薄逐渐变厚。由于刀齿的切削刃具有一定的圆角半径，刀齿接触工件后要滑移一段距离才能切入，因此刀具与工件摩擦严重，致使切削温度升高，工件加工表面粗糙度增大。另外，铣刀对工件的垂直分力是向上的，工件有抬起趋势，易产生振动而影响表面粗糙度。铣刀对工件的水平分力与工作台的进给方向相反，在水平分力的作用下，工作台丝杠与螺母总是保持紧密接触而不会松动，故丝杠与螺母的间隙对铣削没有影响。

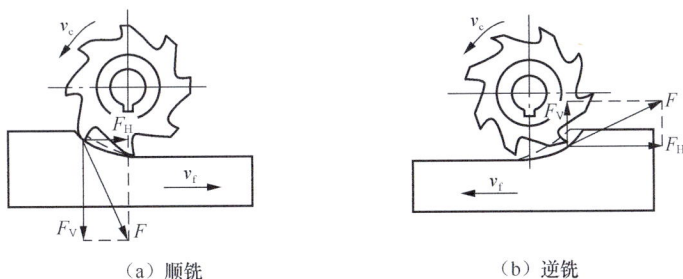

（a）顺铣　　　（b）逆铣

图 5-36　顺铣与逆铣

3．铣平面

铣平面时可以选用圆柱铣刀和端铣刀，铣削时采用粗铣和精铣两次施工的方法来完成工件的加工，如图 5-37 所示。

（1）试铣。根据选取的铣削速度，调整铣床主轴的转速；根据选取的进给量，调整铣床的每分钟进给量。侧吃刀量的调整要在铣刀旋转后进行，即先使铣刀轻微接触工件表面，记住此时升降手柄的刻度值，再将铣刀退离工件，转动升降手柄升高工作台并调整好

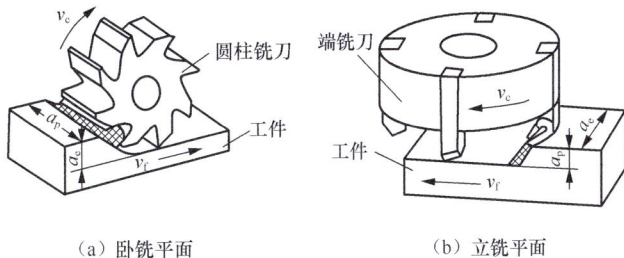

（a）卧铣平面　　　（b）立铣平面

图 5-37　铣平面

侧吃刀量，最后固定升降手柄和横向进给手柄，并调整纵向工作台机动停止挡铁，即可试铣削。

（2）粗铣。粗铣时根据毛坯的加工余量，首先选取较大的侧吃刀量，然后选择较大的进给量，最后选取合适的铣削速度。

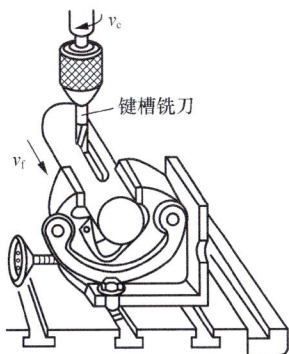

图 5-38　铣键槽

（3）精铣。精铣时首先选取较低或较高的铣削速度，然后选择较小的进给量，最后根据零件图样尺寸确定侧吃刀量。

4．铣沟槽

在铣床上利用不同的铣刀可以加工直角槽、V 形槽、T 形槽、燕尾槽、轴上的键槽和成形面等。铣键槽时，必须使工件的轴线与工作台的进给方向一致，并与工作台台面平行，如图 5-38 所示。铣刀和工件安装好后，要仔细地对刀，也就是使工件的轴线与铣刀的中心平面对准，以保证所铣键槽的对称性。随后进行铣削槽深的调整，调好后才可加工。当键槽较深时，需分多次走刀进行铣削。

---------- ❑ 知识拓展 ❑ ----------

1. 铣床在工业生产中的应用。
2. 数控机床的加工精度是车床生产的重要指标，查阅相关数控机床资料并进行对比。

---------- ❑ 任务总结 ❑ ----------

微课

铣床运用

铣床运用

1. 铣削知识

在铣床上用旋转的铣刀切削工件上各种表面或沟槽的方法称为铣削，铣削是金属切削加工中常用的方法之一。铣床的种类很多，最常用的是卧式升降台铣床和立式升降台铣床。

2. 常用铣床

带转台的卧式升降台铣床称为万能升降台铣床，不带转台即不能扳转角度的铣床称为卧式升降台铣床。万能升降台铣床是铣床中应用最广的一种。

3. 铣刀

铣刀的种类很多。按材料不同，铣刀分为高速钢和硬质合金两大类；按刀齿和刀体是否一体，铣刀分为整体式和镶齿式两类；按铣刀的安装方法不同，铣刀分为带孔铣刀和带柄铣刀两类。

4. 基本技能

了解铣床加工平面、沟槽的基本操作方法。

5. 综述

铣床是机床中操作难度最大、复杂程度最高的机械之一。对于一些不规则部件加工，往往用到几种机床的相互配合和综合使用，故其掌握的难度也比较大。建议对本任务内容主要进行了解即可。同时可以认真观看对应的 AR 视频，对设备有一个初步的认知。

---------- ❑ 问题思考 ❑ ----------

1. 铣床能够进行哪些加工操作？什么是铣床的主运动和进给运动？
2. 铣削的方式有哪两种？有何优缺点？
3. 铣平面时要选用哪种铣刀？